新时代大学生理想信念教育

陈傲兰 著

 吉林大学出版社

·长春·

图书在版编目（ＣＩＰ）数据

新时代大学生理想信念教育/陈傲兰著 . —— 长春：
吉林大学出版社，2022.8
ISBN 978-7-5768-1302-9

Ⅰ . ①新… Ⅱ . ①陈… Ⅲ . ①大学生－思想政治教育
－研究－中国 Ⅳ . ①G641

中国版本图书馆 CIP 数据核字（2022）第 241872 号

书　　名　新时代大学生理想信念教育
　　　　　XINSHIDAI DAXUESHENG LIXIANG XINNIAN JIAOYU

作　　者：陈傲兰
策划编辑：矫　正
责任编辑：矫　正
责任校对：王寒冰
装帧设计：久利图文
出版发行：吉林大学出版社
社　　址：长春市人民大街 4059 号
邮政编码：130021
发行电话：0431-89580028/29/21
网　　址：http://www.jlup.com.cn
电子邮箱：jldxcbs@sina.com
印　　刷：天津和萱印刷有限公司
开　　本：787mm×1092mm　　1/16
印　　张：13
字　　数：200 千字
版　　次：2023 年 6 月　　　第 1 版
印　　次：2023 年 6 月　　　第 1 次
书　　号：ISBN 978-7-5768-1302-9
定　　价：78.00 元

前　言

党的十九大胜利召开，宣告了中国特色社会主义进入了新时代，我国发展进入新时代。新时代见证了中华民族迎来了由贫到富、由富到强的伟大飞跃，科学社会主义在 21 世纪的中国焕发出的勃勃生机，中国特色社会主义为世界的和平与发展不断地贡献中国智慧、中国方案和中国力量。新时代是富有成就的时代，同时也是开启伟大前程的时代，"中国特色社会主义进入新时代，不是中国特色社会主义事业的完成时，而是进行时，是在已取得成就的基础上把中国特色社会主义事业推向更美好的未来。"[①] 当前，中华儿女站在全新的历史阶段，迎来了实现中华民族伟大复兴最光明的前景。

新时代党和国家不断坚持和发展中国特色社会主义事业，目的是为了中华民族伟大复兴梦想的实现。广大青年群体是国家未来的栋梁、民族的希望。青年有理想，国家就有力量，民族就有希望，青年的理想信念不仅指引着其人生的发展方向，也凝聚起了推动国家和民族不断前进的中国精神和中国力量。

理想信念是人类独有的精神现象，科学的理想信念是国家富强和民族振兴的重要精神支柱。理想信念教育是一个动态的发展过程，贯穿高校思想政治工作的始终，是高等教育事业发展的关键一环，一直以来，党和国家高度重视大学生理想信念教育问题。2020 年 4 月，教育部等八部门印发的《关于加快构建高校思想政治工作体系的意见》指出："以理想信念教

---

① 习近平. 决胜全面建成小康社会 夺取新时代中国特色社会主义伟大胜利——在中国共产党第十九次全国代表大会上的报告 [N]. 人民日报，2017-10-28.

育为核心，以培育和践行社会主义核心价值观为主线，以建立完善全员、全程、全方位育人体制机制为关键，全面提升高校思想政治工作质量。"①大学生是担当民族复兴历史重任的时代新人，其理想信念始终关乎国家、民族以及个人的前途命运。所以，加强大学生理想信念教育，引导学生树立正确的理想信念，时不我待、刻不容缓。

当今世界正经历"百年未有之大变局"，众多方面的不稳定性、不确定性日益突出。中国正处于实现中华民族伟大复兴的关键战略机遇期，全面深化改革已进入攻坚期和深水区，各种利益矛盾越发凸显，各种思想文化交流交融交锋程度之深前所未有。在这种严峻的形势下，令人担忧的是，大学生的世界观、人生观与价值观并未完全定型，大学生的理想信念容易遭受各种不良社会思潮、负面文化及错误价值观的冲击，易使学生在成长中产生思想困惑，导致学生在坚定理想信念的道路上步履维艰，这势必会对大学生的全面发展产生不利影响。当前我国大学生理想信念教育虽取得了不少成绩，积累了许多经验，但也面临来自多方面诸多问题的挑战。因此，加强对新时代大学生理想信念教育问题的探讨迫在眉睫，也势在必行。

科学的理想信念在大学生个人优秀人格的养成和社会良性氛围的涵养方面都具有重要的作用。全球化时代，在中国共产党的领导下，中华民族早已锚定了契合自身发展的坐标，大学生理想信念教育深深地熔铸于中华民族伟大复兴的追梦进程中。因此，切实增强对新时代大学生理想信念教育问题的研究具有极为重要的意义。理想信念教育属于思想政治教育的核心内容，加强对新时代大学生理想信念教育问题的探讨，一定程度上，可以为思想政治教育相关理论的实际应用创造条件，为思想政治教育相关理论体系的完善提供思路。在以往关于大学生理想信念教育的研究分析中，在教育实施力量的来源上探讨的重点集中在高校理想信念教育的层面，当然，也从社会因素、家庭教育的角度出发展开探讨。而本书在依据现有研

---

① 中华人民共和国教育部. 教育部等八部门关于加快构建高校思想政治工作体系的意见 [EB/OL].（2020-05-12）[2020-07-04]. http://www.moe.gov.cn/srcsite/A12/moe_1407/s253/202005/t20200511_452697.html.

究的基础上，还从大学生自我教育的层面展开讨论，充分挖掘新时代大学生理想信念教育存在的主要问题，同时分析这些问题的成因，且提出相应的对策，一定程度上这是对目前关于新时代大学生理想信念教育研究的补充。

大学生理想信念教育的效果是衡量高校思想政治工作成功与否的重要标志，引导学生树立崇高的理想信念是新时代高校思想政治工作的重要任务。增强对大学生理想信念教育这一问题的研究，明晰加强该教育的意义，并分析该教育存在的问题及原因，以丰富和改进教育的内容、方式等，在一定程度上可以使高校思想政治教育的实效性获得提升，能够为新时代大学生理想信念教育的开展提供借鉴。科学的理想信念是大学生成长成才的重要精神支柱，是其安身立命之根本。重视大学生理想信念教育工作，着力提高理想信念教育水平，有利于引导学生用科学的理想信念为自己的人生导航，促使其在坚定理想信念的过程中筑牢坚实的思想根基，促进其提高自我教育的能力，增强对各种不良社会思潮、价值观的免疫力，以肩负起党和国家赋予的时代重任。

基于此，本书从新时代大学生理想信念教育概述入手，厘清大学生理想信念教育的内涵、特点和主要内容，深入理解和把握新时代与大学生理想信念教育之间的关系，并研究分析新时代大学生理想信念教育的基本特征与要求；详细阐述新时代大学生理想信念教育的理论渊源；全面回顾改革开放以来大学生理想信念教育的历史进程，认真总结基本经验；深入剖析新时代大学生理想信念教育面临的机遇和国际环境、国内现实的新挑战；运用问卷调查法、文献研究法和比较分析法对当前我国大学生理想信念教育的现状进行调查与分析，探寻存在的问题及原因；最后，针对上述问题，有针对性地探讨新时代大学生理想信念教育的创新方法与有效路径，旨在完善新时代大学生理想信念教育体系，促进大学理想信念教育效能提升。

目　　录

第一章　新时代大学生理想信念教育概述

理想信念作为指引和支撑人们成长发展的精神基石，不断激励着人们向着既定的现实目标奋勇前进，理想信念越坚定，就越能在实践中表现出强大的意志与持久的恒心。不论是高喊"革命理想大于天"的过去，还是在继续坚持共产主义远大理想和中国特色社会主义共同理想的当下，我们党始终把坚定的理想信念视为建设伟大事业的精神支柱和彰显共产党人本色的政治灵魂，始终强调和重视理想信念的培育工作，特别是对青年一代理想信念的培育。进入新时代，我国政治经济文化社会等方面都发生了变化，大学生也表现出独特的个性特征。大学生应当主动顺应时代的要求，以远大的理想目标和坚韧的精神意志在实现个人理想目标的过程中主动投身于社会主义事业的建设实践。因此，在新的时代坐标和历史条件下，深化大学生理想信念教育研究工作具有重要意义。

大学生理想信念教育问题是一个老话题，但是又是一个常谈常新的话题，特别在新时代显得尤为重要。要研究新时代大学生理想信念教育问题，我们首先必须明晰相关基本概念的本质内涵及其基本特征、理想信念教育的特点及内容等，深入理解和把握新时代与大学生理想信念教育之间的关系，并研究分析新时代大学生理想信念教育的基本特征与要求。

一、理想信念的相关考察

（一）理想信念的含义

理想信念作为人类所特有的一种精神现象和社会意识，源自人类长期的社会实践活动，同时又能反过来支配一个人或一个群体的社会行为和实践活动。"理想信念"这一概念从字面上看是由"理想"和"信念"这两个词组合而成的，因此，要追问"理想信念"这一概念首先必须要对"理想"和"信念"这两个词做一定的探究。

1. 理想的概念界定

《现代汉语词典》中对"理想"一词有名词和形容词两种解释，仅就其作为名词含义而言，"理想"一词是指"对未来事物的想象或希望（多指有根据的、合理的，跟空想、幻想不同）"[①]。理想强调对自身需求目标的寻求与向往，但比具体目标更宏观、更具价值意义；它含有希望达到某种目的的想象成分，但与不切实际的、没有现实根据的空想和幻想不同。许多学者直接从"理想"一词的词典含义推导出理想信念教育中"理想"的含义，进而对理想进行分类和描述，这是不对的。首先，词典含义仅仅是"理想"一词的基本语义，它必须能够适用于"理想"一词出现的绝大部分，甚至是全部的语境，例如，"我的理想是成为一名作家"，从语词的使用上看，这句话中"理想"一词的选用是正确的。但是如果把这种含义用到理想信念教育中，就是完全错误的，因为是否成为一名作家的理想与理想信念教育中的理想是完全不同的。其次，在词典中，均把属概念表述为"想象""希望""目标"等，并加上"有根据的""合理的""有实现可能的"等更宏观、更具价值意义的修饰词，但无论怎样用修饰词加以限定，结果仅仅说明理想不同于幻想、空想，而不能提升属概念"想象""希望""目标"的层次。同样，从人的使用和研究理想信念教育时使用"理想"一词的普遍理解而言，只有达到一定层次的想象、希望或目标才能被认可为理想。换言之，低层次的"想象""希望"和"目标"是理想，但不是理想信念教育中所说的理想。

有的学者为了达到提升理想（信念）一词层次的目的，认为理想信念特指"社会主义—共产主义理想信念"，这种说法窄化了"理想"（信念）一词的含义。理想信念并非共产党人所专有，革命期的资产阶级，乃至封建地主阶级也有理想信念。作为"六君子"之一的谭嗣同面对屠刀英勇赴死，没有一定的理想信念支撑是不可能做到的。封建社会的文天祥、岳飞等一批志士，没有一定的理想信念支撑也不可能做出惊天伟业。但这种观点启

[①] 中国社会科学院语言研究所词典编辑室编. 现代汉语词典（第7版）[M]. 北京：商务印书馆，2018：800.

示我们，一定要为"想象""希望""目标"等加上内容的限定，才有可能提升其"层次"，从而达到理想信念教育中所说的"理想"一词的含义界定。

综上所述，我们认为应该把理想定义为"是人们在实践中形成的、有可能实现的、对未来社会和自身发展的向往和追求，是人们的世界观、人生观、价值观在奋斗目标上的集中体现"[1]。这个定义把人们的向往与追求用"对未来社会和自身发展"加以内容上的提升，对"奋斗目标"用"三观"加以层次上的限定，同时也不局限于某一种未来社会或奋斗目标。这个定义需要补充的有如下两点：第一，理想必定是人的理想或人们的理想，而人的本质在其现实性上是指一切社会关系的总和。人们的现实实践活动处于与自然、与他人、与社会的各种交往中，注定理想的内容既包括宏观层面的政治理想以及对社会发展的憧憬，也包括道德、职业、生活等方面的个人理想。不同社会地位的人代表不同的利益需求，不同年龄阶段、生活阅历的人通过意识的能动作用对社会政治理想选择的侧重也不尽相同，无论其如何选择都是对自我超越的抉择，必将引导其价值判断，预示其奋斗的方向性。

第二，人们是活在当下的，理想是指向未来的。活在当下的人们是物质与精神的统一体，既有无限的精神自由，又受制于当下的物质条件、现实条件，所以个人自身的追求与其对未来社会发展的向往有的是脱节的，理想在多数情况下并不能满足于当下个人发展的追求，恰如列宁所说"理想只能是现实的某种反映"[2]。在这种情况下，人们有两类选择，首先是降低理想追求，或者也可能选择另一种理想追求，这时人的整个精神世界都需要做出调整和重新整合，因为理想是人的精神生活的核心内容，核心的变化必然引起观念、原则、规则的调整。其次是找到新的根据，使理想更加合理，有更大的实现可能性，从而更有价值，更值得坚信。犹如孔子在周游列国宣扬仁爱的大同社会时一样"知其不可为而为之"（《论语·宪问》），这就有待于"信念"的确立了。

① 罗国杰，等. 思想道德与法律基础 [M]. 北京：高等教育出版社，2010：21.

② 中共中央马克思恩格斯列宁斯大林著作编译局编译. 列宁全集（第一卷）[M]. 北京：人民出版社，2013：383.

2. 信念的概念界定

"信念"在词典中被解释为"自己认为可以确信的看法"，是在特定历史条件下，主体人对个体事物、观念所采取的坚信、笃信的态度，是以人们对现存的理论、思想、学说进行了解和鉴别为基础，对自己认为正确的、合理的理念产生某种需要的情感，从接受到坚定不移的认同、信服它，并以坚决的意志付诸实践，身体力行地为实现其而努力奋斗、不懈追求的精神状态。信念的确立，经过了知、情、意、行的统一过程，可作为人们内心的一种强大的精神支撑，坚定人们对理念正确的认知以及行动成功的信心。信念作为知、情、意、行的统一，最重要的在于知与行，这也是检验信念是否确立及确立程度的重要标志。而信念中对"知"的把握不能等同于一般类型的知识学习中对"知"的理解。首先，在信念确立的过程中，"知"是指事实认知和价值认知，或事实判断和价值判断，没有达到价值判断的认知不是信念中的"知"。其次，信念中"知"的事实认知或事实判断同样在信念上有选择，不是各种类型的知识都能够作为信念中的理论、思想或学说的。这也是理想教育与信念教育不可分割的内在原因，两者实际上在内容、性质上是相同的。换用形象化的说法，如果理想教育是对未来社会和人们自身发展的"点"的教育，那么信念教育就是对未来社会和人们自身发展的"面"的教育。价值是指客体对主体的有用性，而信念中的价值判断其"主体"的人应具有双重身份——他既是现实世界中这些社会政治理论、思想、学说中的主体，由此而生成他的事实判断，他也是被向往与追求的那个理想世界中的主体，由此而直接形成价值判断。

毫无疑问，信念中的"行"必然是与其相应的"知"一致的行，超出信念中"知"的内容、范围等方面的"行"，也不在信念的含义之内。由此可见，在信念教育中的"知"是最为重要的，它是理想的支柱，也是情感的原动力，它使这种情感脱离感性的支配，从而在行动中表现为强烈的意志力。信念的形成不是一蹴而就的，是人们生活实践中实际地体验了怎样想和做才有益、有效的基础上，所形成的一些思考和行动的模式。[1] 以现有的思想观念为前提，并受其支配，通过不断的实践来反复判断，当自己

---

[1] 郑承军. 理想信念的引领与建构——当代大学生的社会主义核心价值观研究 [M]. 北京：清华大学出版社，2010.

所意识的某种认知经过现实的认证得到了正向支持，信任的情感就会上升，直到消除怀疑，达到坚信。

3. 理想和信念的关系

（1）二者的区别

理想和信念的区别从词义来看，理想侧重未来，是人的头脑中对还未存在的事物、景象的描述，倾向于想象；信念则更侧重现在，是对已经存在的基本理论的看法，倾向于现实。理想的超现实性比信念高一层次，信念更需要现实的依托，科学性、理论性更强一些。从用法意义来看，在语言应用中，为了符合言语规范，合乎表达习惯，二者在某些情况下不能混用。比如在语法应用上，理想可表述为"十分理想、不够理想"等，而把理想换成信念，即十分"信念"、不够"信念"，这显然是不合适的；可以说必胜的"信念"，而不说必胜的"理想"。在语义表达上，和理想相近的有"志向""抱负"等表达希望、想象的词，"青年要有远大的理想、志向"是常见的表述，而和信念相近的"信心""信仰"等是表达态度、心理活动的词，"青年要有远大的信念、信心"，是不惯用的，这是二者词义不同的体现。从理想和信念的特性分析，理想会随着主体利益诉求的改变而更换，在不同时期，理想的内容不同；而信念经过知情意行的过程，一旦形成，不会轻易改变，甚至随着实践的推进更加坚定，具有稳定性。

（2）二者的联系

虽然理想和信念有区别之处，但二者又存在紧密的内在联系，具有一致性。在用词上，"理想"和"信念"在某些表达中可以通用，比如"共产主义理想""共产主义信念""共同理想""共同信念"等都是合理的表述，并且具有一些相同的含义。在理论层面，共产主义理想和社会主义信念是分不开的，社会主义是共产主义的过渡阶段，二者所秉持的理论基础是一样的，即中国特色社会主义信念是共产主义理想的必须阶段、较低层的阶段。从人这一主体出发，理想、信念都是人所特有的精神活动，是时代的产物，一个人的理想和信念是相通的，有什么样的信念就会有什么样的理想，而理想的树立与实现使信念更加坚定，彼此相互支撑，指导人的实践。另外，理想与信念的特性可以互补，即主体把理想上升到信念的高度，信念的稳定性可以帮助其保持理想的长期性，发挥其对理想实现的意识促进作用。而更加依赖主体意识的信念，难免含有非理性成分。崇高的理想可为信念的确立指明方向，二者的结合具有重大意义。

理想信念教育所讲的理想信念必须是整体的，这里可以借用库恩（Thomas Samuel Kuhn）的范式理论来类比说明。理想信念教育中的理想是范式的最核心，即共同的价值标准，规定了它的基本理论，即信念的形成。反之，信念的确立同样是维护理想的，信念的形成要与现实社会中有关理想，尤其是有关社会政治理想的理论、观点、学说相联系，这些与特定信念相关联的理论就构成了信念。外围的应用理论会形成一系列规则并以大量的具体范例对其进行说明，最终为理想信念服务，即为理想信念提供证明。理想信念的整体性说明某一单一学科或某一原理都无法使人树立理想信念。库恩所说的范式转换，与理想信念的转化也有相似之处，即范式转换不是单纯的积累，也不是单纯的某个范例、某个原则或某个理论的否定性革命，而是一个整体性转换。由于理想信念具有"范式"的特点，所以系列的理论学习和组织训练显得尤为重要。

4. 理想信念的含义

理想和信念都是人类区别于一般动物的重要特征之一，它们之间是相互联系、相互作用、相互统一的。理想为信念提供方向，它是信念确立的基本前提，一旦失去理想，信念再坚定也会像大海中失去航向的巨轮，随时都会有触礁沉没的危险；信念则为理想提供动力，它是理想转化为现实的基础，一旦失去信念，理想再崇高也会成为空中楼阁，变得虚无缥缈。崇高的理想和坚定的信念是一个个体或一个群体在事业上取得成功的精神力量。因此，正是因为"理想"和"信念"这两个词之间的辩证统一关系，它们合起来使用的必要性也越来越强。经过对"理想"和"信念"这两个词的辨析，笔者认为，理想信念就是个体或者群体基于现实和客观规律，在长期社会实践过程中逐步确立的对未来美好生活的向往和科学系统的规划，并将其内化和确立为自己的信仰，在此基础上表现出的坚定不移和矢志奋斗的精神状态。

我们这里所讲的"理想信念"不是"理想"与"信念"这两个词的拼凑或者简单相加，而是具有更加丰富、深刻的内涵。"理想信念"是一个极具中国特色的话语概念和话语表达，它的并提连用虽然伴随着中国共产党建党以来的整个历史，但主要还是在改革开放以来我们党在加强思想政治教育的过程中逐步融合使用并最终形成的。"理想信念"这一概念所要表达的具体内涵和范围大体与"信仰"一词相同，这是由我国特定的语意习惯和语言环境所决定的。与"信仰"一词相比，"理想信念"同马克思主义、社会主义和共产主义等话语结合起来使用显得更加理性和科学，更加适合中国语境，也不容易使人们产生思想上的混乱和歧义。因为"信仰"一词自古以来，不管是在东方社会还是西方社会的语言环境中大多是作为一个宗教概念来使用的，带有强烈的主观主义倾向和唯心主义色彩，并且"在马克思主义学术传统中，信仰一词往往特指宗教或宗教信仰"[①]，例如恩格斯在《再论蒲鲁东和住宅问题》一文中曾诘问道："难道'革命'是人们不得不信仰的恪守教义的宗教吗？"[②]但是，我们也没有绝对要去排斥"信仰"一词在马克思主义学术语言中的使用，例如我们经常会说"马克思主义信仰"，同时，在我们党的历史文献中也有对"信仰"一词的使用，邓小平曾说："对马克思主义的信仰，是中国革命胜利的一种精神动力。"[③]然而，从整体情况来看，"信仰"一词也总没有"理想信念"使用得那样普遍和广泛。

因此，我们这里所讲的"理想信念"特指马克思主义的科学信仰和坚定的共产主义信念和信心，而不是日常生活中的个体或者群体所持有的一般意义的理想信念，它是一种最高等级的价值追求和持久的精神动力，是最高层次的理想和最高层次的信念的统一，对其他类型的理想信念具有引领和制约的作用。笔者认为，进入新时代，理想信念的基本内涵应该包括以下四个方面：其一是对马克思主义的信仰；其二是对中国特色社会主义共同理想的信念；其三是对中国共产党领导的信任；其四是对全面深化改革开放和实现中华民族伟大复兴中国梦的信心。

（二）理想信念的本质内涵与基本特征

1. 理想信念的本质内涵

本质即事物本身所固有的根本属性。理想信念作为人所特有的一种精

---

① 吴潜涛. 正确理解理想信念的科学含义 [J]. 理论参考，2012（06）：41.

② 中共中央马克思恩格斯列宁斯大林著作编译局编译. 马克思恩格斯选集（第三卷）[M]. 北京：人民出版社，2009：311.

③ 邓小平. 邓小平文选（第三卷）[M]. 北京：人民出版社，1993：63.

神现象，它的本质是什么？笔者认为，理想信念的本质包括以下四个方面的内容：首先，理想信念是人的需要和发展的体现。人的存在不仅仅是简单的物质生存需要的满足，更要在现实世界中追求精神上的满足，获得一定的发展以实现自身的价值，这是人的能动性的体现，也是人的生命活动的目的和归宿。正如赫舍尔（A. J. Herschel）所说："人的存在从来就不是纯粹的存在，他总是牵涉到意义。"[①] 因此，人要满足这种需要和发展，就需要对自己的未来作出科学设想和系统规划并身体力行地实践，这即是一种体现。其次，理想信念是价值观的最高层次。价值观，即人对某个事物所秉持的认知、标准、判断和抉择。不同的人受各种不同因素的影响和限制会形成不同的价值观念，而价值观一旦形成就会对人的实践活动产生重大影响。因此，一个人能否确立正确的价值观对于其发展的影响十分重大，对于一个民族或者一个国家来说也是如此。而价值观与理想信念是相辅相成、相互统一的，价值观是理想信念形成和确立的基础和前提，理想信念又是价值观的内核，是价值观的最高层次，直接影响着人的行为选择和国家的经济制度、政治制度和文化制度等各个方面。理想信念为人的发展提供方向。人生是一个不断发展的过程，要使人生能够始终沿着正确的方向前进就必须有科学正确的理想信念的指引，因为它"是人的思想和行为的定向器"[②]，对人的发展具有十分重要的指引价值。最后，理想信念为人的奋斗目标的实现提供持久的精神动力。志存高远才会矢志奋斗，理想信念是指向未来的，是对未来的美好向往和追求。因此，只有树立崇高的理想信念才会激励人展示出艰苦奋斗的毅力和决心，朝着既定的目标前进。

2. 理想信念的基本特征

理想信念作为一种精神现象和思想意识，它具有以下三个方面的重要特征。

（1）个体性与群体性相统一

个体指单个的人，而群体则是由若干单个的人组成的，例如民族、国家等都是群体性的概念。理想信念首先具有个体性，每个个体都会基于个人的现实状况展望自己的未来，设计和规划自己的人生。比如，不同个体

①　[美] 赫舍尔. 人是谁 [M]. 隗仁莲，译. 贵阳：贵州人民出版社，1994：46.

②　本书编写组. 思想道德修养与法律基础 [M]. 北京：高等教育出版社，2018：31.

的理想信念会有所不同，体现着丰富多彩性；又比如，生活理想信念、职业理想信念、道德理想信念等也都体现了理想信念的个体性。同时，理想信念又具有群体性，虽然不同的个体理想信念会不一样，但从总体上看，处于一个时代和生活背景下的人的理想信念又会有趋同性，在某些方面他们会有共同认可和追求的理想信念，例如中国特色社会主义共同理想就是在当下中国社会获得最广泛认同和追求的理想信念，是一个最大公约数，是中华民族对未来美好生活图景的生动展望和不懈追求，这体现了理想信念的群体性。

（2）目标性与过程性相统一

理想的实现需要一个过程，不可能一蹴而就。同时，越是高远和崇高的理想，实现起来就越漫长和艰苦，越需要信念的支撑。因此，在追求理想信念的过程中我们需要认识到理想信念是目标性与过程性相统一的这一重要属性，不能只偏重于目标的追求而忽视了过程，反之亦然。例如，实现共产主义是我们的远大理想信念，是一个终极目标，它是由若干个具体性、阶段性目标的不断实现作为铺垫的。这就意味着实现这一目标需要一个漫长而艰辛的历史过程，它不是一两代人就能够完成的事情，而是需要若干代人持续不断的接力奋斗，"若干代人的理想追求的价值都积淀在共产主义理想最终实现之中"[①]。这就是为什么许多仁人志士即使在有生之年看不到这一远大理想信念成为现实，但他们仍然在不断为之奋斗，甚至付出了生命的代价。他们的付出无疑是有价值的，是值得我们敬佩和学习的，没有它们的付出和牺牲就不会有一个个阶段性目标的实现，更不会有共产主义远大理想在未来的最终实现。因此，在追求理想信念的过程中不能将其目标性与过程性割裂开来，要认识到追求的目标是一种价值，追求的过程亦是一种价值。

（3）现实性与可能性相统一

笔者对理想信念所作定义中"基于现实和客观规律"这句话凸显了理想信念的现实性。它之所以与幻想、臆想和空想等概念有着本质的区别就是因为理想信念源于现实，是基于经济社会等的现实发展状况对事物的发

---

① 刘建军. 共产主义理想追求的新阐释 [J]. 教学与研究，2002（04）：21.

展趋势作出的科学把握和预测，是符合客观规律的。但并不是所有的理想信念一定都会实现，"理想的现实性并不等于直接的现实性"①。理想信念要转化为现实需要诸多因素的共同作用，这些诸多因素总体可以分为主观因素和客观因素两个方面，在实现理想信念的过程中如果缺少某一因素的支撑就可能使理想信念的实现遭遇挫折或者直接夭折，这便体现了理想信念的可能性。因此，我们说理想信念是现实性与可能性相统一的。

二、理想信念教育的特点及内容

（一）理想信念教育的概念界定

理想信念教育是大学生思想政治教育的核心内容，是人类有目的、有意识的一种社会实践活动。理想信念教育是在马克思主义理论的指导下，教育者对受教育者施加有目的、有计划、有组织的影响，使他们形成符合一定社会所需要的坚定的理想信念的社会实践活动，在大学所进行的理想信念教育活动中，全体参与者都是受教育者，而主要的是对入学生进行的理想信念教育，教育的主渠道是思想政治理论课。理想信念教育是思想政治工作的重要组成部分，是思想政治教育的"灵魂"，同时也是党的思想政治优势和光荣传统。改革开放以来，大学生思想政治教育最根本的成就，就是牢牢抓住了这样一个核心问题：即不断进行理想信念教育。"1985 年，邓小平同志就曾指出，'光靠物质条件，我们的革命和建设都不可能胜利。过去我们党无论怎么弱小，无论遇到什么困难，一直有强大的战斗力，因为我们有马克思主义和共产主义的信念。有了共同理想，也就有了铁的纪律。无论过去、现在和将来，这都是我们的真正优势'。"②

所以，理想信念教育就是指为了促进大学生健康成长和顺利成才，以推动社会发展进步为目的，有计划、有目的、有组织、有针对性地对受教育者施加正向影响，使他们树立科学坚定的理想信念，自觉地将个人理想和社会理想统一起来的社会实践活动。

---

① 郑冬芳. 大学生马克思主义理想信仰研究 [M]. 北京：中国社会科学出版社，2015：14.
② 李少军. 新担当新作为：做新时代好干部 [M]. 北京：人民出版社，2018：43.

（二）理想信念教育的特点

1. 理想信念教育的"知道"与"相信"具有非同步性

理想信念教育必须同时赋予事实判断与价值判断，也就是说大学生理想信念教育的结果不能停留在"知道是什么"，还要同时具备"相信是什么"。反之，如果学生在理想信念方面考了满分，但是他并不相信，那么对这个学生的理想信念教育效果就几乎为零。进而言之，如果一个学生从儿时的家庭教育开始，能够从自己的亲身感受与思考中论证理想信念，那么即使他没考满分，大学生理想信念教育对他的效果也是巨大的，因为这其中包含着他的价值判断。南京航空航天大学教师徐川的一篇热帖《我为什么要加入中国共产党》，把"知道"与"相信"统一于一体。他没讲什么深奥的大道理，只是讲了两个实例，但是这其中蕴含着现实生活中的事实和高度的信服和敬仰。

近代以来，由于实证科学的突飞猛进，人们逐步地忽视了价值判断的作用，因为在实证科学的教育中，"知道"与"相信"是自然而然地统一在一起的，知道了同时就相信了。但是在理想信念教育中，"知道"与"相信"具有非同步性，知识教育毫无疑问是必要前提，但达到价值判断，达到"相信"，才是最终目的。

2. 理想信念教育目标的想象性与现实性

理想信念教育目标是想象性与现实性的统一。首先，理想信念属于精神层面的活动，对于成长背景多样、更加强调自我的当代大学生群体，使其一步到位地树立起崇高的理想信念，达到以天下苍生为己任，为实现全人类自由全面发展而不懈奋斗的高度是不现实的，我们必须承认这一根本目标具有想象的成分。其想象性还体现在大学生"认为"的不切实际，我国社会仍然处于社会主义初级阶段，共产主义美好社会的描述只能以大学生想象的方式存在，当对未知事物的美好想象与现实情况差距较大时，学生会觉得所接受的信息是空洞的，虚无缥缈的。所以理想信念教育如何切中时弊地批判现实生活中的非正义、不合理的人和事，以映现出美好的图景，这是理想信念教育的想象性特点决定的。

其次，理想信念教育目标具有现实性。一方面，理想以现实为根据，是社会存在的反映，信念以社会实践为基础，是社会的产物，理想信念在特定的历史条件下形成，是对理想可以实现的坚信。理想信念教育具体目标的制定立足于事实，关注个人利益的需要，体现了社会发展的时代要求。另一方面，理想的实现受当下社会历史条件和发展水平的制约，所制定的不同阶段的具体奋斗目标以最高理想为指导，为最高理想服务，符合社会发展规律，是可以实现的，个体在不同人生理想的实现中肯定自己，不断完善自己，这本身就是理想信念实现的标志。

3. 理想信念教育内容的崇高性与层次性

毛泽东曾在《新民主主义论》中强调，共产主义是"区别于任何别的思想体系和任何别的社会制度的，是自有人类历史以来，最完全最进步最革命最合理的"[①]。以坚定中国特色社会主义和实现共产主义为核心的理想信念教育是在中国发展历程中，我们党经过不断实践、反复证明后所选择的与社会发展规律最相一致、与中国国情最相符合、与人民利益实现最相契合的理念，并且理想信念教育内容对未知的美好描述，从精神层面为大学生提供了人生价值取向的最高准则，引导学生明确了生命的意义及奋斗的方向，激励其不断努力实现自我价值，是学生对超越现实、超越自我的不断追求，具有崇高性。

理想可以分为共产主义远大理想、建设中国特色社会主义共同理想、实现个体具体人生目标的个人理想，这三个层次是辩证统一的。共产主义理想是人们终极的奋斗目标，坚持走中国特色社会主义道路，实现中华民族伟大复兴是实现共产主义的必经阶段，个人理想依赖于共同理想而确立，而共同理想的实现依赖于个人理想的实现对社会所做的贡献。理想信念教育的内容既包括实现人们自由全面发展的最高层次的社会理想，也包括完成人生阶段目标的较低层次的个人理想，具有层次性。另外，理想信念教育内容的层次性还表现为对不同学生进行分层模式的教育，即对不同专业、不同学习基础的学生，教学内容是有分别的，课上讲授理论的深浅程度也是不同的，以及针对不同年级不断深化的教育都体现了其教育内容的层次性。

4. 理想信念教育内化过程的长期性与阶段性

理想信念教育的内化过程是大学生对理想信念的认知与选择、坚定并

---

① 毛泽东选集（第二卷）[M]. 北京：人民出版社，1991：686.

内化为日常行为的过程，体现了其长期性与阶段性的统一。当今社会多元文化与思潮并存，自主意识较强的大学生会对自己所接触的不同价值观念进行广泛了解、不断比较，多元选择并相信与自身利益相关的理想信念，并且随着自己经历与见识的增多，不同成长时期的理想、理念会不同，对同一理想信念在不同的成长阶段认识也不同，大学生对理想信念的认知容易出现反复。同时，大学生在树立理想、实现理想的过程中难免会遇到各种各样的困难和挫折，极易造成学生的退缩及对理想的选择做出自我否定。学生对理想信念的反复判断，摇摆不定，注定理想信念教育的完成是一项长期的工作。

理想信念教育的内化过程首先是对理想信念崇高的定位，引导学生从理论上了解崇高的、正确的理想信念内容；其次是对理想信念价值的分析，激励学生从意识上接受并认同所选择的理想信念；最后是对理想信念实践的探讨，强化学生从行动上对理想信念的有用性进行实践，在实践中不断深化认识，再使认识不断深化于心，并付诸行动，这是教育过程中必然遇到、亟须分阶段解决的问题。引导大学生从有理想到坚信理想，再到实现理想，不能一蹴而就，也注定了理想信念教育要分阶段进行。

（三）大学生理想信念教育的内容

1. 马克思主义基本理论教育

马克思主义在深刻认识人类社会发展规律的基础上，揭示了人类社会走向共产主义的历史必然性。它始终代表人民群众的根本利益和要求，为人类的进步和解放指明了正确方向，为人们认识世界和改造世界提供了科学的立场、观点与方法。它始终以改造世界为己任，以理论指导实践并在实践中不断发展、完善、创新，对世界历史产生了巨大影响。马克思主义也提出共产主义只有在社会主义高度发达的基础上才能实现，这需要一代又一代人的不懈努力。其崇高的、科学的世界观和方法论是大学生学习和掌握的必要内容。

马克思主义是科学理想信念的理论基础，列宁说，"马克思学说具有无限力量，就是因为它正确"[①]。这个"正确"是经过理论认知和价值判断

---

① 中共中央马克思恩格斯列宁斯大林著作编译局编译. 列宁选集（第二卷）[M]. 北京：人民出版社，1995：309.

之后才能得出来的。大学生信不信共产主义理想是由其对马克思主义理论掌握程度所决定的，学没学透马克思主义理论是大学生信与不信、坚不坚定这一理想的最根本的理论原因。习近平总书记指出："坚定的理想信念，必须建立在对马克思主义的深刻理解之上，建立在对历史规律的深刻把握之上。……不断提高马克思主义思想觉悟和理论水平，保持对远大理想和奋斗目标的清醒认知和执着追求。"① 大学生学习马克思主义理论，深刻认识社会发展规律，能够用这些科学理论解答人生的疑惑，并在其中找到自我价值，就易形成坚定的理想信念。反之，如果不学习、不了解马克思主义理论，就谈不上认同和相信，更不会以其为指导思想，在实践中达到坚信。并且其他理想信念有其自身的理论，使大学生学习好马克思主义理论也是驳倒其他错误理论，坚持自己理想信念的有力武器。学深学透马克思主义基本理论是大学生理想信念教育的必要内容。

2. 中国特色社会主义信念教育

在大学生当中树立共产主义理想，首先必须使大学生有社会主义信念。社会主义是共产主义的初级阶段，是奔向共产主义的必经阶段，而社会主义在不同国家有不同特点，中国社会主义建设的起点较低，我们建设的社会主义是初级阶段的社会主义，在建设中许多困扰我们的问题都是中国特色社会主义所特有的问题，我们就是在解决这些特有问题当中形成了特有的中国特色社会主义信念。中国特色社会主义信念教育的内容，把理想信念教育与中国的国情相结合，符合中国实际，使我们的理想信念不空洞。中国特色社会主义符合全国各族人民的利益，新时代中国特色社会主义要团结最广大人民，万众一心，为建设社会主义现代化强国而努力，使大学生以中国特色社会主义共同理想信念为立身之本，有赖于中国特色社会主义信念教育。

中国特色社会主义信念是有一定理论依据的，这些理论是以马克思主义为指导，根据中国国情所产生的应用层次的理论，毛泽东思想、邓小平理论、"三个代表"重要思想、科学发展观等都是在中国发展的特定阶段，面对特定国情所提出的，在解决中国实际问题中发挥重大作用的理论。党

---

① 习近平. 习近平谈治国理政（第二卷）[M]. 北京：外文出版社，2017：35.

的十九大提出习近平新时代中国特色社会主义思想是马克思主义中国化最新成果，是中国特色社会主义理论体系的重要组成部分，必须长期坚持并不断发展。对大学生的中国特色社会主义信念教育要以这些理论为基础，分析中国社会问题的特点，分析中国大学生的特点，对存在的问题给出合理的解释，并提出相应的解决对策，这些问题解决了，才能进一步使学生坚信马克思主义所强调的理想信念。

3. 对中国共产党的信任教育

习近平强调："中国特色社会主义最本质的特征是中国共产党领导，中国特色社会主义制度的最大优势是中国共产党领导，党是最高政治领导力量。"①信任中国共产党的领导，才能相信中国特色社会主义。中国共产党的领导地位是历史形成的，了解中国共产党的历程有益于人民群众相信中国共产党。我国经历了屈辱的近代史，经受了地主阶级改良、资产阶级改革等各种尝试的失败，最终是中国共产党团结带领中国人民打败日本帝国主义，推翻国民党统治，完成新民主主义革命，建立了中华人民共和国，又带领全国人民完成社会主义革命，进行改革开放，使中华民族迈向现代化。当今中国特色社会主义进入新时代，中华民族从站起来、富起来到强起来的伟大飞跃证明，只有社会主义才能救中国，坚持共产党的领导是正确的选择。这些党史国史加强了大学生对中国共产党的信任，是理想信念教育的重要内容。

大学生对中国特色社会主义的道路自信、制度自信有赖于对中国共产党的信任。我国以经济建设为中心，坚持四项基本原则，坚持改革开放，坚持中国特色社会主义制度，多年来所取得的成就是有目共睹的。但中国在发展过程中也暴露出很多问题，党的队伍中也存在消极腐败现象，面对社会存在的矛盾、不公平现象，广大学生选择相信党的领导作风，不会以偏概全，能够看到共产党人为国家、为社会所作的贡献，他们对中国特色社会主义道路、制度依旧是相信的。反之，少数学生缺乏对中国共产党的信任，他们面对社会存在的问题，反对、质疑党的言论，会对党感到失望，对社会主义产生悲观情绪，对中国特色社会主义失去信心，也就谈不上对

---

① 习近平. 习近平谈治国理政（第三卷）[M]. 北京：外文出版社，2020：94.

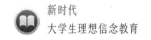

中国特色社会主义的道路自信、制度自信了。所以，理想信念教育要加强学生对中国共产党的信任教育。

4. 中华优秀传统文化教育

坚定中国特色社会主义信念，需要了解中国人民特有的传统习俗、思维方式、价值观念，传统文化教育为其提供了可能，而且中华民族五千多年的文明历史，积累了大量的优秀文化，蕴含着丰富的道德理念，比如爱国主义、刚直不阿、礼义廉耻、仁义道德、恪守诚信、自强不息、尊老爱幼等，这些优秀传统文化流传到今天，在中国共产党的领导下从国家、社会、个人三个层面提出了核心价值观，提出了国家梦和个人梦的统一，所以中华优秀传统文化是大学生理想信念教育内容之一。

中华优秀传统文化教育还有利于树立大学生的文化自信。"中国有坚定的道路自信、理论自信、制度自信，其本质是建立在5000多年文明传承基础上的文化自信。"[①] 文化自信是综合国力中的软实力。中国传统文化源远流长，是世界文明当中唯一一个没有断过流，始终传承下来的文化，凝聚着中华民族的智慧和力量。正是因为本民族深厚的文化底蕴，中国人民能站在世界面前不卑躬屈膝，傲立于世界民族之林。大学生理想信念教育可用优秀传统文化教育内容培养学生民族自豪感，并且面对各种文化冲击，大学生需要坚定文化自信，这首先是对文化的"知"，进而能够充分肯定、认同本民族文化价值，增强底气，这都需要对学生进行中华优秀传统文化教育。

5. 理想信念教育是高校思想政治教育的核心内容

理想信念教育的内容是高校各类思想政治教育的核心内容。高校思想政治教育包括"马克思主义基本原理""毛泽东思想和中国特色社会主义概论""中国近现代史纲要""思想道德修养与法律基础""形势与政策"等课程，以及中国共产党党史、心理健康教育、国防教育、就业指导，伦理学等教育内容，同时，大学生"第二课堂"的一系列活动，包括学生社团、班级建设、学生管理等，也是高校大学生思想政治教育的一部分。所有这些都是围绕着理想信念教育进行的，都是为了达到使学生坚信社会主义、

---

① 杜尚泽. 阔步走在中华民族伟大复兴的历史征程上——记以习近平为总书记的党中央推进全方位外交的成功实践 [N]. 人民日报，2016-01-05.

共产主义的目的。换言之，都是为了坚定学生中国特色社会主义理想信念，使学生坚信中国共产党的领导，并在党的领导下为建设中国特色社会主义，实现中华民族伟大复兴中国梦而努力奋斗。

理想信念教育作为思想政治工作的核心内容，也是由中国特定国情决定的。从中国历史来看，在革命时期，中国人民的革命理想高于天，在艰苦发展时期，理想信念是人们坚持奋斗的精神动力。正如邓小平所说："为什么我们过去能在非常困难的情况下奋斗出来，战胜千难万险使革命胜利呢？就是因为我们有理想，有马克思主义信念，有共产主义信念。"[①]我们今天所取得的辉煌成就是一代又一代中国人民以坚定的理想信念为支撑，共同努力创造出来的。从当前来看，建设新时代中国特色社会主义，实现中国梦，增强民族凝聚力，提升党和政府公信力，需要青年一代加强理想信念教育。从国际环境来看，西方对我国的资本主义意识形态输出没有停止，并且有不断加快渗透的趋势，对马克思主义造成很大冲击，马克思主义"过时论""悲观论"时有发声。这些历史经验，现实问题都说明需要对大学生加强理想信念教育，将其作为核心内容，对大学生世界观、人生观、价值观进行正确引导，以更好地培养合格的社会主义建设者和接班人。

三、新时代大学生理想信念教育的内涵与基本要求

新时代是对我国发展阶段的科学定位，在这个全新的历史时期全体中华儿女需要坚定理想信念，勠力同心、再接再厉、艰苦奋斗，朝着"两个一百年"奋斗目标和中华民族伟大复兴的中国梦奋力前进。而大学生作为中国特色社会主义事业的后备军和生力军，更需要用中国特色社会主义共同理想信念引领其成长成才。同时，中国特色社会主义进入新时代的历史方位和时代背景也为高校大学生的理想信念教育带来了重要机遇，为高校大学生理想信念教育全面赋能，为大学生理想信念教育指明了新方向，赋予了新内容，提出了新要求。因此，大学生理想信念教育需要表现出新的时代特征。

---

① 邓小平. 邓小平文选（第三卷）[M]. 北京：人民出版社，1993：110.

（一）新时代的科学内涵

党的十九大报告指出："经过长期努力，中国特色社会主义进入了新时代，这是我国发展新的历史方位。"[①] 这个"新时代"特指的是"中国特色社会主义新时代"，这是对其性质的规定，是一个完整的新概念，它是我们党在总结我国发展经验和基本规律的基础上，紧密结合我国现阶段发展的历史现实，适应当前我国事业发展的需要，主动回应人民对美好生活的向往和追求的强烈呼声而对我国发展做出的具有里程碑意义的重大战略论断和历史定位。"新时代"这一全新概念的提出标志着我国经济社会发展进入了一个新的历史时期，这就意味着我们所有的工作都必须与新时代的历史方位和发展需要相契合，因此，也必然对高校大学生的理想信念教育工作提出了新的更高的要求，高校大学生的理想信念教育工作要做到与新时代的新要求相适应，就首先必须充分理解和把握新时代的科学内涵，这是一个基本前提。

要深刻理解和把握新时代的科学内涵首先必须深刻理解党的十九大报告中对新时代"三个意味着"的重要论述。

第一个，进入新时代，"意味着近代以来久经磨难的中华民族迎来了从站起来、富起来到强起来的伟大飞跃，迎来了实现中华民族伟大复兴的光明前景"[②]。这深刻总结了进入新时代对中华民族的伟大历史意义。站起来、富起来和强起来是实现伟大复兴的宏伟夙愿必然要经历的三个历史阶段。近代以来，中国国土遭受沦陷，民众惨遭欺辱，沦为半殖民地半封建社会，虽然无数革命前辈英勇奋斗，尝试了很多种方法但仍然没有改变中华民族遭受欺压的时代境遇。在这至暗时刻中国共产党诞生了，在中国共产党的带领下中国人民经过英勇无畏、艰苦卓绝的斗争，彻底推翻了压在中华民族身上的"三座大山"，取得了革命的胜利，实现了站起来的伟大飞跃。中国共产党带领中国人民建立了新中国，确立了人民代表大会制度、中国共产党领导的多党合作和政治协商制度等，这些政治制度的确立为中华民族的伟大复兴铺平了道路，奠定了坚实的政治制度基础。

改革开放以来，中国共产党带领中国人民始终沿着中国特色社会主义

---

① 习近平. 习近平谈治国理政（第三卷）[M]. 北京：外文出版社，2020：8.

② 习近平. 习近平谈治国理政（第三卷）[M]. 北京：外文出版社，2020：8.

道路前进，建设社会主义市场经济体制。中国社会的整体状况发生了翻天覆地的历史巨变，中国一跃成为世界第二大经济体、外汇储备和制造业第一大国等。中国人民的生活水平有了明显提高，生活质量有了明显改善，精神面貌得到了极大振奋。这些都为中华民族的伟大复兴奠定了坚实的经济基础和精神支撑，实现了富起来的伟大飞跃。

党的十八大以来，中国共产党带领人民以巨大的政治勇气和魄力推进各方面的改革，我国各项事业取得了前所未有的巨大成就。我国经济社会更加均衡发展、国民综合素质显著提高、民主法治更加健全、维护国家利益和世界和平稳定的能力也更加凸显。这些成绩的取得是具有全方位和开创性的，因此，党的十九大报告作出了重大判断，认为我国社会的主要矛盾已经发生了转变。然而，我国社会主要矛盾的变化并没有改变我国初级阶段的基本国情和发展中国家的国际地位，我国发展还存在诸多薄弱环节，我们必须坚定不移、持续不断地推进中国特色社会主义事业，向着社会主义现代化强国不断迈进。党的十九大绘制了宏伟的蓝图，设定了具体实现路径，我们将按照既定目标在 21 世纪中叶实现强起来的伟大飞跃。因此，蓝图已经绘制，我们需更加持之以恒、努力奋斗，向着这个宏伟的目标不断前进。

第二个，进入新时代，"意味着科学社会主义在二十一世纪的中国焕发出强大生机活力，在世界上高高举起了中国特色社会主义伟大旗帜"[①]。这深刻总结了进入新时代对科学社会主义的伟大历史贡献。在推进中国特色社会主义事业的过程中我们始终坚持解放思想，实事求是的基本原则，勇于探索，勇于实践，敢于创新，形成了一整套适合我国国情并且行之有效的基本理论、路线、方略和政策等，使中国特色社会主义的内涵不断丰富和发展。开辟了科学社会主义的新境界，对科学社会主义的继承和发展作出了突出贡献，使科学社会主义在当下中国焕发出了强大的生命力与活力。

第三个，进入新时代，"意味着中国特色社会主义道路、理论、制度、文化不断发展，拓展了发展中国家走向现代化的途径，给世界上那些既希望加快发展又希望保持自身独立性的国家和民族提供了全新选择，为解决

---

① 习近平. 习近平谈治国理政（第三卷）[M]. 北京：外文出版社，2020：8.

人类问题贡献了中国智慧和中国方案"①。这深刻总结了进入新时代对世界广大发展中国家和整个人类的重大意义。在长期的实践进程中，中国共产党探索出了一条适合中国国情的实现现代化的道路，形成了一整套不同于西方发展模式的行之有效的中国发展模式，为第三世界国家走向现代化积累了丰富而又宝贵的发展经验，拓展了第三世界国家走向现代化的路径选择。中国的发展经验表明走向现代化并不是唯有西方发展模式这一条路径可循，广大发展中国家应该在借鉴其他国家发展经验和人类文明的基础上探索适合本国实际国情的发展道路和发展模式。新时代中国特色社会主义事业的成功为广大发展中国家实现本国的现代化提供了全新的经验遵循和路径选择，为解决人类面临的共同问题贡献了更多中国智慧，提供了更多中国方案。

这"三个意味着"深刻论述了进入新时代对中华民族、科学社会主义、广大发展中国家和整个人类的重大意义。同时，要理解和把握新时代的科学内涵，还需要深刻理解党的十九大报告中对中国特色社会主义新时代"五个是"的精辟概括和明确定位。党的十九大报告指出，中国特色社会主义新时代"是承前启后、继往开来、在新的历史条件下继续夺取中国特色社会主义伟大胜利的时代，是决胜全面建成小康社会、进而全面建设社会主义现代化强国的时代，是全国各族人民团结奋斗、不断创造美好生活、逐步实现全体人民共同富裕的时代，是全体中华儿女勠力同心、奋力实现中华民族伟大复兴中国梦的时代，是我国日益走近世界舞台中央、不断为人类作出更大贡献的时代"②。第一个"是"明确回答了我们要举什么旗，走什么路的问题。那就是新时代是一个承前启后、继往开来的时代，是中国特色社会主义事业进程中的一个历史时期，我们要坚定不移继续高举中国特色社会主义伟大旗帜，继续走中国特色社会主义道路。第二个"是"明确回答了新时代我们要完成什么样的历史任务，要完成这个历史任务应该进行怎么样的战略规划的问题。那就是新时代要在全面建成小康社会的基础上再分两步走到21世纪中叶把我国建设成为社会主义现代化强国。第三个"是"明确回答了新时代我们要坚持什么样的发展思想，实现什么样的

① 习近平. 习近平谈治国理政（第三卷）[M]. 北京：外文出版社，2020：8-9.
② 习近平. 习近平谈治国理政（第三卷）[M]. 北京：外文出版社，2020：9.

发展目的的问题。那就是新时代要坚持习近平新时代中国特色社会主义发展思想，团结全国各族人民共同努力奋斗，逐步实现全体人民共同富裕，这是我们的发展目的，也是社会主义本质的体现和要求。第四个"是"明确回答来了新时代我们要保持什么样的精神状态，实现什么样的宏伟目标的问题。那就是全体中华儿女要齐心协力，共同奋斗，不断朝着中国梦砥砺前行。第五个"是"明确回答来了新时代中国处于什么样的国际地位，要对世界做出什么样的贡献的问题。那就是随着经济、政治、文化等各方面影响力不断增强，中国正日益走近世界舞台中央，中国将以负责任大国的态度为解决全人类共同面临的各种问题贡献出中国智慧、中国方案和中国力量。

（二）新时代与大学生理想信念教育的关系

1. 新时代为大学生理想信念教育指明了新方向

科学、正确的理想信念是大学生成长成才的方向指引，是引导他们承担时代使命的指针。新时代为高校大学生的理想信念教育提供了新的方向指引，那就是要以习近平新时代中国特色社会主义思想为根本遵循，不断加强和改进高校大学生理想信念教育工作，用新思想教育和引领广大大学生。习近平新时代中国特色社会主义思想是 21 世纪的马克思主义，其不仅对我国各领域的发展作出了科学筹划和系统部署，是引领中华民族实现伟大复兴的根本指针，而且也蕴含着深刻的理想信念教育思想。习近平新时代中国特色社会主义思想对高校大学生的理想信念教育工作有着精辟的论述，这些论述集中体现在习近平关于高校思想政治工作的相关讲话、指示和批示中，其中需要特别关注的是习近平在全国高校思想政治工作会议上的讲话、在北京大学师生座谈会上的讲话、在全国教育工作会议上的讲话和在学校思想政治理论课教师座谈会上的讲话，涵盖了理想信念教育的理念、内容、方式方法、地位、作用、根本任务、基本原则、领导管理和队伍建设等各个方面、各个环节，是进入新时代，高校对大学生开展理想信念教育的根本指导思想，为高校大学生理想信念教育工作的具体开展指明了新方向。

2. 新时代为大学生理想信念教育赋予了新内容

习近平新时代中国特色社会主义思想是新时代的重要特征，是马克思主义中国化的最新理论成果。它从理论和实践两个方面系统回答了新时代坚持和发展什么样的中国特色社会主义、怎样坚持和发展中国特色社会主义的时代课题，涉及一系列关系我国发展全局的问题，对我国各项事业的发展具有根本指导作用。这一理论成果的形成和确立为高校大学生理想信念教育奠定了坚实的理论基础，赋予了新内容。加强大学生对习近平新时代中国特色社会主义思想的理解和认同，用新思想武装广大大学生的头脑并引导他们践行是当前高校加强大学生理想信念教育的核心内容和紧迫任务。要让大学生在思想上尊崇和在行动上践行习近平新时代中国特色社会主义思想。

3. 新时代为大学生理想信念教育提出了新要求

进入新时代，我国面临的国内外环境和网络环境都发生着深刻而复杂的变化，对大学生理想信念教育提出了新要求。一是国际环境的大发展、大变革和大调整对大学生理想信念教育提出了新要求。当前，各国之间的竞争正在变得越来越白热化，国际格局正在发生着深刻的变革和调整，尤其是随着我国国家实力和国际影响力的不断增强，西方反华势力和敌对势力对我国的打压和敌视越来越严重，我国所面临的国际环境越来越复杂，意识形态领域的斗争也日益严峻。在这种国际环境下如果不对大学生施以正确的引导，他们的理想信念会产生动摇。二是国内社会体制转型对大学生理想信念教育提出了新要求。不可否认，改革开放40余年给我国带来了历史性的巨变。但是随着市场经济的发展，在社会体制转型的过程中也出现了以权谋私、钱权交易、个人主义、功利主义等不良思想意识，淡化了社会主义核心价值观，对大学生理想信念产生了削弱作用。三是新媒体技术的广泛应用对理想信念教育提出了新要求。互联网时代的到来对人们的生活方式产生了深刻的影响。特别是进入新时代，随着科学技术的不断进步，人类对网络科技的应用呈现出一日千里的发展态势，新媒体的触角已经延伸到了社会生活的每一个领域，也触及到了每个个体。以5G智能手机为代表的移动终端和以抖音、快手等App为代表的应用程序使人们信息的获取更加迅速、便捷和普及化。这些新媒体技术的广泛应用在极大便利人们生活的同时也会对人们的思想观念和价值观念造成极大的冲击。尤其在新媒体环境下，信息的传播会变得越来越具有发散性和不可控性，一些违背主流意识形态的信息会对大学生科学正确的理想信念的养成和确立造成严重困扰。对大学生理想信念教育来说，如何在纷繁复杂的国际环境、国内环境和网络环境下牢牢掌握主动权，提高大学生的鉴别力和理性认知能力，坚定大学生的理想信念是一项不小的挑战。

4. 大学生理想信念教育为新时代培养时代新人

大学生是实现新时代历史伟业的后备军和生力军，是社会主义事业的建设者和接班人，他们有没有形成科学正确的理想信念、理想信念坚定不坚定直接关系到党、国家和民族的事业能不能后继有人。因此，高校大学生理想信念教育工作承担着这样的职责和使命，那就是要结合新时代的历史方位和时代背景，结合我们事业发展的迫切需要，以习近平新时代中国特色社会主义思想为基本引领，不断加强和改进大学生理想信念教育工作，提高大学生理想信念教育的质量和水平，教育引导广大大学生树立并坚定科学正确的理想信念，不断增强"四个自信"，"把爱国情、强国志、报国行自觉融入坚持和发展中国特色社会主义事业、建设社会主义现代化强国、实现中华民族伟大复兴的奋斗之中"[1]，成长为能够担当时代责任和历史使命的时代新人，助力实现新时代的历史伟业。

（三）新时代大学生理想信念教育的基本特征

高校大学生理想信念教育针对的是大学生这一特定而又特殊的群体。因此，在理想信念教育过程中应该表现出自身的鲜明特征，这主要体现在以下六个方面。

1. 理想信念教育理念的科学性与时代性

在教育理念方面，大学生理想信念教育应该表现出科学性与时代性。教育理念是否具有科学性和时代性直接关系到大学生理想信念教育实践活动的实效性和教育成果。因此，一方面，大学生理想信念教育理念要体现科学性，就是要遵循大学生理想信念教育实践活动的客观规律，对其中存在的具体问题不断进行修正和完善；另一方面，大学生理想信念教育要体现时代性，就是要充分把握时代特征，体现时代要求，不断创新理想信念教育理念以满足时代需要。

---

① 习近平. 习近平谈治国理政（第三卷）[M]. 北京：外文出版社，2020：329.

2. 教育内容的理论性与实践性

在教育内容方面，大学生理想信念教育应该表现出理论性与实践性。理想信念教育说到底是以马克思主义作为理论基础和基本指引的教育实践活动，同时又是指向现实和面向未来的。因此，大学理想信念教育内容一方面要具有理论性，就是要让大学生充分理解和把握马克思主义基本理论、中国化马克思主义基本理论，特别是习近平新时代中国特色社会主义思想以及党的基本路线、方略和政策；另一方面，要具有实践性，就是让理想信念教育走进真实场景，要将理论性与实践性有机结合起来，让大学生在现实实践中充分体验和感悟，使理想信念入脑入心。

3. 教育方式方法的针对性与多样性

在教育方式方法方面，大学生理想信念教育应该表现出针对性与多样性。大学生是一个特殊群体，对于他们的理想信念教育工作在方式方法上既要体现出针对性，就是要根据他们的年龄特点、心理特征、认知水平等因素在理想信念教育过程中做到因势利导、因材施教；又要体现出多样性，就是要在教育方式方法的选择上做到因地而异、因时而异和因材而异，不能拘泥于传统的课堂理论灌输这种单一的教学模式，而是要做到灵活多样、形式丰富，尤其是在当下互联网技术不断进步和新媒体产品不断涌现的大背景下要用好用活这些新媒体产品，发挥出它们的理想信念教育功能和作用。

4. 教育队伍的专业性与先进性

在教育队伍方面，大学生理想信念教育应该表现出专业性与先进性。高校思想政治理论课教师作为学生的引路人，一方面，要朝着专业化的方向发展，就是要通过选拔、培训、实践、激励等手段建设一支爱岗敬业、甘于奉献，能长期奋战在高校思想政治教育工作岗位的高水平专业化队伍，体现出专业性；另一方面要朝着先进性的方向发展，既要有高超的马克思主义理论水平和教育教学水平，又要做到"在马言马、在马信马"，要旗帜鲜明讲信仰，发挥示范带头作用，做好学生的表率，体现出先进性，因为"思想政治理论课教师要培养人才，必须使自己符合人才的标准，这样才能培养出符合党和国家需要的人才"[①]。

---

① 蔡中宏，麻艳香. 高校思想政治理论课教师专业化发展研究 [M]. 北京：人民出版社，2019：39-40.

5. 教育过程的制度性与体系性

在教育过程方面，大学生理想信念教育应该表现出制度性与体系性。恩格斯曾说过："世界不是既成事物的集合体，而是过程的集合体。"① 大学生的理想信念不是天然就有的，而是需要一个培养和确立的教育实践过程，同时，实践过程是否科学合理往往决定着教育结果的成败。大学生理想信念教育过程既要体现出制度性，就是要在理想信念教育过程中形成一整套行之有效的管人、管事、管物的制度机制来规范和约束理想信念教育活动；又要体现出体系性，就是理想信念教育要适时建立一整套科学有效的培养体系、学科体系、教材体系、课程体系等，使理想信念教育过程更加规范化和系统化。

6. 教育成果的知识性与价值性

在教育成果方面，大学生理想信念教育应该表现出知识性和价值性。知识性和价值性在教育实践活动中是不可分割的，具有内在统一性。一方面，大学生理想信念教育成果要体现出知识性，理想信念教育说到底是以马克思主义作为理论基础的，因此教育实践活动必然要体现出一定的知识性、思想性和理论性，让学生在受教育过程中有知识上的获得感；另外一方面，大学生理想信念教育成果要体现出价值性，理想信念教育就是要塑造大学生正确的"三观"，因此，理想信念教育成果在体现出知识性的同时，更要将这种知识性有机转化为价值性，使学生产生情感上的共鸣，上升为对大学生的价值观引导、规范和约束，在此基础上转化为日常行为的践行。

（四）新时代大学生理想信念教育的基本要求

理想信念作为一种精神意识，源于现实社会的发展情况。实现中华民族的伟大复兴是当前党和国家努力奋斗的事业目标，也是崇高的共产主义理想信念在新时代的阶段性体现。大学生的理想信念与国家、民族的前途命运紧密相连，要培育好新时代大学生的理想信念就要努力引导大学生在思想认识和行为实践中树立理想、坚定信仰，勇做敢于担当、精神高尚的民族复兴践行者和奋斗者。这不仅表现了时代发展的新要求，也是新时代大学生理想信念应当坚持的前进方向。

---

① 中共中央马克思恩格斯列宁斯大林著作编译局编译. 马克思恩格斯选集（第四卷）[M]. 北京：人民出版社，1995：244.

1. 以先进的思想理论为基础，提升民族复兴认同感

思想是行为的先导，科学的理想信念必须建立在科学的思想理论基础之上。培育新时代大学生理想信念必须以先进的思想理论为基础，加强对马克思主义、社会主义核心价值观以及党的奋斗史、国家发展史的了解学习，增强对实现民族复兴的认同感，为培育理想信念奠定坚实的思想基础。

（1）坚定马克思主义政治信仰，提升理论认同

马克思主义是人们认知世界、改变世界最有力的基础理论思想，是中国共产党进一步建设中国特色社会主义的重要指导思想，是人们的精神支撑和立党立国的基础。[①]马克思主义作为一种"科学的理论体系"，用辩证唯物主义和历史唯物主义的世界观和方法论揭示了人类社会发展的一般规律，为全人类指明了寻求自由和解放的光明道路。在中国革命、建设与改革的过程中，党始终坚持马克思主义的科学指导地位，坚持将马克思主义的科学真理同中国发展的具体实际相结合，在实现从站起来、富起来到强起来的伟大飞跃中不断推动着马克思主义的中国化时代化大众化进程。随着中国特色社会主义进入新时代，实现民族复兴、国家富强成为当前历史条件下的"新长征"，是共产主义理想的时代性体现。坚持新时代的中国特色社会主义发展道路，依旧离不开马克思主义科学世界观和方法论的指导，无论历史朝着哪个方向前进，马克思主义都是共产党人最基本的政治信仰，是崇高理想信念最核心的灵魂。

正如习近平所说："无论时代如何变迁、科学如何进步，马克思主义依然显示出科学思想的伟力，依然占据着真理和道义的制高点。"[②]面对当前文化多样化、价值多元化、思潮复杂化的社会环境，要坚定大学生奋斗新时代的精神信念，树立起崇高的共产主义理想，就必须从理论和实践的双重层面加强大学生对马克思主义的认识和信仰。教育引导新时代的大学生正确把握马克思主义的认识论及实践方法，了解马克思主义信仰内具的广博视野和深厚的人类解放情怀，深入了解时代的发展趋势，以培养科学的马克思主义世界观来保持理想信念的正确方向；培养大学生在实践中坚

---

① 徐向阳，黄清燕. 新时代加强大学生理想信念教育的必要性研究 [J]. 黑龙江教育学院学报，2019（09）：96.
② 习近平在哲学社会科学工作座谈会上的讲话 [N]. 人民日报，2016-05-19.

持以马克思主义的基本观点和方法分析问题、解决问题的能力，在积极参与时代发展的伟大课题中努力成为理想高远、信念坚定的新时代马克思主义者。

（2）贯彻社会主义核心价值观，提升思想认同

核心价值观是一定社会形态性质的集中体现，在一个社会的思想观念体系中处于主导地位，彰显着社会制度、社会运行的基本原则和社会发展的基本方向。① 党的十八大提出，要"倡导富强、民主、文明、和谐，倡导自由、平等、公正、法治，倡导爱国、敬业、诚信、友善"的社会主义核心价值观。社会主义核心价值观的提出，展现了中国共产党和中华民族高度的价值自信与价值自觉，既是当代中国精神理念的核心，也凝结着全体人民共同的目标追求。某种程度上可以说，社会主义核心价值观就是社会主义理想信念在中国社会现阶段发展过程中的一种具体的价值规范和取向，培育社会主义的理想信念同培育社会主义核心价值观一样，是构建新时代大学生精神世界的重要内容，二者具有目标上的一致性和内涵上的相通性。培育理想信念和引导人们贯彻践行核心价值观，都是在实践中指导人们将个人的价值目标融入追求民族振兴和国家富强的建设事业中，为实现共产主义和社会主义的伟大理想凝聚起集体的智慧力量。社会主义核心价值观是理想信念活生生的表现形式，也是理想信念的具体化；反之，社会主义核心价值观建设的内容和领域不断拓展，也为理想信念的塑造培育提供了广阔的空间。②

新时代的高校大学生是践行社会主义核心价值观的主体力量，也是社会主义理想信念教育的重要对象。要积极推动大学生在贯彻社会主义核心价值观的过程中不断深化对民族复兴使命的思想认识，以深厚的知识涵养和高尚的精神追求在时代发展的潮流中找准自己的历史定位，将崇高的社会理想转化为自己人生道路上的具体任务和奋斗目标。引导大学生通过对社会理想的积极弘扬和自觉示范，成为社会主义思想潮流的引领者、理想目标的坚守者，在实践中凝聚起自己的价值共识，为实现民族复兴、国家富强的中国梦增添青春力量。

① 陈文旭. "时代新人"的培养和使命 [J]. 石河子大学学报，2018（06）：15-16.

② 李海荣，吴海清. 以理想信念导航培育和践行社会主义核心价值观 [N]. 光明日报，2014-11-30.

（3）强化知史爱党、知史爱国，提升情感认同

"历史是一面镜子。以史为鉴，才能避免重蹈覆辙。"[①]中国自近代以来的百年历史是教育引导新时代大学生坚持社会主义理想、树立崇高信仰最生动的教材，历史蕴含了党实现民族复兴梦想的初心，也凝结着党对共产主义的坚定信念。从鸦片战争开始，西方侵略者的坚船利炮毫不留情地打开中国国门，犯下了侵犯我国领土主权、霸占财富、屠杀百姓等滔天罪行，使中国沦为半殖民地半封建社会，中国人民的生活陷入水深火热之中。尽管当时有无数的仁人志士或开明思想、或学习器物、或改革制度，怀着"挽狂澜于既倒，扶大厦之将倾"的信念，在救国图存的道路上抛头颅、洒热血，但都以失败告终。直到十月革命将马克思主义的真理传入中国，并孕育诞生出一个全新的革命政党，才为中国人民找到了真正实现自由和解放的光明道路。中国共产党将马克思主义的科学理论视为自己的精神灵魂，就是将共产主义确定成自己的最高理想，不图一分自私自利的享乐，将群众利益看作是奋斗的使命归宿，带领人民在革命的实践中朝着民族解放、国家富强、人民幸福的方向不断前进。

历史是最直接的证明，证明了党选择马克思主义的指导思想、选择社会主义的发展道路是完全正确的。历史也是最好的教科书，是凝聚民族精神和国家情怀的深厚土壤，新时代的大学生远离战争动乱，生活在社会稳定、物质充足的今天更应该牢记历史、全面学习历史。"只有回看走过的路、比较别人的路、远眺前行的路，弄清楚我们从哪儿来、往哪儿去，很多问题才能看得深、把得准。"[②]通过学习党领导人民进行革命斗争的90多年奋斗史以及新中国70多年的发展史，深刻感悟红色政权的来之不易，新中国的来之不易和中国特色社会主义的来之不易；体会历史英雄以"砍头不要紧，只要主义真"的生动誓言，表达捍卫理想和坚定信仰的忠贞之心；引导大学生树立起对党的坚定信任、对实现社会主义事业的坚强信念和对实现民族复兴梦想的坚定信心，在新时代的道路上始终以顽强的精神意志和高昂的精神状态奋力前进。

---

① 习近平. 习近平谈治国理政（第二卷）[M]. 北京：外文出版社，2017：522.
② 习近平. 习近平谈治国理政（第三卷）[M]. 北京：外文出版社，2020：70.

2. 以切实的社会实践为关键，勇做时代发展先行者

古人有云："夫耳闻之，不如目见之；目见之，不如足践之。"（汉·刘向《说苑·政理》）在马克思主义的哲学观里，"人的思维是否具有客观的真理性，这并不是一个理论的问题，而是一个实践的问题。人应该在实践中证明自己思维的真理性……"①。理想信念是否具有科学性，是否符合新时代社会的发展要求，需要在实践中进行真理性的检验，同样，理想信念只有在实践中才能得到真正实现。新时代中华民族复兴的伟大梦想离开实践只会变成毫无价值的空谈，只有将理想信念切实地与实践结合，才能真正凝聚起促进事业发展、实现民族梦想的奋斗力量。

（1）在新时代的实践中科学树立个人理想

理想源于现实生活中人们对未来的愿望和期盼，作为一种精神意识既以现实实践为基础，也由现实实践而产生。个人理想是关系个人成长发展的重要精神价值，是在实践中与现实距离最近的人生理想内容。要培育大学生坚定的理想信念，在实践中科学树立个人理想是重要基础，也是教育工作的关键。崇高的社会主义理想、共产主义信念必然将由千千万万的个人理想凝结而成和体现出来，新时代建设社会主义现代化强国，实现人民幸福、民族复兴的伟大梦想也必须要以每个个体的自由全面发展为现实前提。对此马克思曾经表示："无论为了使这种共产主义意识普遍地产生还是为了实现事业本身，使人们普遍地发生变化是必需的，这种变化只有在实际运动中，在革命中才有可能实现。"②社会实践是马克思主义理论中从"认识世界"向"改造世界"转化的基本观点和方法，只有在实践活动中，才能产生对理想目标的正确认知，形成个人独特的理想情感，实现理想目标从头脑中的思想意志升华为具体的行动践行。新时代的大学生面临着即将跨进社会大门、奋斗个人理想和当前社会阅历尚浅、理想树立不明的矛盾，以及个人知识积累不够充足、对社会现实发展状况了解不深的问题。如果不能引导大学生在认识理想、树立理想、践行理想的过程中形成高度

---

① 中共中央马克思恩格斯列宁斯大林著作编译局编译. 列宁选集（第二卷）[M]. 北京：人民出版社，1995：78.

② 中共中央马克思恩格斯列宁斯大林著作编译局编译. 马克思恩格斯选集（第一卷）[M]. 北京：人民出版社，2012：171.

的实践自觉，树立符合时代要求的个人理想，那么大学生就很容易在人生道路上迷失自己的方向。因此，在现阶段的历史方位引导大学生科学树立个人理想，必须立足社会发展的大环境把握时代发展的新特征，全面深入地进行实践探索，在坚守底线、遵守规范的实践中追求高尚的道德理想，在建立合理期望的就业选择中追求适应社会需要的职业理想，在努力拼搏、创新和谐幸福的家庭氛围中追求文明健康的生活理想。

（2）在新时代的实践中坚持个人理想和社会理想的统一

自我价值和社会价值的统一，是一个人在自身发展道路上的最终目标和根本追求。对于新时代大学生的理想信念而言，坚持个人理想和社会理想的统一是时代发展对大学生做出的使命规定，也是顺应致力于实现人类真正自由而解放的共产主义理想的价值要求，二者的统一既包含了在思想认识上统一的理论逻辑，更体现了在具体行动中统一的实践逻辑。实践是个人理想和社会理想的现实来源，是在新时代完善大学生理想信念体系的基础，在新时代完善大学生理想信念体系，实践是关键条件。大学生理想信念体系的完善是在追求自身健康成长，到追求国家富强、人民幸福，再到追求全人类自由解放的过程中形成的，这个过程体现的是理想目标从个体到社会再到全人类的不断发展升华的过程，也是理想信念在社会实践中由认知到情感再到信念的转化过程。另外，完善大学生理想信念体系还表现为在继承过去历史关于理想信念内容的基础上，结合当下的时代特点及历史任务，对理想目标进行发展创新的实践探索，例如在中国特色社会主义的发展道路上，我们关于"小康"的理想目标就历经了"基本实现小康"到"全面建设小康"以及"全面建成小康"的继承创新过程。不论是在实践中将理想信念转化升华，还是在实践中使理想信念得到发展创新，都是新时代条件下大学生坚持个人理想和社会理想相统一的理论前提。确定了理论前提，完成了在实践中实现个人理想和社会理想的思想统一，还要继续在实践中践行个人理想和社会理想的行动统一。行动统一是真正推动个人理想和社会理想得以实现的力量来源，对于新时代的大学生来说，就是要在实践中以无惧困难挑战的勇气，直面阻碍我国社会政治经济文化等各领域发展中的问题；以具体行动与人民群众、同社会集体走在一起，想在一起，干在一起，为实现人民幸福、民族复兴切实地贡献出自己的一份力量。

3. 以高尚的精神品格为基石，彰显时代担当新面貌

理想是创业干事的基石，信念是激发斗志的源泉，然而理想有高远低俗之分，信念有坚强软弱之别。新时代的大学生在充满崎岖坎坷的理想奋斗道路上，必须要以不屈不挠、顽强拼搏的奋斗精神和高尚的情操修养展现出理想信念的时代品格，不断构筑起崇高的信念力量。

（1）坚定的精神意志是新时代夯实理想信念的关键

"志不立，天下无可成之事。"（明·王守仁《教条示龙场诸生》）中国共产党自成立以来的 90 多年，以崇高的理想信念和百折不挠的精神带领全国人民在求生存、谋发展的道路上不断奋斗，迎来一个又一个伟大事业的胜利。然而发展事业的道路不会一帆风顺，不管是过去社会动荡的革命年代，还是经济飞速发展的现代社会，信念动摇、理想滑坡的风险始终存在。面对曲折漫长的共产主义道路，要想肩负起实现民族复兴的艰巨时代任务，就必须以不畏困难的坚强意志和勇于迎接风险挑战的信心来维护精神家园的稳定、保持社会主义理想坚定不移。当前，党和国家建设社会主义现代化的事业目标和推动实现中华民族伟大复兴的历史使命落到了广大高校学生的身上，新时代的大学生是否具有敢于拼搏、勇于斗争的精神状态，是决定他们能否在纷繁复杂的社会发展中保持理想不灭、信念永存的关键，也决定着党和国家事业的兴衰成败。无论是走好自己的人生道路，还是国家民族的振兴之路，都需要大学生以不惧困难、坚如磐石的精神信念，持续不断地为成就伟大事业提供保障力量，持之以恒地在实践中朝着理想目标不断奋斗。

"历史车轮滚滚向前，时代潮流浩浩荡荡。历史只会眷顾坚定者、奋进者、搏击者，而不是等待犹豫者、懈怠者、畏难者。"[1] 习近平在 2016 年全国高校思想政治工作会议上指出："要帮助学生锤炼坚强的意志和品格，培养奋勇争先的进取精神，历练不怕失败的心理素质，保持乐观向上的人生态度，敢于面对各种困难和挫折。"[2] 这是当前大学生奋斗人生目标的基

---

[1]　习近平. 决胜全面建成小康社会 夺取新时代中国特色社会主义伟大胜利——在中国共产党第十九次全国代表大会上的报告 [N]. 人民日报，2017-10-28.

[2]　习近平在全国高校思想政治工作会议上强调：把思想政治工作贯穿教育教学全过程 开创我国高等教育事业发展新局面 [N]. 人民日报，2016-12-09.

本精神素养，也是面对新时代的复杂社会条件，夯实社会主义理想信念的基本要求。新时代的大学生站上新的历史舞台，就应当以崭新的姿态面对时代的风险和挑战，以不畏艰险的勇气奋斗在时代的浪潮中。立足现实、胸怀理想，敢试敢为、敢拼敢闯，在从无到有、从小到大的量的积累中树立起坚定的精神信念，切实做到不管是面对失败还是迎接胜利，不论身处人生的顺境还是逆境，都能保持理想信念的坚定不移。

（2）高尚的道德品格是新时代理想信念的坚实支撑

远大的理想指引方向，高尚的品格塑造灵魂。高远理想和高尚品格都是指导人们成长成才的重要精神意识，理想信念考验着人的精神意志够不够"硬"，品格修养则决定人的精神境界够不够"高"。如果把坚定的理想信念看作是一个人品格的核心，那么高尚的品格则是崇高理想信仰的具体化体现。面对进入新时代充满挑战和愈加复杂的社会现实，"新时代大学生必须把提升道德修养、打造高尚人格作为坚定理想信念的必修课。道德修养的提升和高尚人格的养成可以夯实坚定理想信念的道德基础"①。养大德者方可成大业，对于新时代的大学生来说，在塑造爱党爱国、积极进取、克己奉公、甘于奉献等彰显时代要求的高尚品格中坚定个人信念，是在新时代的实践中成就事业、发展自我的关键。要将涵养"以天下为己任"的使命责任和家国情怀以及"舍我其谁"的担当精神作为道德品格修养的重要内容，在新时代社会主义理想信念的践行中将个人价值的实现同国家前途、民族命运紧密结合，引导培养愿为中华民族的伟大复兴梦想贡献力量的行动自觉和敢于献身自我的强大勇气。

习近平曾在对新时代广大青年培养高尚品格的价值意义和实践指向做出了具体说明："一个民族的文明素养很大程度上体现在青年一代的道德水准和精神风貌上。广大青年要把正确的道德认知、自觉的道德养成、积极的道德实践紧密结合起来，自觉树立和践行社会主义核心价值观，带头倡导良好社会风气。……始终保持积极的人生态度、良好的道德品质、健康的生活情趣。要倡导社会文明新风，带头学雷锋，积极参加志愿服务，主动承担社会责任，热诚关爱他人，多做扶贫济困、扶弱助残的实事好事，

---

① 朱大卫，马强强. 新时代大学生应坚守什么样的理想信念 [J]. 人民论坛，2019（09）：117.

以实际行动促进社会进步。"①总之，新时代大学生必须以积极向上的精神面貌，不断加强自己的人格修养、提升道德品质，切实地以高尚的品格涵养崇高的理想信念，努力在实践中将美好的道德理想变成社会现实。

① 习近平. 习近平谈治国理政（第一卷）[M]. 北京：外文出版社，2018：52-53.

第二章　新时代大学生理想信念教育的理论渊源

　　对于社会上的任何一个人来讲，坚定的理想信念都是非常必要的。因为有了远大理想和目标价值，人们追求和创造理想世界的活动就有了自觉性、能动性，反之人们的心灵则如水上浮萍、无根无系，仿佛失去家乡的浪子终日处于焦虑之中。而研究新时代大学生理想信念教育问题的一个重要前提是必须探究新时代大学生理想信念教育的理论渊源，没有理论基础的支撑，任何研究都仿佛是无本之木，无水之源。习近平指出："马克思主义奠定了共产党人坚定理想信念的理论基础。"[①]马克思主义中国化的相关理论成果是对马克思主义的继承和发展。马克思主义经典作家和中国共产党历代领导人的理想信念教育思想、中华优秀传统文化教育思想共同奠定了大学生理想信念教育的理论基础。因此，新时代要加强大学生的理想信念教育就必须对相关基础理论作一定探讨。

　　本章主要探讨马克思主义关于人的本质、人的全面发展、人的主体性需要的相关论述、马克思主义经典作家的理想信念教育理论、中华优秀传统文化教育思想以及中国共产党人在中国革命、建设和改革的伟大实践中关于理想信念教育的理论创新。唯有尊重大学生群体的个性心理，以"立德树人"为主要宗旨，在育人过程中充分发挥学生的主体性作用，才能更有助于发挥新时代大学生理想信念教育的多元价值。

一、马克思主义相关理论

（一）马克思主义关于人的本质理论

　　马克思关于人的本质理论具有深刻的内涵，是比较系统的理论体系。

[①]　习近平. 在纪念马克思诞辰 200 周年大会上的讲话 [N]. 人民日报，2018-05-05.

马克思主要回答了"人的本质是如何生成的""人的本质是什么"以及"人的现实本质是由什么决定"的根本问题。

1. 人的本质是在实践中生成的

马克思有关人的本质的判断是通过逻辑推理的方式得出的，马克思在批判旧哲学的同时，从实践角度出发，指出人的本质是在实践中生成的，具有开放性，且人的本质的生成是一个持续的变化和发展过程。

（1）实践是人类所特有的本质活动

人的实践活动具有客观性，是有目的地改造外部世界的过程，实践的目的主要取决于实践主体所追求的目标。人作为实践的主体，在实践活动中能够借助外部对象实现自身，把外部对象改变成为符合人的需要的存在，这一过程也反映了主体意志的内在尺度。实践将人们紧密相连，实现物质和观念的相互转化，主观和客观的有效连接，成为建立社会联系的纽带。马克思主义实践观认为，实践是人类特有的本质活动，人类在劳动实践中形成和发展了人的本质，并且人的社会实践活动是不断丰富和发展的。

（2）人的实践力量是在历史中发展和形成的

马克思说："难道探讨这一切问题不就是研究每个世纪中人们的现实的、世俗的历史，不就是把这些人既当成他们本身的历史剧的剧作者又当成剧中人物吗？"[①]时代更迭，新一代面临的生产和生活环境是上一代人留下的，具有不可选择性。实践结果也往往通过外部世界的改变等客观形式来体现，实践结果又不同于思维结果和自然结果，其是符合人的需要的存在物。每一代人都要在上一代的实践成果上开始自己的活动，同时也会将自身的实践成果传递给下一代。

2. 人的本质是自由自觉的劳动

《1844年经济学哲学手稿》反映了马克思对经济学和哲学方面的思考，马克思从唯物主义立场，阐述了自己的经济观点和哲学观点，这其中也包含了对人的本质的认识。马克思指出："一个种的全部特性、种的类特性

---

① 中共中央马克思恩格斯列宁斯大林著作编译局编译. 马克思恩格斯文集（第1卷）[M]. 北京：人民出版社，2009：608.

就在于生命活动的性质，而人的类特性恰恰就是自由的自觉的活动。"① 马克思有关人的本质是自由自觉的劳动这一论断，强调了实践的重要性，并将其作为区分人和动物的重要特性。与此同时，马克思还指出，人类生存的基本条件是物质生产，物质生产的过程实际上也是人的存在过程。因而，人是人的实践活动的产物。马克思还指出："整个所谓世界历史，不外是人通过人的劳动而诞生的过程，是自然界对人来说的生成过程……"② 所以在他那里有关于自己依靠自己本身的诞生的无可辩驳的证明。

3. 人的社会关系决定了人的现实本质

马克思指出，个人在进行物质生产活动的同时必然会发生一定的社会联系。人们除了从事自然界相关的生产活动以外，还要进行物质生产和物质交换等活动。从现实层面来讲，人是社会性动物，我们在讨论人的本质时，不能脱离人所处的时代和社会。马克思从联系的、全面的眼光看待人的现实本质，并且在许多马克思主义经典作家的著作中都有关于"世界历史"等的相关论述，这也启示我们在分析人的本质时要从世界发展、时代发展的视角去认识。

人的本质在其现实性上是社会关系的综合。马克思指出，如果一个国家、民族长期游离于世界历史之外，长期没有建立普遍交往，那么，就无从实现"生产力的巨大增长和高度发展"，而如果没有这种发展，那就只会有贫穷、极端贫困的普遍化；而在极端贫困的情况下，必须重新开始争取必需品的斗争，全部陈腐污浊的东西又要死灰复燃。③ 人的发展和实践活动的开展离不开社会关系的运用，马克思将人与人的关系划分为以下类型：第一，人与人之间的全面依附关系，主要是指古代社会的血缘关系；第二，社会以及个人之间的全面依存关系，主要是建立在商品经济发展基础上的，个体通过生产产品丰富对方，商品交换打开了落后国家的大门，促使其加入商品交换的循环之中。从某种意义上来讲，在这一过程中个体的实践能

---

① 中共中央马克思恩格斯列宁斯大林著作编译局编译. 马克思恩格斯全集（第 42 卷）[M] 北京：人民出版社，1979：96.

② 中共中央马克思恩格斯列宁斯大林著作编译局编译. 马克思恩格斯全集（第 3 卷）[M]. 北京：人民出版社，2002：310.

③ 周为民. 马克思主义关于人的学说 [M]. 北京：人民出版社，2011：195.

力也得到了丰富和发展，马克思认为："这种物的联系比单个人之间没有联系要好，或者比只是以血缘关系和统治服从关系为基础的地方性联系要好。"①

人与社会的关系上存在着目的性和选择性。恩格斯指出，自然是没有目的的，人的活动是有目的性的。列宁指出，人的行动虽然受制于世界，但人具有创造性，因而人可以用自己的行动改造世界。马克思指出："人创造环境，同样，环境也创造人。每个个人和每一代所遇到的现成的东西：生产力、资金和社会交往形式的总和，是哲学家们想象为'实体'和'人的本质'的东西的现实基础，是他们加以神化并与之斗争的东西的现实基础……"②从马克思主义经典作家的观点可以看出，现实的人具有能动性、创造性、复杂性，人与自然、社会的关系要以实践为基础，人在与社会的互动过程中是有一定目的性的，并且人在参与社会实践时在不断地做出选择。

（二）马克思主义关于人的全面发展理论

人的全面发展理论是马克思主义经典作家重点关注的内容之一，马克思认为："人以一种全面的方式，也就是说，作为一个完整的人，占有自己的全面的本质。"③人的全面发展理论的范围十分广泛，且马克思主义人的全面发展理论与其他理论不同，其更为关注人要发展什么和怎样发展的问题。

1. 全面发展的内涵

在马克思的经典著作中，全面发展实际上就是获得一种全面、自由、充分的发展。全面发展，顾名思义，应包含不同方面、不同层次的发展。对于个体而言，个体的全面发展是指让每个人都能完全自由发展，并保证其在各方面获得充分的自由发展空间。个体的全面发展是一个循序渐进的过程，全面发展的过程是唤起个体各种潜能的过程。考察个体全面发展主要参考如下方面，即个人社会关系是否丰富、个人发展是否丰富多彩、个

---

① 中共中央马克思恩格斯列宁斯大林著作编译局编译. 马克思恩格斯全集（第6卷）[M]. 北京：人民出版社，1979：108.

② 中共中央马克思恩格斯列宁斯大林著作编译局编译. 马克思恩格斯文集（第1卷）[M]. 北京：人民出版社，2009：545.

③ 中共中央马克思恩格斯列宁斯大林著作编译局编译. 马克思恩格斯全集（第42卷）[M]. 北京：人民出版社，1979：123.

性化成长是否达到一定高度等。自由发展意味着个体发展过程是自愿的、自由的、自觉的，这也是个体独特性的体现。马克思指出，人的发展具有差异性，这是"因为我和大家共有的、我和大家在同样程度上具备的属性，既不构成我的性格，又不构成我的特长，也不构成我的特殊本质"①。人只有具备了展现自身真正个性的积极力量，才能得到充分的发展。

2. 依赖社会发展自我是一条实现人的全面发展的必经之路

推动人的全面发展，不能脱离人与社会的关系。马克思说："单个人随着自己的活动扩大为世界历史性的活动，越来越受到对他们来说是异己的力量的支配……"②伴随国际分工的演变，世界市场的发展出现了固化现象，这实际上是不利于个体全面发展的，同时也阻碍了人依赖社会发展自我的路径。如何充分利用社会力量促进人的全面发展一直是一项重要的课题，解决这一问题的关键在于如何驾驭社会力量。马克思指出："各个人的全面的依存关系、他们的这种自然形成的世界历史性的共同活动的最初形式，由于这种共产主义革命而转化为对下述力量的控制和自觉的驾驭，这些力量本来是由人们的相互作用产生的，但是迄今为止对他们来说都作为完全异己的力量威慑和驾驭着他们。"③

3. 人的发展是人的发展的可能性向现实世界转变的过程

从生存与发展视角出发，人的发展要追溯其本源性状态，结合人的内心和现实社会进行对比，深刻反省个体的生活，进而调节个体的生命向度。人的发展是一个不断挖掘和开发潜能的过程，在面对现实世界时，个体要逐渐为不同的可能性而努力，最终实现向现实世界转变的过程。理想信念教育实际上就是要促进个体的发展，推动大学生坚定自我意识，树立高度的自觉性，朝可能实现的目标发展，最大限度地开发人的潜能。在理想信念教育的同时，促进人的发展的可能性向现实世界转变，彰显的是实现人的生命的真正价值。

---

① 中共中央马克思恩格斯列宁斯大林著作编译局编译. 马克思恩格斯全集（第40卷）[M]. 北京：人民出版社，1982：338.

② 中共中央马克思恩格斯列宁斯大林著作编译局编译. 马克思恩格斯文集（第1卷）[M]. 北京：人民出版社，2009：541.

③ 中共中央马克思恩格斯列宁斯大林著作编译局编译. 马克思恩格斯选集（第一卷）[M]. 北京：人民出版社，2012：169.

（三）马克思主义人的主体性需要理论

马克思曾在其著作中对"主体性"做过明确解释："笼罩在客体上的主体性，作为过程的绝对主体，……不停息的圆圈。"[①]"主体性"这个词，是德语和英语的共同译制品，在西方哲学史尤其德国古典哲学中，"主体性"这个词按西方人的理解，多是自由自主、独立个性的美好诠释。马克思也指出："任何人类历史的第一个前提无疑是有生命的个人的存在。"[②]

1. 人的主体性的具体表现

人作为主体的特定属性就是人在主体的规范内所呈现出的主体性。马克思主义认为，主体性是经过与客体的相互作用及与其他客观世界交互活动形成的自主性、能动性和创造性。主体性的表现主要可以归纳为最低、一般和最高三个表现层面：最低层次表现为自主性。人作为认识世界和改造世界的主体，在社会实践活动中会依照自身设定的内在尺度对客体进行改造，这其中的内在尺度就是人的"自主性"。人作为主体，其本身是具有自主的自由的，"只有完全失去了自主活动的现代无产者，才能够获得自己的充分的、不再受限制的自主活动，这种自主活动就是对生产力总和的占有以及由此而来的才能总和的发挥。"[③]在《德意志意识形态》中马克思、恩格斯便用"自主活动"这个词代替了对主体活动的解释。马克思认为，人与动物的根本区别在于人具有思维能动性，具有精神存在，不仅能够像动物一样充分适应环境，也能够让环境为自身服务，即利用和改造环境。在人的自觉性的引导下，人们能够满足自身的物质需要，并且开始追求精神上的享受。

一般层次表现为自觉能动性。人在认识世界和改造世界的过程中会表现出一定的主观能动性，依照唯物主义的观点，主观能动性是个体与客观物质世界交往中，能够自觉地发挥主动性和能动性，且不受外物的干扰，在这一过程中，个体改造世界的能力得到提升，改造世界的活动也更具针

---

① 中共中央马克思恩格斯列宁斯大林著作编译局编译. 马克思恩格斯全集（第3卷）[M]. 北京：人民出版社，2002：332-333.

② 中共中央马克思恩格斯列宁斯大林著作编译局编译. 马克思恩格斯全集（第3卷）[M]. 北京：人民出版社，1960：23.

③ 中共中央马克思恩格斯列宁斯大林著作编译局编译. 马克思恩格斯全集（第3卷）[M]. 北京：人民出版社，1960：76.

对性。马克思指出，人"才是有意识的存在物，就是说，他自己的生活对他来说是对象"[①]。从这个意义上来讲，人不仅能够意识到自身的存在状态，也能够在实践活动中总结经验，反思不足，进而通过积极的实践活动获得自身认识和能力的提升。

最高层次表现为创造性。创造是渗透于血液中最具活力的因子，在创造性的推动下有助于实现理想状态。人不是寄生虫，对于自然界和客观物质世界，人有自己的活动规则和模式，创造活动就是在人类实现最低层次需要的前提下，缔造的人的高级需要的价值。创造性，超出了现实的主客体结构，是与动物的重复活动根本对立的。

2. 作为主体的人是现实的人

马克思将人类社会发展分为三个阶段，即人对人的依赖、人对物的依赖和自由人三个阶段。高清海先生将这三个阶段解释为三个类型的主体："集体主体、个人主体、类主体。"[②]传统的教育活动比较注重集体主义教育，但在实际教学过程中往往忽视了个体的作用和价值，因而容易引起教育对象的反感。马克思有关人的主体性的论述启示我们，教育活动的实施不能忽视个人主体性，当代大学生理想信念教育也应探寻有利于学生主体意识建构的方式、方法，尊重生命价值和个体的主体性，引导其自发为实现生命价值而奋斗。现代社会逐渐认识到主体性教育的重要性，并将研究人的生命意义作为重点。在马克思看来，自由和自觉是一个有生命意义的人的最好体现。按照这一逻辑，大学生理想信念教育首先应关注学生的生命价值。

（四）马克思主义经典作家的理想信念教育理论

1. 马克思恩格斯的理想信念教育理论

（1）提出共产主义远大理想

马克思和恩格斯终身致力于对共产主义的追求。他们所追求的是更高级的、实现所有社会群众全面而自由的发展为基本原则的社会形式。这就是共产主义社会。1875 年马克思在《哥达纲领批判》中论述共产主义的第一阶段——社会主义，明确提出资本主义是社会主义的母体，同时还提

---

① 中共中央马克思恩格斯列宁斯大林著作编译局编译. 马克思恩格斯全集（第 3 卷）[M]. 北京：人民出版社，2002：273.

② 高清海. 高清海文存·哲学的奥秘 [M]. 长春：吉林人民出版社，1997：77.

到了共产主义社会。这种共产主义社会并不是基于其现有的社会基础上发展而来的，而应该是刚刚从资本主义社会中形成的。因此在经济、道德以及精神等方面，都存在刚脱离旧社会的影子。马克思主张在进入共产主义社会的时候要积极借鉴资本主义有益的东西这才能更好地实现共产主义。《1844年经济学哲学手稿》中马克思指出，真正的共产主义并不是人类创造的对象世界，也并不是与自然发展相矛盾的，落后的简单状态下贫困的面貌。马克思恩格斯在《德意志意识形态》一书中，详细指出共产主义社会的建设应该将生产力的解放和社会的发展作为基础。这也为共产主义的实现做了积淀，我们可以清楚地认识到共产主义由理想变成现实是一定的，但这是一个漫长的过程。正如马克思所说："无论哪一个社会形态，在它所能容纳的全部生产力发挥出来以前，是决不会灭亡的；而新的更高的生产关系，在它的物质存在条件在旧社会的胎胞里成熟以前，是决不会出现的。"[①]这体现了马克思恩格斯对共产主义的终身追求，也体现出了马克思恩格斯价值上的追求目标。

（2）提出理想社会与理想人格具有内在一致性

马克思在论述人的本质时曾经分别以理想社会与理想人格作为课题展开论述，研究了理想社会与人格的关系。马克思认为人的本质不仅仅包含了其自然意义上的性质，人跟动物最大的区别就在于人的社会性。因而在认识研究人的本质的同时，不能脱离开人的社会性而仅仅从自然属性上去认识和看待人的本质。马克思认为所具有的理性和社会性是人本质的一部分，而从这一基础出发，才能更好地认识社会的本质与属性。而人的存在更多意义上是一种个体本质的回归，也就是"人以一种全面的方式，就是说，作为一个完整的人，占有自己的全面的本质"[②]。也就是理性人格的产生，而这是人理想信念形成的基础。

马克思认为理想社会应该表述为："代替那存在着阶级和阶级对立的资产阶级旧社会的，将是这样一个联合体，在那里，每个人的自由发展是

---

① 中共中央马克思恩格斯列宁斯大林著作编译局编译. 马克思恩格斯选集（第二卷）[M]. 北京：人民出版社，2012：3.

② 中共中央马克思恩格斯列宁斯大林著作编译局编译. 马克思恩格斯文集（第1卷）[M]. 北京：人民出版社，2009：189.

一切人的自由发展的条件"①，也就是共产主义社会。马克思在其著作中曾经多次提到，个体的发展需要经历三个不同时期，也就是：以人对物的依附作为第一阶段的社会形式；而以物对人的依附性作为第二阶段的社会形式；个体实现全面发展，社会生产力成为社会化的财富，而不再有其对个体自由的束缚，为第三阶段的社会形式。而追求个体自由的充分发展才是共产主义社会中理想人格的体现。

马克思认为理想社会跟理想人格之间是存在内在一致性的。首先，个体的理想人格需要在共产主义社会里面才能充分地得到展现，只有在共同体里面才能够实现真正的个人自由。所有个体都通过主动维护群体的自由而获得自己的自由。马克思还提出，要实现这样的自由，在存在阶级压迫的社会环境中是无法实现的，而只有在完全取消了阶级压迫，真正实现所有人平等自由的发展的社会环境，才使得上述自由具有了可实现的社会基础。而这只能在共产主义社会中实现。在共产主义社会中，个体会随着自己的兴趣而选择做什么，怎么去做，而不会受到现实的束缚和社会关系的压迫。正如马克思所描述的那样："我有可能随自己的兴趣今天干这事，明天干那事，上午打猎，下午捕鱼，傍晚从事畜牧，晚饭后从事批判……"②马克思指出，人的终极目的中包含了其社会性因素，而社会属于是在人与人之间沟通交流中形成的。"历史不过是追求着自己目的的人的活动而已。"③所以，理想社会与理想人格之间是相辅相成的，二者都是对方得以实现的条件，是高度统一的宏观与微观的关系，而个体也只有在理想社会中，才能真正达到理想人格。

（3）提出正确处理个人利益与集体利益的关系

马克思、恩格斯指出，在真实的集体条件下，个人在自己的联合体中通过这种联合获得自由。在这个集体中个人是一个独立的个人，但又不脱离集体之外，它是个人的一种联合，这种联合将个人的自由发展置于他们

---

① 中共中央马克思恩格斯列宁斯大林著作编译局编译. 马克思恩格斯选集（第四卷）[M]. 北京：人民出版社，2012：647.

② 中共中央马克思恩格斯列宁斯大林著作编译局编译. 马克思恩格斯文集（第1卷）[M]. 北京：人民出版社，2009：537.

③ 中共中央马克思恩格斯列宁斯大林著作编译局编译. 马克思恩格斯文集（第1卷）[M]. 北京：人民出版社，2009：295.

的控制之下。这就是说真实的集体不仅不与个人对立，而且个人会在集体中更好地、自由地发展。在马克思、恩格斯看来，集体是个人自由全面发展的客观环境，人只有在集体中才能充分发展个人的自由。所谓集体利益是指个人在集体中获得的满足感，是个人进行的活动方式以及得到的满足产品以及社会关系的总和。脱离集体利益强调个人利益都是不可取的，马克思、恩格斯最反对将集体利益和个人利益对立起来，并把与个人相对的集体称之为"虚假的集体"。马克思、恩格斯指出，虚假的集体是一种独立的与个人对立起来的，这种集体是一个阶级反对另一个阶级的联合对于被支配的阶级这是一种新的桎梏。从马克思、恩格斯的讲话中可以看出，割裂个人利益与集体利益的关系，那种认为个人应无条件地服从集体的观点是错误的。集体利益强调的是集体成员与整体的利益，不仅仅是一个人单独的利益，集体发展好了个人才能发展的自由。每个人都为集体贡献自己的力量，为了一个共同的理想在集体中奋斗，这体现了马克思、恩格斯关于理想信念的追求。

2. 列宁的理想信念教育理论

在领导俄国进行革命和建设的漫长过程中，列宁非常关注理想信念的教育，尽管其在教育思想的建设上并未形成体系，不过列宁关于理想信念教育的论述闪烁着永恒的光辉。

（1）列宁谈共产主义远大理想教育

列宁认为个体要追求真正的自由与解放，首先要具有远大的理想。追求高于个人物质利益追求的目标，把仅仅实现个人利益当作唯一的追求去满足，那样的追求是卑微的，那样的人即便再多，也无法对革命起到有效的带动作用。列宁在这里明确提出了个人理想和其行为模式，与对革命的贡献之间的相互关系，作为共产党员提出了行为目标上的更高要求。追求共产主义并不是要让自己或者自己的家庭，亲戚朋友得到解放，而更为关键的是要追求全人类的自由和解放，以高于个体层面价值作为目标和理想去追求，才是真正的共产主义战士。在俄国爆发十月革命之前，很多反对沙皇的斗争都是以追求某些团体利益为主要诉求的，此类革命斗争尽管在客观上具有一定的进步性，不过其依然属于缺乏远大理想的斗争，是具有深刻局限性的，而只有共产主义倡导的、以解放全人类为终极理想的革命斗争，才是真正意义上脱离开阶级利益而以追求终极解放为目的革命斗争，列宁通过观察俄国反封建斗争的现实情况清晰地认识到了这一点，因而其提出了以共产主义远大理想进行革命教育的工作方针。

列宁认为理想信念教育要跟现实的革命需要进行结合，在不同的历史时期，要采取不同的教育方法与教育模式。因而其教育理念主张按照现实的革命需要而开展阶段性的教育工作。共产主义理想信念尽管是人类社会发展的终极理想，但是其实现需要一定的基础条件，并不是任何社会环境都能够达到追求实现共产主义的条件。而所有的条件尚未满足之前，要先根据革命工作的现实需要进行理想信念教育内容与方法的合理设计。列宁提出："社会主义可能首先在少数或者甚至在单独的一个资本主义国家内取得胜利。"[1] 而当时的俄国无论在社会建设还是生产力水平上，都不具备立即实现共产主义的条件，因而列宁认为应根据俄国的社会现实来做好党员的理想信念教育。

（2）列宁谈"两个必然"的信念教育

马克思在《共产党宣言》里面提出了"两个必然"的历史发展规律的论断："资产阶级的灭亡与无产阶级的胜利是同样不可避免的。"[2] 这是列宁开展党员理想信念教育工作中十分关键的一项内容。列宁提出，不管资本家怎样通过改良生产模式，提高工人工资来缓解阶级矛盾，但是阶级压迫的事实无法通过调解的方式而取消，要让资本家不压迫工人而依然维持其生产劳动关系，在现实中是不可能实现的。所以阶级的矛盾与反抗也就无法取消，而阶级矛盾不断发展演变的结果必然是资产阶级被推翻，而无产阶级成为社会和国家的主人。

列宁在开展教育工作时，时刻提醒党员与群众应当合理认知"两个必然"。列宁在信念教育工作的开展上时刻以"两个必然"来解释人类社会演变发展的规律，让广大人民群众充分认识到社会主义制度的合理性与其取代资本主义制度的必然性，这对于坚定教育对象对共产主义理想的信心

---

① 中共中央马克思恩格斯列宁斯大林著作编译局编译. 列宁选集（第二卷）[M]. 北京：人民出版社，1972：709.

② 中共中央马克思恩格斯列宁斯大林著作编译局编译. 马克思恩格斯选集（第一卷）[M]. 北京：人民出版社，2012：413.

具有重要的支持作用。而通过利用无产阶级必然取代资产阶级翻身做主人这一社会发展规律的宣传教育，也使得被俄国的广大保守阶级压迫的社会公众看到了革命的希望，使得占据社会人口绝大多数比例的普通民众对革命充满了信心，从而使得俄国的革命焕发出强大的生命力。这均是列宁以共产主义理想信念教育来引导民众而形成的积极效果。

（3）列宁坚持"灌输"原则开展理想信念教育

列宁主张以"灌输"作为对群众进行理想信念教育的重要原则。尽管马克思主义是先进的，具有科学性的，但是其对于俄国当时普通的社会公众来说过于深奥，能够从哲学角度去系统认知马克思主义理论，需要一个人具有较高的学历与一定的哲学理论的认识理解能力。而对于大多数普通革命者而言，其不具备此类学历与认识理解能力方面的条件，因而如果把深奥的马克思主义理论直接用来作为理想信念教育的素材，必然导致教育工作过于理论化，很难让普通的革命者和工人、农民理解和接受。列宁对当时俄国无产阶级群众在思想认识水平上的深入观察而作出的最为科学合理的判断。而将深奥的理论归结为跟无产阶级利益直接相关的理想信念，并将其"灌输"给党员和群众，才能迅速使共产主义理想与原则深入人心，获得广大社会公众的支持与认可。

资产阶级的思想体系或社会主义的思想体系，人民只能二选一，不可能存在中间的选择。列宁通过观察当时的俄国社会现实，充分地认识到，俄国很多的革命者也主张以资产阶级思想来推翻沙皇的封建统治，主张在俄国建立起一个资本主义国家。而如果布尔什维克的教育工作无法将共产主义理想灌输给人民群众，资产阶级的思想灌输必然会占据俄国人民群众的思想高地，这样一来革命就会陷入十分被动的境地。所以，要做好宣传教育工作，必须秉持灌输原则，及时地占领思想阵地。这样才能避免资产阶级的思想对民众造成的不良影响，使得俄国的革命事业真正得到广大人民群众的支持，使得革命的成功得到保障。

二、中华优秀传统文化中理想信念教育理论

中华儿女要了解中华民族历史，秉承中华文化基因，有民族自豪感和

文化自信心。坚定文化自信，坚持中国特色社会主义文化发展道路，源自中华民族五千多年文明历史所孕育的中华优秀传统文化。习近平总书记指出，中华优秀传统文化是我们民族的"魂"和"根"，中国人民的理想和奋斗，始终植根于优秀本土文化之中，坚持古为今用、推陈出新，有扬弃的继承。我国古代关于理想信念的涵养特别丰富，也成为新时代大学生理想信念教育的传统文化根源。

（一）优秀传统文化中立志、励志教育思想

孔子曰"三军可夺帅也，匹夫不可夺志也"（《论语·子罕》），诸葛亮的"志当存高远（《诸葛亮集·诫外甥书》）"，这里的"志"有双重含义，对未来的憧憬及宁死不折的意志。志向，就是理想信念；立志，就是确立理想信念。屈原的"举世皆浊我独清，众人皆醉我独醒""逆水行舟，不进则退""路漫漫其修远兮，吾将上下而求索"等励志诗句，表明自己的志向，"老骥伏枥，志在千里；烈士暮年，壮心不已"，"廉颇老矣，尚能饭否"，苏轼的"古之立大事者，不惟有超世之才，亦必有坚忍不拔之志。"（宋·苏轼《晁错论》）王守仁的："志不立，天下无可成之事。"（明·王守仁《教条示龙场诸生》）足见立志对人的一生具有特别重要的意义。青年大学生要培养奋斗精神，做到理想坚定，信念执着。

（二）优秀传统文化中的家国情怀、公而忘私的奉献精神

《孟子》中说："天下之本在国，国之本在家，家之本在身"，个人、家庭、国家根本是密切联系，不可分割的，如林则徐的"苟利国家生死以，岂因祸福避趋之"，文天祥的"人生自古谁无死，留取丹心照汗青"，范仲淹的"先天下之忧而忧，后天下之乐而乐"，陆游的"僵卧孤村不自哀，尚思为国戍轮台"。家是最小国，国是千万家，要时时想到国家，处处想到人民，要把自己的理想同祖国的前途、把自己的人生同民族的命运紧密联系在一起，做到"利于国者爱之，害于国者恶之"（《晏子春秋》）。新时代的理想信念教育要积极吸收古人家国情怀的文化和教育方式，教育大学生树立家国情怀，为中华民族伟大复兴努力学习并付诸实践。

（三）优秀传统文化中的诚信教育思想

韩愈的"古之所谓正心而诚意者，将以有为也"（唐·韩愈《原道》），意思是想有所作为，必须真心诚意。我国自古以来重视诚信教育，新时代

理想信念教育要继承和发扬这一传统，批判地继承中国传统诚信文化。

（四）优秀传统文化中"知行合一"的思想

"纸上得来终觉浅，绝知此事要躬行。"（南宋·陆游《冬夜读书示子聿》）学问不能只停留在书本上，不能只装在脑袋里，而应该落实到行动上做实干家，做到知行合一、以知促行、以行求知，正所谓"知者行之始，行者知之成"（明·王阳明《传习录》）。每项事业都是靠脚踏实地干出来的。"道虽迩，不行不至；事虽小，不为不成。"（《荀子·修身》）要面向实际、深入实践，实践出真知；要严谨务实，一分耕耘一分收获，苦干实干。广大青年要努力成为有理想、有学问、有才干的实干家，在新时代干出一番事业。当代理想信念教育要教导人们树立远大的、科学正确的志向，这就需要从中华优秀传统文化中汲取涵养。中华优秀传统文化深刻地影响着新时代大学生的理想信念，很多学生把其中的名言警句视为人生格言，借以明志或督促自己为了实现目标而奋斗。如"安得广厦千万间，大庇天下寒士俱欢颜"这种心怀天下的信念、"淡泊明志，宁静致远"的心态、"见贤思齐"的进取态度等都可以作为标尺，对大学生崇高理想的形成及健康成长助益良多。传承底蕴深厚的中华文明，增强大学生的民族意识、凝聚大学生的共同意志，为实现中华民族伟大复兴提供精神力量。

三、中国共产党人关于理想信念教育的理论创新

（一）毛泽东的理想信念教育理论

毛泽东关于理想信念教育重要论述集中在以下四个方面的内容：一是坚持马克思主义理想信念，二是奉行爱国主义教育，三是树立正义的革命事业必然胜利的信心，四是提出全心全意为人民服务的要求。

1. 坚持马克思主义理想信念

毛泽东指出，指导我们思想的理论基础是马克思列宁主义，领导我们事业的核心力量是中国共产党。中国共产党在推动社会主义事业建设中发挥着关键作用，中国共产党始终将马克思列宁主义、毛泽东思想、中国特色社会主义理论体系看作行动的指南，这是党必须坚持的行动纲领。我们

党成立之初就高高举起马克思主义的旗帜，把共产主义作为自己的理想，为实现共产主义而努力奋斗。毛泽东说过："我们共产党人从来不隐瞒自己的政治主张。我们的将来纲领或最高纲领，是要将中国推进到社会主义社会和共产主义社会去的，这是确定的和毫无疑义的。我们党的名称和我们的马克思主义的宇宙观，明确地指明了这个将来的、无限光明的、无限美妙的最高理想。"① 要想更好地掌握马克思主义的宇宙观，就需要坚持马克思主义理想信念的理论，就需要完整地学习马克思主义著作。毛主席指出："不论是知识分子，还是青年学生，都应该努力学习。除了学习专业之外，在思想上要有所进步，政治上也要有所进步，这就需要学习马克思主义，学习时事政治。"② 如果不加强马克思主义理论教育和马克思主义理想信念教育，广大干部群众就不会按照正确的方针来完成中国革命这一正义事业，就不能够准确地了解中国的国情，去解决中国的实际问题。

毛泽东在延安的时候，大力兴办了各种学校，目的在于加强广大干部群众的马克思主义理论教育。他强调每个学校要重视马克思主义理论和中国的实际情况，使二者更好地结合起来。毛泽东希望学校更多地宣传马克思主义，使接受马克思主义教育的人越来越多，这样才有利于取得中国革命的伟大胜利。毛泽东强调，马克思主义是我们的宝贵财富，进一步提高马克思主义的普及率才有利于我党的伟大事业，才能使广大干部群众树立正确的政治观和理想信念观。有了懂马克思主义的干部和群众才能使我们的正义事业不断走向胜利。正如毛泽东强调，懂得马克思列宁主义，政治建设上有着长远眼光，具备较高的工作能力，敢于为人民群众的利益牺牲，能够通过自身能力，客观科学的解决问题，不向困难低头，脚踏实地的推动着民族的发展，推动党工作的顺利进行。因此，坚持马克思主义理想信念教育是中国革命成功的指南，也是毛泽东理想信念教育理论的内容之一。

2. 奉行爱国主义的历史使命

爱国主义是中华民族的核心精神，是中华民族的精神财富。无数的仁人志士为了国家抛头颅、洒热血，甚至献上自己的生命。"苟利国家生死以，岂因祸福避趋之"（清·林则徐《赴戍登程口占示家人二首》）"寄

---

① 毛泽东选集（第三卷）[M]. 北京：人民出版社，1991：1059.

② 中共中央文献研究室编. 毛泽东文集（第七卷）[M]. 北京：人民出版社，1999：226

意寒星荃不察，我以我血荐轩辕"（鲁迅《自题小像》）"达泽兼济天下，穷则独善其身"（《孟子·尽心上》），正是因为受古人的爱国情怀的启发才使毛泽东写下了"恰同学少年，风华正茂；书生意气，挥斥方遒。指点江山，激扬文字，粪土当年万户侯"这样的豪迈诗句。因此，毛泽东坚定奉行了爱国主义的历史使命，为中华民族和全人类解放事业奋斗了终生。

毛泽东认为，爱国主义的具体内容要在一定的历史条件下来决定。那种侵略的"爱国主义"我们共产党人必须坚决反对。毛泽东强调，爱国主义就是国际主义在民族战争中的实施。因此，中国共产党人必须把爱国主义和国际主义结合起来。这些爱国主义的行动都是正当的，都是中国的爱国主义与国际主义相结合的，是为了中国的革命事业和全人类解放事业而奋斗的。因此，毛泽东始终倡导爱国主义的历史使命。

3. 树立正义事业必然胜利的信心

毛泽东指出："我们的事业是正义的。正义的事业是任何敌人也攻不破的。"[①] 这一正义事业在革命战争年代就是实现民族独立、人民解放。在社会主义建设时期就是实现国家富强。如何进行这一正义事业，怎样进行这一正义的事业，就需要树立高度的信心。毛泽东在《星星之火可以燎原》中指出，中国革命高潮快要到来，是一种切切实实的现象，这种革命高潮是与历史发展规律相符合的，是即将要发生的现象。正是有了这样的信心使得毛泽东在革命事业处于低谷时不气馁，始终能看到革命事业胜利的曙光。毛泽东以一个战略家的眼光预见了正义事业最后的胜利属于中国共产党，属于中国人民。毛泽东把共产主义理想信念与中国的实际结合起来，在有的同志对中国革命正义事业缺乏信心时，他始终能看到中国正义事业的前进方向，始终能用正确的策略指导这一正义事业，他多次挽救了党、挽救了红军，挽救了革命事业。

毛泽东以革命乐观主义情怀抒发着他对祖国深深的爱。正因为有着这深深的爱，使他确定了为中国人民和全人类解放事业奋斗终身的理想信念。

4. 提出全心全意为人民服务的要求

中国共产党人的宗旨是为广大人民群众提供服务，切实保障人民群众

———
① 中共中央文献研究室编. 毛泽东文集（第六卷）[M]. 北京：人民出版社，1999：350.

的合法权益，工作的原则是对人民负责。是否站在最广大人民的立场上是检验马克思主义政党的试金石，马克思主义政党是为人民谋利益、是为全人类解放事业奋斗的党。毛泽东把马克思主义政党的理想信念与中国的国情相结合，为了让中国人民当家作主，他带领中国共产党进行了艰苦卓绝的斗争。一次次战胜了艰难险阻。开国大典上毛泽东激情洋溢地高呼："中国人民从此站立起来了。"中国人民从此自己做了主人，从而开启了波澜壮阔的社会主义建设。人民始终相信党，就是因为中国共产党一直将全心全意为人民服务，作为一切工作的出发点。

毛泽东说过："人民，只有人民，才是创造世界历史的动力。"[①] 人民是我们进行一切社会生产创造的基础，全社会都应该树立起为人民服务的意识，在每一个岗位上都发挥出自己最佳的才能。"为人民服务"不是空洞的说教，也不是遥不可及的事，把每一件事做好，我们的国家、社会才会有欣欣向荣的局面。无数的先辈都践行着为人民服务的理想信念，白求恩大夫、雷锋同志、焦裕禄同志、孔繁森同志等无数的共产党员把为人民服务作为毕生的理想信念，人民至今还记得这些熟悉的名字。毛泽东说过："一个共产党员，应该是襟怀坦白，忠实，积极，以革命利益为第一生命，以个人利益服从革命利益……"[②] 这也为大多数人的理想信念指明了方向。相信群众，依靠群众，一切依靠群众成为毛泽东毕生的信念。

（二）邓小平的理想信念教育理论

1. 世界观、人生观、价值观教育

邓小平认为："每一个党员都应该努力提高自己马克思列宁主义的思想水平，提高共产主义者的'嗅觉'，使我们能够敏锐而正确地鉴别什么是资产阶级的东西，什么是共产主义的东西，以便发扬共产主义的东西，反对和肃清资产阶级的东西。"[③] 共产党人的这种"嗅觉"就是对社会主义建设规律的认识，对共产党人执政规律的认识，对人类解放事业规律的认识。认识到了这三种规律就可以更好地坚定马克思主义理论和共产主义理想信

---

① 毛泽东选集（第三卷）[M]. 北京：人民出版社，1991：1031.

② 毛泽东选集（第二卷）[M]. 北京：人民出版社，1991：361.

③ 中共中央文献研究室编. 邓小平文集（1949—1974）中卷 [M]. 北京：人民出版社，2014：215.

念。一个人如何才能具备正确的世界观、人生观、价值观，如何用正确的世界观去建设国家，进而实现强国梦。这就需要学习，特别是对于历史的学习。理想性的历史是遵循永恒的普遍规律发展的历史。只有了解了中国的近现代史，特别要了解中国共产党一百年的发展史，就会明白为什么只有马克思主义才能救中国，为什么只有中国共产党才能领导中国、发展中国。只有把历史的客观规律与人的自觉活动相融合，才能更加清楚地认识到社会历史发展的内在规律。人在社会实践中自觉地获得主体价值，并通过主体性价值的追求而造成对社会历史的正向推动力，才能说明一个人具备了正确的世界观，用正确的世界观作指导，树立正确的人生观，进而树立正确的人生价值。历史唯物主义为人们指明了方向，树立了旗帜，为实现共产主义而努力奋斗正是科学的世界观、人生观、价值观在人们头脑中产生并付诸实践的结果。共产主义是我们的远大理想，共产主义社会是全体劳动者的美好社会，它属于全体劳动者、属于无产阶级者，只有全世界无产阶级者联合起来才能达到这一理想的社会。无产阶级的世界观表现在为谁服务上。邓小平认为，世界观的重要表现是为谁服务，为广大无产者服务、为人民群众服务就是正确的世界观。共产主义的理想信念以及为实现这一理想而具有的阶级使命就是对人民利益诉求的尊重，因此正确的世界观、人生观、价值观教育有利于共产主义社会由理想变成现实。

2. 在反对资产阶级自由化中加强理想信念教育

反对资产阶级自由化是邓小平理想信念理论的第一要义内容。当今世界资本主义制度与社会主义制度并存，我们要积极借鉴资本主义有用的东西以此来为社会主义服务，但是也要警惕资本主义腐朽思想。邓小平强调："决不能丝毫放松和忽视对资产阶级思想和小资产阶级思想的批判，对极端个人主义和无政府主义的批判。"[1] 邓小平曾说过，资产阶级自由化思想难就难在从思想上消灭。资产阶级自由化思想不从根本上消灭，我们的共产主义理想信念教育就会很困难。资产阶级自由化思想对共产主义理想的阻碍具体表现在以下几个方面：一是物质利益至上，一切向"钱"看。捞钱成为时尚，评判一个人的成功也是看物质财富的多少，精神产品商品化

---

① 邓小平. 邓小平文选（第二卷）[M]. 北京：人民出版社，1994：336.

这都是一切向钱看的表现。不愿意奉献、不愿意牺牲始终以自己的利益为重漠视集体利益，损害他人利益，这些都是不良的现象，需要抵制。二是大力宣扬西方民主。有一些人不顾我国的国情大肆宣扬美国式民主，认为外国的一切都是好的，这背后的实质是崇洋媚外，是对社会主义民主政治的践踏，是资产阶级自由化思想盛行的表现。"美国的民主""美国的自由"被一些人看作是天堂的浪漫，这是全然没有看到资本主义背后的那种赤裸裸的金钱依附关系。靠金钱维持的权利体系是对人性的践踏，是对人的压抑。三是历史虚无主义的盛行。通过丑化我们党的英雄人物，歪曲我们党的奋斗历史；反对四项基本原则、反对社会主义制度。他们通过量化方式，"实证"我们社会主义的各种失败，这种"实证"是打着科学的幌子对人民群众进行招摇撞骗。所以我们要警惕历史虚无主义的危害，警惕资产阶级自由化思想，资产阶级自由化思想的核心是打倒共产党，推翻社会主义制度。认清这一点我们就懂得加强理想信念教育，加强思想政治教育的重要性和必要性。因此，反对资产阶级自由化教育，警惕历史虚无主义是邓小平理想信念教育理论尤为重要的内容。

3. 教育人们树立大局观念

无论是个人理想还是社会理想，其中正确的理想都是朝着社会发展的正确方向前进的，都是与广大人民群众所关心的基本利益相符合。在这一过程中，国家利益、社会利益（也叫集体利益）、个人利益在根本上是一致的。中国是典型的社会主义国家，中国共产党的远大理想和最终目标都是实现共产主义。共产主义社会就是个人理想与集体理想的统一，只有共产主义社会才能实现每个人自由而平等的发展。邓小平特别强调大局观教育。讲大局是拥有积极向上的理想信念的表现，没有大局观念、一切以个人利益和自己的小团体利益为出发点，这就是理想信念缺失的重要表现。树立大局观有利于山头主义和宗派主义的瓦解，使得全国上下一盘棋，促进社会主义民主政治建设。树立大局意识就能抵御各种诱惑，就能抵御资本主义腐朽思想的侵蚀，在大是大非面前保持定力，向着共产主义远大理想大步前行。牢固树立大局意识，才能使人生中的"小局"变"大局"，才可以成为社会中的"大我"，这样的人生才是有意义的人生。因此，树立大局观念也是加强理想信念的重要途径。

（三）江泽民的理想信念教育理论

1. 树立中国特色社会主义共同理想

江泽民同志继承和发扬老一辈领导人的理想信念教育理论，要求要树立中国特色社会主义共同理想。江泽民同志号召全体党员、共青团员努力学习马克思主义的立场、观点、方法，通过先进的思想和科学的理论武装自己，树立中国特色社会主义共同理想，以踏实的行动推动这一理想的实现。他同时指出，共产主义要经过漫长的过程才能实现，我们能做的就是努力建设中国特色社会主义，一步一个脚印踏实地做好每一项工作。共产主义这一目标的实现是一项大型工程，需要我们持之以恒，就眼前而言需要做好中国特色社会主义事业建设这项工作。江泽民同志认为，当前进行中国特色社会主义共同理想教育主要抓住爱国主义教育、集体主义教育、社会主义教育和共产主义教育。要主动展开有效的国情教育，让广大群众学习历史，以增强民族的自尊心、自豪感，热爱我们的党和我们的国家，使爱国主义教育深入到群众心中，自觉服从集体，具有牺牲精神这样才能实现共产主义。

2. 把"四有"理想人格作为精神文明建设的目标

江泽民同志指出，在中国特色社会主义建设中，必须大力加强精神文明建设，把培育一代又一代有理想、有道德、有文化、有纪律的新人作为目标。在江泽民看来，有文化既要掌握科学文化知识还要掌握马克思主义的基本观点，有文化是其他"三有"的基础。有较高的文化知识，不一定就能牢固树立共产主义远大理想；但没有科学文化知识，没有对社会主义和共产主义的科学认识就不可能有社会主义、共产主义理想，也不会有高尚的道德情操和行为习惯。在人的思想人格和道德人格中，位于最高层次的便是道德。江泽民同志非常重视道德建设，他指出："自己掌握的知识多了，学问多了，精神境界也就会高起来。"[①]高尚的精神境界是建设中国特色社会主义的共同理想的前提。江泽民提出，中国共产党应该为改革开放和现代化建设提供稳定的外部空间，持续性的培养有理想、有文化、有道德和有纪律的栋梁之材。"四有"新人的培养事关党的事业后继有人的

---

① 中共中央文献研究室编. 毛泽东邓小平江泽民论世界观人生观价值观 [M]. 北京：人民出版社，1997：549.

问题，是为党培养合格建设者和可靠接班人的重要保证。江泽民特别强调，能够积极主动将自己一生奉献给中国特色社会主义事业，我国才能实现长治久安，中国才会有更强的实力，立足于世界。江泽民同志在庆祝中国共产党成立 80 周年大会上指出："发展社会主义文化的根本任务，是培养一代又一代有理想、有道德、有文化、有纪律的公民。"①有理想是"四有"新人的动力，可以激发人们不断地克服困难，努力到达人生的最高境界。道德和纪律是自我约束，只有自我约束才能在人生正确的轨道上实现价值。因此，要大力培育"四有"新人，不断加强精神文明建设。

3. 将道德教育作为理想信念教育的重要内容和途径

江泽民指出，加强思想道德建设是发展社会主义先进文化的重要内容。江泽民强调，如果只讲物质利益，只讲金钱，不讲理想信念，不讲道德，人们就会失去正确的行为规范进而失去共同的奋斗目标。他强调要在全社会开展爱国主义、集体主义教育、增强全国人民的自信心和自豪感，激励全体人民为实现振兴中华而奋斗。在人的思想人格和道德人格中，位于最高层次的便是道德理想。江泽民同志非常重视道德建设，高尚的道德是建设中国特色社会主义的共同理想的前提。培养"四有"新人是社会主义精神文明建设的核心。党的思想政治工作就是要使"四有"新人以正确的舆论引导人，以高尚的精神塑造人，以优秀的作品鼓舞人，加强人的道德建设，奋力实现中国特色社会主义共同理想和共产主义远大理想。

（四）胡锦涛的理想信念教育理论

1. 坚持科学发展观指导下的理想信念教育路径

胡锦涛的理想信念论述是在科学发展观的指导下，继承发扬与丰富了马克思主义，推动中国特色社会主义理论体系的进一步健全。胡锦涛同志始终属于马克思主义者，他有着坚定的社会主义理想信念，坚持共同理想为实现最高理想而奋斗。

科学发展观的第一要义是发展。在中国共产党执政兴国中，第一要义便是发展。在当下中国问题的解决上，最关键的环节也是发展，全方面发展生产力，才能够满足社会群众日益增长的物质文化需求，才能进一步有

---

① 江泽民. 江泽民文选（第三卷）[M]. 北京：人民出版社，2006：277.

效开展理想信念教育。

科学发展观的核心是以人为本。党奋斗的最终目的是为了全体人民，尊重人民主体地位，保障人民权益，为广大社会群众提供更好的生活保障。通过广大社会群众的发展，将发展成果实现人人共享。

科学发展观的根本方法是统筹兼顾。统筹城市与乡村的关系；统筹国际与国内的关系；统筹中央与地方的关系；统筹当前利益与长远利益的关系；统筹人与自然的关系，这样做的根本目的是调动亿万群众的积极性投身社会主义现代化建设。

科学发展观的基本要求是全面协调可持续。可持续发展符合我国的社会主义现代化道路，符合我国的国情。按照当时的总布局要求要协调"四位一体"，即经济、政治、文化、社会建设，协调好经济基础与上层建筑的关系，协调好生产力与生产关系的矛盾。

总之，科学发展观为理想信念的实现提供了科学的路径，坚持科学发展的道路就能更好地实现理想信念。

2. 在求真务实中提升理想信念

胡锦涛向全党提出了"解放思想，与时俱进，求真务实"的要求，他要求全党大力弘扬求真务实的精神，大兴求真务实之风。实践表明，越是改革开放，越是社会主义市场经济发展得越好，越需要坚定理想信念。胡锦涛同志指出，把坚定的理想信念体现在完成党的各项任务、推进中国特色社会主义伟大实践中，坚持在本职工作上，争创一流业绩，为实现全面建设小康社会宏伟目标而不懈奋斗。

"求真"就是指"求是"，就是要解放思想、实事求是、与时俱进，不断认识事物的本质，把握事物的规律。所谓"务实"，是指在这种规律的指导下去实践。坚持求真务实，就是坚持马克思主义世界观和方法论。求真务实体现了马克思主义所要求的知与行、理论与实践具体的历史的统一。"求真务实"是我们党的思想路线一贯坚持的，是每个共产党员的政治品质。求真务实要求是真实的，不是虚假的。具体来说，求基本国情之真，务艰苦奋斗之实；求社会主义建设规律之真，务抓好发展这个第一要务之实；求人民群众作用之真，务最广大人民根本利益之实；求共产党执政规律之真，务改进党的建设之实。正如胡锦涛同志所指出的，求真务实是党的活力所在，也是党和人民事业关键所在。我们党要大兴调查研究之风，戒骄戒躁，在求真务实中铸牢理想信念。目前，我们有一些党员干部，得过且过，不思进取、作风飘浮、工作不实；有的好大喜功、追逐利益；有的贪图享受、奢侈浪费；有的不下基层，不搞调研，脱离群众。这些行为背离了党的宗旨，背离了理想信念，背离了党的优良传统。我们党的奋斗历程表明，求真务实坚持得不好，党的组织和队伍就缺乏活力，理想信念就会丧失，党和人民辛苦建设的社会主义事业就会遭受挫折。不大兴求真务实的工作作风，就会削弱党员干部队伍的战斗力，使他们理想信念丧失，进而从根本上毁掉我们伟大的事业。

在求真务实中铸牢理想信念，做到对群众要实，对工作要实，在实干中增强理想信念。胡锦涛同志紧扣现实工作中的突出问题，从求真务实的作风入手，以党的思想路线为切入点，这就抓住了推进党和国家工作中的关键，求真务实才能更好地提升理想信念。[①]

3. 在构建和谐社会的宏伟蓝图彰显理想信念教育的价值和意义

中国特色社会主义的根本属性在于社会和谐。这一点最早见于党的十七大报告，报告中强调，科学发展和社会和谐有着统一性，两者是相辅相成的关系。科学发展是社会和谐的基础，社会和谐是推动科学发展的保障。只有实现社会科学的共同发展，才会提高广大社会群众的生活质量，实现社会公平。在中国共产党人的工作方面，实现社会公平正义，也是一项重要的目标。共产党员要严格遵循民主法治、安定有序、人与自然和谐相处等基本原则，从根本上解决社会群众最关心和最直接的利益问题，为广大群众的安居乐业提供稳定的社会环境。建设和谐社会是胡锦涛同志在理想信念理论上的又一大进步，实现最高理想不能一蹴而就，这是一个漫长的过程，在这个过程中需要我们保持战略定力增强理想信念，在理想信念的指引下努力开拓新的篇章。和谐社会理论的提出还是我们解决好社会问题的方法，在发展过程中矛盾交织叠加，利益关系盘根错节而又复杂，构建和谐社会有利于解决这样的矛盾，解决好利益冲突才能实现理想信念的目标，才能更好地彰显理想信念教育的价值和意义。

---

① 王一博. 胡锦涛理想信念教育思想研究 [D]. 保定：河北大学，2012.

（五）习近平新时代理想信念教育思想论述

习近平理想信念教育重要论述继承了马克思主义经典作家对共产主义理想信念的追求、中华优秀传统文化中理想信念教育思想、毛泽东理想信念教育理论、邓小平理想信念教育理论、江泽民理想信念教育理论、胡锦涛理想信念教育理论，并进一步丰富和发展。当前中国特色社会主义进入新时代，习近平特别强调了理想信念教育的重要性。他指出，广大党员和青年学生要牢固树立远大理想，坚定共同理想，无论走多远都要坚定理想信念这个"根"和"魂"。在具体问题中要运用马克思主义的立场、观点、方法指导实践，在实现民族复兴梦中定要坚定理想信念。

1. 明确共产主义实现的必然性和发展的曲折性问题

共产主义是最高理想。对于共产主义的理解我们不能仅仅停留在这个基础上，还需要更深的理解。共产主义是我们追求的最高社会形态，它是科学社会主义在中国的实践运动，意味着 21 世纪的中国必将迸发出强大的精神活力。共产主义最高的社会形态，属于健全的理论体系和实践中的社会运动，它是这三者高度地有机统一。实现共产主义需要有科学的理论作指导，还需要进行现实的实践活动，二者缺一不可。现在有些人把共产主义社会理解成为一种美好社会制度，这样的宣传还有待深入。对于共产主义只是理论上宣传得多，现实运动讲得少，这容易促使人们形成错误的理解。一个人应对共产主义这一概念有个全面的认知——共产主义是当下发展的终极理想。有人提出，共产主义这一理想虽然美好，能否实现就是问题了，总感觉共产主义离我们太远、可望不可及。其实，共产主义不是想象出来的社会，共产主义的实现不是无凭无据的捏造，它是经过科学严密论证后的理性判断。马克思、恩格斯认真分析了人类社会发展规律，深刻阐释了资本家剥削工人的现实，从而深刻指出共产主义实现的必然性。习近平强调："共产主义决不是'土豆烧牛肉'那么简单，不能唾手得到、一蹴而就……"①共产主义社会只有物质财富极大丰富条件下才能实现。因此，在教育人民树立共产主义远大理想时，要让人民知道共产主义不是自然产生的，更不是与生俱来的，我们每个人都要为共产主义而奋斗，而不是坐享其成。共

---

① 习近平. 做焦裕禄式的县委书记 [N]. 北京：中央文献出版社，2015：5.

产主义的实现是一个长期而又艰巨的过程，它在实现过程中会遇到各种各样的苦难，需要我们一代又一代人的艰辛探索，我们只有从根本上做起，以切实的行动，团结一致，做好本职工作，积极创新，才会创造更多的物质财富，并且要主动为广大社会群众提供针对性的教育。共产主义在实现过程中既有挫折又有失败。苏联解体的影响还远未消除，也有一些传闻说一些社会主义国家开始放弃共产主义，逐步向资本主义迈进。这不是共产主义制度的问题，也不是社会主义就比资本主义差。社会主义制度有巨大的优势，它能够集中人力、物力、财力办大事。

2. 明确社会主义共同理想和共产主义远大理想的关系

共产主义的实现是一个艰巨复杂的过程，可以分为不同的阶段。它的每一个阶段每一个目标的实现都需要我们脚踏实地一步一个脚印干出来。目前来说，我国依然属于社会主义初级阶段，党的十九大报告中指出我国社会的主要矛盾是"人民日益增长的美好生活需要和不平衡不充分发展之间的矛盾"①。目前我国的经济发展很不平衡，城乡发展不平衡，东西部还有很大的差距，经济文化水平还非常低，部分地区依然遭受贫困问题的困扰，现状和共产主义目标存在明显差距。当前中国特色社会主义进入了新时代，习近平总书记描绘了清晰的路线图，指出要分两步走实现社会主义现代化强国。从 2020 年到 2035 年，在全面建成小康社会的基础上奋斗十五年，实现社会主义现代化。从 2035 年到 21 世纪中叶，再奋斗十五年实现社会主义现代化强国。再继续一代又一代人的奋斗，最终实现共产主义的远大理想。

在世界国内生产总值排名中，我国位居第二，说明我国在现代化建设中取得了显著的成绩，为其他国家和地区实现又好又快发展提供了参考，发挥着重要的榜样作用，也为人类共同问题的解决提供科学的中国方案。这便是中国特色社会主义。针对共同理想，习近平提出"中国梦"。有些人对"中国梦"有误解，进而对中国特色社会主义产生了误解。中国的有效发展中，必须要坚持社会主义，中国发展问题的解决，也在于坚持社会主义。中国特色社会主义形成于中华大地，代表着广大中国人民的共同心愿，和当

---

① 习近平. 决胜全面建成小康社会 夺取新时代中国特色社会主义伟大胜利—在中国共产党第十九次全国代表大会上的报告 [N]. 人民日报，2017-10-28.

代中国发展与中国群众基本需求相符合。① 中国特色社会主义是理论、实践、制度三者的高度统一，属于中国自力更生总结出来的符合我国国情的好制度。

中国特色社会主义并不是对马克思主义理论的反对，而是立足于中国国情，对马克思主义的进一步完善。中国特色社会主义不是对新中国成立到1978年我国前期制度的否定，而是我们共产党人认真总结历史正反两方面经验，通过正确判断，形成了中国特色社会主义道路。我国在改革开放之后，便从社会主义初级阶段这一现状出发，推动中国社会的发展和政治的建设，从中总结出初步的中国特色社会主义理论成果，并且完善了马克思主义。在中国共产党的领导下，中国现代化建设已经取得了显著成绩，以具体的行动证明中国特色社会主义是与我国国情相符合的科学制度。随着我国社会主义事业的不断完善，各项制度的不断健全，人民生活的幸福感、获得感不断增强。我们要始终坚信，在这条道路上可以走得更长远，将会出现更科学的理论，指导我们的行动，社会主义制度会更加美好，进而大步走向共产主义。到那时经历了社会主义的完善与发展，共产主义是现实存在的事实，而不是遥不可及的梦想。中国特色社会主义是经过一系列革命斗争才取得的胜利，需要我们每个中国人都倍加珍惜！要教育人民树立社会主义共同理想，要让人民正确认识改革开放前后两个时期，既不能否定改革开放前，也不能否定改革开放后。正确认识当前社会主义存在的问题，树立信心，提振精气神，努力开创社会主义事业新局面。共产主义是一项具体的任务，是要每个人采取行动，需要一代又一代的人投入其中。当下最需要做的是展开全面的改革，解放和发展社会主义生产力，这样才能创造巨大的物质财富，更好地满足人民生活的需要。认清最高理想和共同理想的关系，按照客观规律认真地走好每一步。正确处理共同理想中存在的问题又不能失去信心，始终明白道路是曲折的前途是光明的。就当下而言，中国特色社会主义共同理想就是表现在实现中华民族伟大复兴这一目标上，这就是习近平总书记提出的中国梦。要加强对全体人民中国梦的教育，中国梦是民族梦，是全体五十六个民族共同的梦，只有全民族参与才能实现民族复兴的伟业。全体人民要努力奋斗，新时代是奋斗者的时代，只有奋

---

① 中共中央文献研究室编. 十八大以来重要文献选编（上）[M]. 北京：中央文献出版社，2014：118.

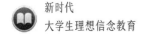

斗才能成就梦想。

3. 明确当前现实社会与美好理想的差距

共产主义是一项远大的目标，也和现实社会息息相关，因为我国依然处于社会主义初级阶段，距离共产主义美好社会还存在很大差距，有些甚至存在着不合理的现状。现在历史虚无主义正在网上流传，境外一些有关共产主义衰退的新闻。这就使得人民感到了迷茫："究竟应该信什么？"当人们发出这个疑问时，共产主义理想信念已经在慢慢动摇了。有些人的马克思主义理论水平还不够高，就容易对社会失望，进而不满。因此，全面认识理想与现实的差距，对于理性认识我国在前进过程中发生的问题以及树立坚定地理想信念有着重要意义。

理想有实现的可能，理想与现实还是有一定的差距，正确认识理想与现实我们才能更好地向前发展。唯物主义的观点强调理想与现实的差距是无法避免的。现阶段我国的发展成就喜人，现代化建设事业正在日益繁荣，我国正形成更加强大的中国特色社会主义力量。但是，我国与发达国家还有很大差距，收入分配不均，贫富差距过大，东中西发展不协调，特别是党员干部腐败问题，党中央多次高压反腐，反腐败取得了好的进展，不能因此而松懈，反腐败斗争永远在路上。人民最痛恨的就是腐败，让人民树立理想就要在体制机制上让人民真正地懂得我们党的政策与主张。我们在进行理想信念教育时，要让人民明白，这些问题是社会发展中不可避免的问题，是前进中的问题，找到问题就要及时处理，让人民看到政府自我革新的勇气，这样人民才会相信党和政府，才会按照党的路线、方针、政策走下去。要让人民看到我们国家经济发展的巨大成就，看到我们党惩治腐败的决心。用实际行动证明我们所做的工作都是为了人民，当前的困难只是暂时的，我们伟大事业必将绽放出耀眼霞光。社会的发展总是螺旋式上升的，它的发展道路是艰难曲折的，这就要求人民要树立向上向善的信心，树立坚定的理想信念。我们要有一种解决问题的科学态度，遇到困难时不抱怨，要让人民信任我们党，而不是让人民以社会上经济政治的有关问题来否定党的领导、否定社会主义和共产主义。艰难困苦，玉汝于成。越是困难的时候理想信念越能坚持，相反在生活富裕时理想信念容易动摇。习近平总书记也多次指出共产党人的初心，要求党员领导干部要"不忘初心，继续前进"。只有不忘初心才能树立崇高的理想信念，才能增强本领。本领不恐慌我们才能够认清现实与理想的差距，才能把共产主义远大理想树立起来。

4. 明确社会理想与个人理想的关系

每个人都有自己的理想信念，曾经的自己一定为了某个目标奋斗过，努力过。但是，我们是否想过，自己的个人理想是否积极融入社会理想中，是否把自己的个人理想与社会理想交织在一起。社会是不断变化发展的，当今社会有些人的理想功利化、现实化，一切向"钱"看，功利心重。有些人认为实现自己就好，不去管社会理想。还有些人认为，现在是一种关系文化，有"背景"、有"后台"能让自己少奋斗好多年，导致有些人一心"拉关系""跑路子"，把升官当理想信念。出现以上种种现象都说明人们没有认清个人理想与社会理想的关系，那么个人理想信念与社会理想信念应该是一种什么关系？我以为个人理想信念表现为一种责任，这种责任具体是社会责任。只有把个人理想与社会理想结合起来，把这种责任在社会舞台上彰显出来，人才能实现自己的价值。

马克思恩格斯在《共产党宣言》中指出："共产主义社会属于一个联合体，实现所有人自由发展是这个联合体得以存在的基础条件。"[1]人是社会的人，人不能脱离社会集体而单独存在。人不能孤立起来，人的自由发展必须有一个舞台，这个舞台就是社会联合体，社会联合体是人自由发展的基础和条件。社会这个舞台越大，人就会爆发出更大的潜能。社会理想是社会全体人员的共同追求，在这种理想的影响下促使每个社会群众不断完善自我，提升自我，社会理想也是所有社会尊重的最终目的与归宿。就当下而言，我们更加靠近中华民族伟大复兴这一目标，也是党和政府以及全国各族人民加快发展的战略机遇期，抓住战略机遇期我们就一定能够扬帆起航。当今时代，青年的理想信念关乎着国家的未来。习近平指出，当下正是广大社会青年实现自身价值的好时机，社会的稳定发展为每个人提供了发光发热的空间，希望广大青年能够将自身发展与实现中国梦衔接在一起，在实现中华民族伟大复兴的道路上，贡献出自己的力量。全国人民

---

① 中共中央马克思恩格斯列宁斯大林著作编译局编译. 马克思恩格斯选集（第一卷）[M]. 北京：
人民出版社，1995：294.

特别是青年，要处理好个人理想与社会理想的关系，处理好个人理想与民族希望的关系，自觉投身于社会主义现代化建设，在国家和社会为我们提供的大舞台上干出一番事业，最终实现人生理想和目标。

5. 青年学生是理想信念教育的重点对象

习近平多次强调青年学生是祖国的未来。在北京大学师生座谈会上，习近平指出："青年的价值取向决定了未来整个社会的价值取向，而青年又处于在价值观形成和确定的时期，抓好这一时期的价值观养成十分重要。"[①] 广大青年学生是国家的未来，是民族发展的希望。因此，在社会理想信念的教育中，青年学生理想信念教育是重中之重。习近平强调，不管是之前，还是当下，或者是以后，都应始终坚持对马克思主义的信仰，对中国特色社会主义的信念，以及对中华民族伟大复兴目标实现的信心，这样中国才会得以富强。人，总是要有一点精神的，青年学生的精气神就反映了一个国家的面貌，青年是祖国的生力军，是祖国的未来和希望。要积极引导学生正确认识中国与世界的差异，树立民族自信。客观认识当代中国和外部世界，进而深刻认识人类社会发展的必然性。青年学生要正确认识时代责任以及历史使命，为实现民族复兴梦敢于担当、不懈追求。

习近平强调："青年兴则国家兴，青年强则国家强。我们党自成立之日起，就始终代表广大青年、赢得广大青年、依靠广大青年。"[②] 因此，加强青年学生的理想信念教育，必须把思想政治教育贯穿始终，贯穿在立德树人的全过程，培养他们正确的世界观、人生观、价值观。作为当代的大学生一定要以习近平新时代中国特色社会主义思想为指导，共同奋斗、共同拼搏，创造自己的奇迹，才能梦想成真。

---

① 习近平. 习近平谈治国理政（第一卷）[M]. 北京：外文出版社，2018：172.

② 习近平. 习近平谈治国理政（第一卷）[M]. 北京：外文出版社，2018：54.

第三章　改革开放以来大学生理想信念教育的
历史进程和基本经验

　　改革开放以来，我国大学生理想信念教育经历了一个不断发展的过程，不同时期社会发展的阶段性使得大学生理想信念教育的目标、内容、途径等都呈现出显著的时代性。当前，中国社会经济高度发展，互联网信息技术广泛应用，同时伴随的还有多元思想文化的碰撞和交流。在价值多元化和利益多样化的社会转型大背景下，一些大学生理想信念呈现出世俗化、功利化和碎片化的倾向，如何创新发展大学生理想信念教育，培养具有坚定理想信念的社会主义的合格建设者和接班人，是值得深入思考的问题。本章阐述改革开放以来大学生理想信念教育的历史进程与基本经验，对于丰富大学生理想信念教育理论，增强大学生理想信念教育实效性具有重要的作用，同时还可以为新时代大学生理想信念教育的有效开展提供参考和借鉴。

　　当前，中国特色社会主义进入新时代，全面回顾改革开放以来大学生理想信念教育的历史进程，认真总结基本经验，科学把握时代要求，对培养德智体美劳全面发展的社会主义建设者和接班人具有重要意义。改革开放四十余年，是思想政治教育取得重大发展的四十余年，也是作为思想政治教育核心内容的大学生理想信念教育取得重大成果的四十余年。回顾四十余年发展历程，大学生理想信念教育主要经历了调整恢复、积极推进、深入开展、繁荣发展四个阶段，每个阶段都呈现出鲜明的时代特色。

一、改革开放以来大学生理想信念教育的历史进程

（一）调整恢复阶段（20世纪70年代末至90年代初）

"文化大革命"打破了我国原有的社会秩序，教育事业遭到严重破坏，在极"左"思潮影响下，大学生的理想信念一度遭受严重冲击。党的十一届三中全会召开前夕，邓小平就明确指出，大学生理想信念教育亟待恢复，他号召全社会"关心青少年思想政治的进步，把被'四人帮'破坏了的优良革命传统恢复和发扬起来"①。党的十一届三中全会结束了党的工作徘徊前进的工作局面，重新确立了解放思想、实事求是的思想路线，大学生理想信念教育也逐步在拨乱反正中得到恢复，大学生理想信念教育的重要地位得以重申。

从1978年到1992年这一历史时期是我国开创中国特色社会主义事业的新时期。在这一时期，可以将高校理想信念教育的发展划分为两个阶段：第一个阶段是指从1976年到1989年的拨乱反正时期，党的十一届三中全会实现伟大的历史转折，"实践是检验真理的唯一的标准"大讨论促进了人民的思想解放，国家建设实现了全党工作重心向经济建设的转移，高校理想信念教育步入健康、科学的发展轨道。第二个阶段是指从1989年到1992年的快速发展时期，以江泽民同志为核心的党中央推进改革开放和社会主义现代化建设快速发展。高校理想信念教育的主要内容包括对大学生进行坚定的马克思主义信仰教育、邓小平理论教育、改革开放教育、坚持四项基本原则教育和反对资产阶级自由化教育，坚定共产主义的立场和原则，帮助青年大学生树立全心全意为人民服务的思想，遵守纪律，勤奋学习，锻炼身体，全面发展。这一时期"两课"建设与改革、政治工作制度与队伍建设及加强生产劳动与社会实践教育依然是高校理想信念教育的重要途径。其中"两课"肃清"四人帮"的流毒与影响，进入稳步发展；高校思想政治工作在学校党委领导下进一步统一协调各方面力量，政工队伍的建设也从解决思想、工作、生活等实际问题入手，取得了实质性的进展。此外，生产劳动与社会实践教育、国防军事教育、体育与卫生教育和艺术教育等工作在高校的实施与发展，以及在全国开展的"五讲四美三热爱"活动等

---

① 邓小平. 邓小平文选（第二卷）[M]. 北京：人民出版社，1994：106.

极大地促进了理想信念教育的开展。

1. 调整恢复阶段大学生理想信念教育的主要内容

1986年9月中国共产党第十二届中央委员会第六次全体会议决定，社会主义精神文明的根本任务是"适应社会主义现代化建设的需要，培育有理想、有道德、有文化、有纪律的社会主义公民，提高整个中华民族的思想道德素质和科学文化素质"①。邓小平指出要有效地加强和改善思想政治工作，特别"要加强各级学校的政治教育、形势教育、思想教育，包括人生观教育和道德教育。……要努力使青少年成为有理想、有道德、有知识、有体力的人"②，养成守纪律、讲礼貌、维护公共利益的良好习惯，坚定共产主义的立场和原则，培养共产主义的理想信念，立志为"四化"献身、为祖国为人民作贡献。这一时期高校理想信念教育的内容主要包括以下三个方面。

（1）坚持四项基本原则教育

改革开放政策中的对外开放主要是指扩大地方和企业的外贸权限，鼓励增加出口，办好出口特区，目的是加大国际经济交流与合作，吸收外国资本用来发展社会主义经济，同时学习外国先进生产技术和管理经验。而当时正值西方资产阶级的新自由主义经济思想处于巅峰时期，我国社会上小资产阶级的狂热思想有广泛的社会基础，又存在崇洋媚外思想的影响与投机跟风的盲目心理，一些人在向西方国家尤其是美国"取经"的同时，也贩来了新自由主义这种时髦货，打着"改革派"的旗号，用新自由主义的观点诠释改革开放，形成反对四项基本原则的社会政治思潮。首先在理论界、文艺界出现了一些精神污染现象，散布对党和社会主义的不信任情绪，给国家和人民带来严重的危害。资产阶级自由化思潮从20世纪80年代末开始兴起，主张思想上取消马克思列宁主义的指导地位、鼓吹全盘西化，主张取消公有制的主体地位，实行私有化。对此党中央采取坚决严肃的态度反对精神污染，但由于缺乏经验，一些地方出现了某些偏差，导致资产阶级自由化思潮泛滥。搞资产阶级自由化的人把青年大学生当作重点对象兜售自由化思想，给高校的理想教育工作带来严峻的挑战，许多高校

① 中共中央关于社会主义精神建设指导方针的决议 [N]. 人民日报，1986-09-29.

② 邓小平. 邓小平文选（第二卷）[M]. 北京：人民出版社，1994：369.

思想政治教育工作存在着软弱混乱现象，不同程度地削弱了思想政治工作。再加上部分大学生对改革过程中出现的困难和问题不理解，对领导干部中存在的官僚主义和腐败现象不满，高校校园中出现了一些影响社会稳定的群体性事件。这些事件集中暴露了资产阶级自由化对高校侵袭的严重性，资产阶级自由化思潮已经不同程度地侵蚀了青年大学生的思想。

反对资产阶级自由化思潮的斗争成为当时的一个突出的任务。邓小平同志明确指出搞资产阶级自由化就是走资本主义道路，必须旗帜鲜明地反对资产阶级自由化，必须坚决抵制对社会主义现代化建设的冲击。坚持四项基本原则、反对资产阶级自由化是维护安定团结政治局面的关键，也是稳定高校局面的关键。邓小平同志特别强调马克思主义信念、共产主义理想是我们革命与建设战胜千难万险的巨大动力。四项基本原则是立国之本，是对青年大学生进行思想教育的重要内容。邓小平同志尖锐地指出，思想政治教育的削弱是十年改革开放的最大失误，对青年的政治思想教育抓得不够，一是坚持四项基本原则的教育不够，错在坚持得不够一贯，教育和工作效果太差；二是艰苦奋斗的教育不够，国家越发展，越要抓艰苦创业，有助于克服腐败现象。党中央及时印发了《当前反对资产阶级自由化若干问题的通知》和《关于改进和加强高等学校思想政治工作的决定》，要求各高校抓住时机加强对大学生进行四项基本原则的教育。高校思想政治教育内容进行了重大改革，确立了"三信"的教育内容，解决信仰、信心和信任问题，注重从中国国情出发，结合青年学生的思想特点，教育他们热爱党、信任党、坚持党的领导，正确认识我国四十年的成就和挫折、经验和教训，用正反两方面的事实和容易接受的道理提高他们的思想认识，教育他们坚持党的领导、坚持社会主义制度首先要在政治上分清是非；教育他们正确理解解放思想和坚持四项基本原则、民主和法制、自由和纪律的关系，自觉地维护和发展来之不易的安定团结的政治局面。

（2）爱国主义和国际主义精神教育

爱国主义作为一项重要的教育内容，有其自身的特点和特殊作用，是一面具有强大号召力的旗帜。改革开放以来，"爱我中华""振兴中华"的精神深入人心，但随着西方社会思潮的涌入，出现了崇洋媚外、丧失民族自信心的不良倾向，甚至出现有辱国格和人格的行为，影响很坏，爱国主义教育成为十分迫切的任务。

1983 年 7 月中共中央宣传部等联合印发了《关于加强爱国主义宣传教育的意见》，指出培养全体人民特别是青少年的爱国主义精神是以共产主义思想为核心的社会主义精神文明建设的一项重要任务，是思想政治工作的一项基本内容。新形势下爱国主义教育以倡导民族奋发精神为主，增强青年大学生的民族自尊心和民族自豪感，反对民族自卑心理，批判崇洋媚外的不健康倾向，教育青年大学生以对祖国的热爱为动力，奋发学习，焕发斗志，为把祖国建设成社会主义强国而奉献自己的青春。[①]

在教育过程中，高校一方面加强理论教育，学习革命传统，让青年大学生了解我党和我军的光荣历史，继承和发扬革命优良传统，像革命先辈一样热爱祖国和人民，把自己的命运同祖国的命运联系起来，树立祖国利益高于一切的观念，自觉增强社会责任感，将学习当代青年英雄典型与学习革命传统结合起来，正确处理好人民的理想同个人的理想、社会理想同职业理想、生活理想的关系；另一方面注重丰富教育形式和教育效果，充分利用重大节日纪念日、爱国主义教育场所等，宣传先进模范事迹，增进爱国情感，培育民族自尊心、自信心和自豪感。20 世纪 80 年代的榜样教育主要是学习对越自卫反击战英雄和其他当代青年典型，开展"战士在我心中""祖国在我心中""我们活在英雄的事业中"等活动，引导青年大学生把革命前辈和当代青年英雄的感人事迹与崇高精神当作强大的精神动力，把强烈的爱国之情化为切实的报国之行。

（3）注重加强社会主义民主法制教育

实现四个现代化，科学技术是关键，基础在教育。能否培养出拥护共产党的领导、爱社会主义祖国、积极为人民服务的德才兼备的学生，是关系到国家前途和命运的大事。"七五"计划报告中明确提出各高校要贯彻执行德育、智育、体育、美育全面发展的教育方针，培养具有良好思想道德素质和科学文化素质的全面发展的社会主义新型建设人才是普通高校教育改革中的一项根本任务。"我们要实现现代化，关键是科学技术要能上去。

---

① 教育部思想政治工作司组编. 加强和改进大学生思想政治教育重要文献选编（1978—2014）[M].
北京：知识产权出版社，2015.

发展科学技术，不抓教育不行。"①1977 年邓小平指出"抓科技必须同时抓教育"②。1985 年"中央提出要以极大的努力抓教育，并且从中小学抓起，这是有战略眼光的一着。如果现在不向全党提出这样的任务，就会误大事，就要负历史的责任。"③。1988 年再次指出："我们要千方百计，在别的方面忍耐一些，甚至于牺牲一点速度，把教育问题解决好。"④"我们不论怎么困难，也要提高教师的待遇。"⑤邓小平的一系列重要指示，深刻阐明了教育与现代化建设的关系，指明了教育发展和改革的方向。

掌握丰富的科学文化知识是现代人才的重要特征，知识在人类进步的过程中越来越显示出它的决定性作用。勤奋学习努力掌握现代科学文化知识是党的要求、人民的期望，是青年大学生义不容辞的责任。青年大学生肩负着重大责任，只有立志把书读好，珍惜这黄金般的时光，集中精力，勤奋学习，以百折不挠的精神去奋勇攀登科学文化高峰，才能使自己的国家富强起来，实现中华民族的再次腾飞。在丰富知识的同时，加强思维能力、实践能力和创造能力等多种能力的培养和锻炼，接受更多的实际锻炼，增长才干。邓小平指出，有纪律是实现理想的重要保障，"一靠理想，二靠纪律。组织起来就有力量"⑥。严格校规校纪和学籍管理制度是完成教育目标的必要保证，全国各高校注重加强社会主义民主、法制、纪律的教育，严格地遵守国家法令、校规和学习纪律，帮助青年大学生养成遵纪守法的良好习惯，打击各种危害社会的不法行为，从而保障学生个人和人民的合法权利和利益。

2. 调整恢复阶段大学生理想信念教育的途径

这一时期大学生理想信念教育无论是从进程上还是各个具体的途径内部都包括两个方面的内容，一是拨乱反正肃清"文化大革命"的余毒，二是坚持并发扬新中国成立以来的正确理念和做法，主要包括以下四项内容。

---

① 邓小平. 邓小平文选（第二卷）[M]. 北京：人民出版社，1994：40.

② 邓小平. 邓小平文选（第二卷）[M]. 北京：人民出版社，1994：40.

③ 邓小平. 邓小平文选（第三卷）[M]. 北京：人民出版社，1994：120-121.

④ 邓小平. 邓小平文选（第三卷）[M]. 北京：人民出版社，1993：275.

⑤ 邓小平. 邓小平文选（第三卷）[M]. 北京：人民出版社，1993：275.

⑥ 邓小平. 邓小平文选（第三卷）[M]. 北京：人民出版社，1993：111.

（1）推动"两课"进一步建设与发展

"两课"的主要任务是系统地对学生进行马克思主义三个组成部分的基本理论教育。新中国成立后经过多年的努力，广大教师在传播马列主义、毛泽东思想的理论知识方面付出了辛苦的劳动，做出了贡献。

① 1978—1984 年高校政治理论课肃清"四人帮"的流毒与影响阶段

"文化大革命"期间高校政治理论课遭到了林彪、"四人帮"反革命集团长达十年的严重破坏，马列主义、毛泽东思想被糟蹋得面目全非，大量教师受到迫害和摧残，教师队伍被分裂瓦解，学生对政治理论失去兴趣甚至产生抵触，课程体系也不能适应时代发展的需要。为了肃清"四人帮"的干扰和破坏，马克思主义理论课程进行了调整与改善，各级党委、政府及教育部门加强对高校马克思主义理论教育工作的领导，配备专人负责此项工作。1980 年 7 月教育部印发《改进和加强高等学校马列主义课的试行办法》的通知，指出"马列主义、毛泽东思想是我们党和国家的指导思想和理论基础"[①]，进一步明确了高校马克思主义理论教育在整个高等教育中的重要地位和作用，不能削弱。要求马克思主义理论课作为必修课开设，任务是"对学生进行马列主义、毛泽东思想的基本理论教育，帮助学生完整地、准确地理解马列主义、毛泽东思想的科学体系，提高社会主义觉悟，逐步树立无产阶级的世界观，掌握科学的方法论，初步具有运用马列主义的立场、观点和方法分析实际问题的能力，自觉地为社会主义现代化建设服务，为人民服务"[②]。

② 1985—1992 年高校政治理论课改革、稳步发展时期

由于更多地关注经济发展，在政治思想战线上存在着软弱、混乱的现象，高校思想政治工作也遭到削弱。1985 年国家教委开始对高校政治理论课进行改革，要求开展以中国革命史为中心的历史教育，马克思主义基本理论的教育，中国社会主义建设和改革的理论、政策和实际知识的教育，适时地穿插各种切合学生需要的时事教育、文学艺术教育和课外活动，激发学

① 教育部思想政治工作司组编. 加强和改进大学生思想政治教育重要文献选编（1978—2014）[M].
北京：知识产权出版社，2015：8.

② 教育部思想政治工作司组编. 加强和改进大学生思想政治教育重要文献选编（1978—2014）[M].
北京：知识产权出版社，2015：9.

生为社会主义伟大事业而奋斗的献身精神。[①]

（2）高校政治工作制度与队伍建设日益规范完善

加强高校的思想政治工作，必须建立和健全高校政工队伍。当时高校思想政治工作队伍骨干老化、后继乏人的情况不能适应新历史时期高校思想政治工作的需要。从1984年起采取的主要措施包括：一是高校思想政治队伍是由专职和兼职相结合，动员和组织一些教师、高年级学生包括研究生兼职，从品学兼优的教师和学生中选拔，有利于密切与群众的联系，有利于思想工作与业务工作相结合，也使这些师生得到锻炼。二是对思想政治工作人员政治素质和知识水平提出了明确的要求，包括坚定的共产主义信念、较高的理论修养和政策水平、一定的知识储备及从事思想政治工作所必需的能力，不仅向学生传授知识，更要通过言传身教、潜移默化培养学生的优良品德和觉悟，做到为人师表。三是对工作人员的来源和发展方向做了明确规定。四是加强培训提高教师的思想政治水平和业务水平。五是妥善解决、落实思想政治工作人员的待遇问题，并大力表彰优秀的思想政治工作人员。对于兼任教学的教师与行政工作人员，依据《高等学校教师职务试行条例》的规定，聘任相应的教师职务。已被推荐免试为硕士生的本科毕业生，留校从事学生思想政治工作，可在职攻读硕士学位，学习年限延长一至两年。

（3）加强生产劳动与社会实践教育

贯彻教育与生产劳动相结合的方针是培养理论与实际相结合、学用一致、全面发展的新人的根本途径，是逐步消灭脑力劳动和体力劳动差别的重要措施[②]。当代青年思想敏锐，求知欲强，科学文化知识比较丰富，他们当中的绝大多数热爱社会主义祖国，拥护共产党的领导，但也有一些弱点，主要是脱离实际，缺乏实践的锻炼。参加社会实践是培养人才的根本途径，实事求是、一切从实际出发、理论联系实际是马克思主义的学风。高校理想信念教育实行刘少奇提出的"两种教育制度、两种劳动制度"，采取多

[①] 教育部思想政治工作司组编. 加强和改进大学生思想政治教育重要文献选编（1978—2014）[M]. 北京：知识产权出版社，2015：38-39.

[②] 教育部思想政治工作司组编. 加强和改进大学生思想政治教育重要文献选编（1978-2014）[M]. 北京：知识产权出版社，2015.

种形式办学，一面学习，一面生产，组织学生参加一定时间的生产劳动。参加生产劳动是实现社会主义大学培养目标不可缺少的重要环节，也是对青年大学生进行思想政治教育的重要途径。青年大学生参加校内外的工业劳动、农业劳动和公益劳动，既能减轻国家、集体和学生家庭的负担，又能培养脑力劳动与体力劳动相结合的全面发展的一代新人。另一方面，大学生可以从中获得必要的直接知识和实际锻炼，自觉地培养与劳动人民的思想感情，树立为建设祖国而献身的信念。青年大学生参加校内外生产劳动和社会实践活动，由所在系派出优秀的干部或教师负责组织和指导，并对学生生产劳动进行考核，成绩载入档案，教师指导学生劳动也列入教师的教学成绩。

（二）积极推进阶段（20 世纪 90 年代初至 21 世纪初）

从 1992 年至 2002 年是改革开放和现代化建设的新阶段，中国特色社会主义伟大实践以建立社会主义市场经济体制为中心取得重要进展。这一时期大学生理想信念教育的主要内容是加强中国特色社会主义共同理想的教育，深化爱国主义、集体主义和社会主义思想教育，加强以爱国主义为重点的社会主义道德教育，帮助大学生培养良好的品德和行为习惯、健康的心理素质。这一时期印发的《关于教育问题的谈话》《爱国主义教育实施纲要》《公民道德建设实施纲要》《中国教育改革和发展纲要》《中国普通高等学校德育大纲》《中共中央国务院关于深化教育改革全面推进素质教育的决定》等文件是高校进行理想信念教育的指导性文献，明确要求进一步加强思想道德建设，培育有理想、有道德、有文化、有纪律的公民，把理想信念教育作为核心内容，引导广大党员、干部和群众树立建设有中国特色社会主义的共同理想，树立正确的世界观、人生观、价值观，为建设富强、民主、文明的社会主义现代化国家而团结奋斗[1]。高校理想信念教育注重质量发展与内涵提升，综合运用教育、管理与舆论等手段，注重网络文化建设，通过全社会的精神文明建设、教育法制建设等促进理想信念教育，实现全员育人、全过程育人。

---

[1] 教育部思想政治工作司组织. 加强和改进大学生思想政治教育重要文献选编（1978—2014）[M]. 北京：知识产权出版社，2015 年.

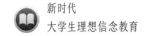

1. 积极推进阶段大学生理想信念教育的主要内容

经过改革开放，我国国家经济实力显著增强，城乡人民的生活明显改善。中国虽然挫败了西方国家的"制裁"，但依然面临着国际局势剧变、国内政治风波等严峻的考验，党内一些人对社会主义的前途缺乏信心，对党的基本路线的信仰产生了动摇，在这个紧要关头，邓小平同志深刻回答了长期束缚人民思想的许多重大认识问题，明确指出革命是解放生产力，改革也是解放生产力，必须坚持"一个中心，两个基本点""发展才是硬道理""科学技术是第一生产力"，提出"三个有利于"的标准。邓小平同志为全面建设小康社会奠定了坚实的思想基础和理论基础，为党的第三代中央领导集体团结带领全国人民顺利迈向新世纪提供了行动指南和理论准备。

1993 年 2 月中共中央、国务院对中国教育改革和发展提出明确要求，认为学校思想政治工作还需要进一步加强和改进，新形势下教育工作的任务是"遵循党的十四大精神，以建设有中国特色的社会主义理论为指导，坚持党的基本路线，全面贯彻教育方针，面向现代化，面向世界，面向未来，加快教育的改革和发展，进一步提高劳动者素质，培养大批人才，建立适应社会主义市场经济体制和政治、科技体制改革需要的教育体制，更好地为社会主义现代化建设服务"[①]。

国家建设的进一步推进对精神文明建设提出新的更高的要求。社会主义精神文明建设目标是"培育有理想、有道德、有文化、有纪律的社会主义公民，提高全民族的思想道德素质和科学文化素质"[②]，与物质文明建设相互促进、协调发展，促进生产力的发展。1994 年党中央颁布了《爱国主义教育实施纲要》和《关于进一步加强和改进学校德育工作的若干意见》，对高校理想信念教育提出了具体的目标与要求。其中，《爱国主义教育实施纲要》对爱国主义的内涵和教育的意义作了科学阐述，指出当前的主要任务是要把爱国热情引导、凝聚到建设有中国特色社会主义伟大事业中来；明确指出爱国主义教育的重点是广大青少年，学校是对青少年进行爱国主

① 中共中央文献研究室编. 十四大以来重要文献选编（上）[M]. 北京：人民出版社，1996：60.
② 中共中央文献研究室编. 十四大以来重要文献选编（中）[M]. 北京：人民出版社，1997：1505.

义教育的重要场所①。

1995年11月23日国家教委发布《中国普通高等学校德育大纲》，指出德育教育的重要性，青年大学生的思想道德和科学文化素质直接关系到社会主义现代化建设能否实现。高校德育教育即思想政治、品德教育，根本任务是培养教育青年大学生做"四有"新人。

1996年3月八届全国人大四次会议通过《国民经济和社会发展"九五"计划和2010年远景目标纲要》，把精神文明建设的具体目标明确地列入了国家经济和社会发展的规划之中。1996年10月党的十四届六中全会通过的《中共中央关于加强社会主义精神文明建设若干重要问题的决议》明确提出"必须以马克思列宁主义、毛泽东思想和邓小平建设有中国特色社会主义理论为指导，坚持党的基本路线和基本方针，加强思想道德建设"②的建设总要求。

2000年3月1日江泽民同志《关于教育问题的谈话》抓住了教育工作中最根本、最重大的问题，指出"核心是全面贯彻党的教育方针"，重点是要在推进素质教育中突出抓好德育工作，也深刻指出了当前教育工作中存在的薄弱环节，强调教师要为人师表、育好人，全党、全社会都要关心和支持教育事业，教育部门、宣传思想部门、政法部门等要一起参与进来。这是我国教育改革与发展进程中具有根本指导作用的历史文献，体现了党中央对教育工作的高度重视和支持。

综上所述，这一时期大学生理想信念教育的主要内容有以下几个方面。

（1）教育与管理相结合，注重质量发展与内在提升

《中国教育改革和发展纲要》以建设有中国特色社会主义的理论为指导，提出了20世纪90年代教育改革和发展的目标、方针、政策和措施，是指导我国90年代乃至21世纪初教育改革和发展的纲领性文献。教育要自觉地服从、服务于经济建设这个中心，自觉地适应社会主义市场经济体制。"高等教育要通过改革，走内涵发展为主的道路，使规模适当，结构合理，

① 教育部思想政治工作司组编. 加强和改进大学生思想政治教育重要文献选编（1978-2014）[M]. 北京：知识产权出版社，2015：140-141.

② 教育部思想政治工作司组编. 加强和改进大学生思想政治教育重要文献选编（1978-2014）[M]. 北京：知识产权出版社，2015：167.

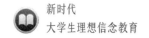

质量和效益明显提高。"①

首先，改革高等教育的办学体制，改革原有的由国家包办高等教育的单一体制和模式，理顺政府、社会和学校之间的关系，各级教育行政部门转变职能，逐步形成政府统筹规划、宏观管理，扩大地方和学校的自主权，让学校真正成为自主办学的法人实体，增强高校办学积极性，提高教育效率与质量。办学过程中端正办学思想，将重点从扩大规模转向加强办学条件等方面。

其次，发挥高校全员育人、全过程育人的作用。1994年中共中央发布《关于加强和改进学校德育工作的若干意见》，要求将德育教育贯穿、渗透到教学的全过程中，尊重学生身心发展特点和教育规律，把德育、智育、体育、美育等有机地统一在教育活动的各个环节中，加强劳动技术教育和社会实践，使诸方面相互渗透、协调发展，促进大学生全面发展和健康成长。

再次，通过不断改进工作作风、完善管理机制促进教育质量的提升，加强理想教育与加强管理相结合，与关心、指导学生的学习、生活相结合。一些地方和部门忽视思想教育，导致封建迷信活动流行成为社会公害，腐败现象在一些地方蔓延，一部分人国家观念淡薄，对社会主义事业产生困惑和动摇，社会主义文化事业受到这些消极因素的严重冲击，危害青年大学生的身心健康。对此，既不能简单粗暴也不能不闻不问，要既讲道理，又办实事，了解学生情绪，关心学生生活。一方面，通过与大学生谈心、咨询等方式，指导他们处理好成长遇到的问题；另一方面，严格校规校纪，认真贯彻实施《高等学校学生行为准则》等相关规章制度，加强良好校风、学风建设，培养、提高学生自我教育、自我管理、自我服务的能力。

通过综合运用教育、管理与舆论等手段，各高校将思想政治教育和加强管理结合起来，将解决思想问题和解决实际问题相结合，将耐心细致的工作与纪律约束结合起来，使不文明、不道德行为和现象在校园无立足之地。1997年国家教委在教育系统开展"讲文明、树新风"活动，以优化育人环境，建设文明校园为中心内容，以优质服务、优良作风、优美环境为目标，促进学校育人环境建设，将党建工作、德育工作、精神文明建设工作结合起来，

---

① 中共中央文献研究室编. 十四大以来重要文献选编（上）[M]. 北京：人民出版社，1996：837.

促进师生思想道德建设。

（2）通过全社会精神文明建设促进高校理想教育

在建立社会主义市场经济体制过程中，科学技术迅猛发展，世界范围内各种文化、思潮相互激荡的背景下，必须将社会主义精神文明建设提到更加突出的地位，保障社会的稳定与国家发展。社会主义精神文明建设坚持以科学的理论武装人，以正确的舆论引导人，以高尚的精神塑造人，以优秀的作品鼓舞人，培育有理想、有道德、有文化、有纪律的公民。社会主义精神文明建设要求坚持用邓小平理论武装全党、教育人民，坚持正确的舆论导向，广泛开展群众性精神文明创建活动，密切党同群众的联系，调动各族人民在社会主义现代化建设中的积极性，促进改革、发展、稳定的大局。要把理想信念教育作为核心内容，引导广大党员、干部和群众树立建设有中国特色社会主义的共同理想，树立正确的世界观、人生观、价值观，为建设富强、民主、文明的社会主义现代化国家而团结奋斗。

精神文明建设的根本任务是培养"四有"新人，特别把提高青少年素质作为工作重点，"形成有利于改革开放和社会主义现代化建设健康发展的舆论力量、价值观念、道德规范、文化条件和社会风尚。建立以马列主义、毛泽东思想和邓小平建设有中国特色社会主义理论为指导的，批判继承历史传统而又充分体现时代精神、立足本国而又面向世界的中华民族的社会主义精神文明"①。今后的建设目标是"在全民族牢固树立建设有中国特色社会主义的共同理想，牢固树立坚持党的基本路线不动摇的坚定信念；实现以思想道德修养、科学教育水平、民主法制观念为主要内容的公民素质的显著提高"②。在建设过程中充分发挥新闻媒体在思想政治工作中的重要作用，全面繁荣社会主义文化，开展以"讲文明、树新风"为主要内容的精神文明创建活动等。2001年9月20日中共中央印发《公民道德建设实施纲要》，其发布标志着依法治国与以德治国相结合的治国理念进一步成熟。公民道德建设主要内容包括坚持为人民服务为核心，以集体主义为原则，

---

① 中共中央文献研究室编. 十四大以来重要文献选编（中）[M]. 北京：人民出版社，1997：1888.

② 中共中央关于加强社会主义精神文明建设若干重要问题的决议 [M]. 北京：人民出版社，1996：29.

以爱祖国、爱人民、爱劳动、爱科学、爱社会主义为基本要求，以社会公德、职业道德、家庭美德为着力点，要求全党全国人民共同努力形成良好的社会风气，促进整个民族素质的不断提高。党的十一届三中全会，特别是党的十四大以来，公民道德建设迈出了新的步伐，社会道德风尚发生了可喜变化，"中华民族的传统美德与体现时代要求的新道德观念相融合，成为我国公民道德建设发展的主流"①。"当前和今后一个时期，我国公民道德建设的指导思想是：以马克思列宁主义、毛泽东思想、邓小平理论为指导，全面贯彻江泽民同志'三个代表'重要思想，坚持党的基本路线、基本纲领，重在建设，以人为本，在全民族牢固树立建设有中国特色社会主义的共同理想和正确的世界观、人生观、价值观。在全社会大力倡导'爱国守法、明礼诚信、团结友善、勤俭自强、敬业奉献'的基本道德规范，努力提高公民道德素质，促进人的全面发展，培养一代又一代有理想、有道德、有文化、有纪律的社会主义公民。"②

提高公民道德素质，教育是基础，家庭是人们接受道德教育最早的地方，而学校是进行系统道德教育的重要阵地，社会是进行公民道德教育的大课堂。高校全面推进素质教育，注重发挥全体教职工的育人作用，加强教职员工思想政治工作，采取措施切实调动全体教职工的积极性与责任感，明确育人职责，实现管理育人、服务育人。

（3）加强社会主义法治建设，推动高校理想教育

随着社会主义经济体制的建立和不断完善，现代法律意识和法制观念已经成为衡量人才素质的重要指标。社会主义法治是先进文化的重要组成部分，法制教育是思想政治教育的重要内容，也是素质教育的重要组成部分，通过法制教育使广大青年大学生成为具有现代法制观念和法律意识的社会主义现代化事业的建设者和合格公民，才能从根本上保证党和国家的意志在社会生活的各个方面得以贯彻，从根本上保障国家的长治久安。高校把法制教育与思想政治教育有机结合起来，将法律常识作为学生必修的内容

---

① 中共中央文献研究室编．十五大以来重要文献选编（下）[M]．北京：人民出版社，2003：1981.

② 中共中央文献研究室编．十五大以来重要文献选编（下）[M]．北京：人民出版社，2003：1981–1982.

列入"两课"教学计划，教师言传身教、以身作则，在教育教学活动中自觉贯彻法治精神和法律要求，并充分运用各种教育资源，通过多种形式让青年大学生逐步理解并接受权利义务意识、公民意识、遵纪守法、依法办事、法律面前人人平等等法治观念，成为指导他们辨别是非、确定自身行为规范的重要判断依据。

2. 积极推进阶段大学生理想信念教育的途径

这一时期高校理想信念教育飞速发展，途径更加丰富、全面，主要包括以下六个方面。

（1）建设结构合理、功能互补的"两课"教学体系

随着改革开放不断深入发展，邓小平理论科学体系在实践中得到进一步丰富和发展，"三个代表"重要思想与毛泽东思想、邓小平理论一脉相承。根据党中央关于加强和改进高校思想政治教育一系列指示精神，注重抓紧青年特别是大学生的学习，高校遵循"学马列要精，要管用"的方针及理论联系实际的原则，不断加强队伍和学科建设，狠抓落实，更好地发挥高校思想理论教育的主渠道和主阵地的作用。1995 年 10 月 24 日国家教委在《关于高校马克思主义理论课和思想品德课教学改革的若干意见》中指出："'两课'教学要以邓小平同志建设有中国特色社会主义理论为中心内容，进一步加强马克思主义教育"[1]，要求将邓小平理论编成教材进入课堂，为武装学生头脑打下思想理论基础。最紧要的任务是深化以教学内容和方法为重点的'两课'教学改革，以适应形势发展的新要求，更好地发挥在大学生思想政治教育中的主渠道和主阵地作用。"两课"改革的核心是进一步解决好邓小平理论进课堂、进教材、进头脑的问题（进教材是基础，进课堂是关键，进学生头脑是最终目标）。[2]

（2）加强网络教育平台建设

随着科技水平不断提高，互联网越来越成为高校师生获取知识和信息的重要渠道，它方便快捷，能够增强思想政治教育的亲和力和说服力，同

① 教育部思想政治工作司组编. 加强和改进大学生思想政治教育重要文献选编（1978—2014）[M]. 北京：知识产权出版社，2015：152.

② 教育部思想政治工作司组编. 加强和改进大学生思想政治教育重要文献选编（1978—2014）[M]. 北京：知识产权出版社，2015.

时也带来一些良莠混杂的信息。西方敌对势力凭借其优势在互联网上散布反动、错误信息，影响当代大学生的健康成长和全面发展。江泽民同志指出，要重视和充分运用信息网络技术，使思想政治工作提高实效性，扩大覆盖面，增强影响力。全国高校党建工作会议提出，根据趋利避害的精神和充分利用、积极建设、加强管理的原则，用正确、积极、健康的思想、文化和信息占领网络这个阵地，同时防止一些人利用网络传播错误的思想和信息，既要加强监督，又要注重引导；既要加强教育，又要做好服务。因此，全国各高校扎实推进高校思想政治进网络工作，努力扩大教育覆盖面，增强影响力。主要措施包括坚持网上思想政治教育与学校育人工作相结合，配备专职工作人员，加大经费和设备的投入，开设网上党校、网上团校、建立思想政治教育网站，加强正面宣传、舆论引导，营造健康、向上的校园网络文化氛围；开展在线交流与网上专项服务等。各高校统一规划建设，加大经费投入，配备专职技术人员，制定校园网、信息服务、网站管理等方面的规章制度，工作机制不断成熟，有效地加强了管理与监控。

（3）打造高素质的思想政治工作队伍

高校将完善政治工作管理体制作为教育教学工作的重要内容进行考核、监督，加强队伍建设，建设一支专兼结合、功能互补、信念坚定、业务精湛的政治工作队伍是关键。2000年7月教育部党组指出，思想政治工作队伍是全面推进素质教育，维护高校稳定，保证学校坚持社会主义办学方向不可缺少的重要力量，加强队伍建设具有重要性和紧迫性。高校思想政治工作人员包括专职人员和兼职人员，同时他们还承担相关教学及相关科研工作。[①]

（4）丰富社会实践教育与志愿者活动

《中国教育改革和发展纲要》明确指出教育与生产劳动相结合是坚持社会主义教育方向的一项基本措施。教育部要求各高校采取多种形式促进学校教育与社会的紧密结合，把劳动教育列入教学计划，安排青年大学生适当参加一些物质生产劳动，努力改变教育同社会、生产实践相脱节的状况，帮助他们了解怎样辛勤创造社会财富，培养与劳动人民的感情，培养进取

---

① 教育部思想政治工作司. 加强和改进大学生思想政治教育重要文献选编（1978—2014）[M]. 北京：知识产权出版社，2015：210.

精神、创造精神和适应社会需要的良好心理素质。各高校根据实际情况建立和发展多种形式，建立起相对稳定、形式多样、效益显著的"三结合基地""实践教学基地"等，把科学研究、技术推广、技术革新和社会服务等社会实践活动与学生的培养过程紧密结合起来。各高校把组织学生适当参加一定的物质生产劳动作为一门必修课列入教学计划，具体形式包括社会调查、生产劳动、科技文化服务、军政训练、勤工俭学等活动。高校重视并开展社会实践工作，创建高校青年志愿者协会、组建大学生志愿服务队是社会实践活动的主要形式，深入基层一线开展多种形式的科技文化服务，通过组织和参与跨地区乃至国际间的志愿活动，为社区建设、扶贫开发、抢险救灾、文化教育事业发展以及大型社会活动等公益事业提供服务，在实践活动中倡导爱国奉献、团结互助、见义勇为的精神，推动社会主义物质文明和精神文明建设。

（5）推进校园文化建设

高校校园文化作为社会主义精神文明建设的一部分，是学校重要的可持续发展要素之一，具备强大的同化力、促进力和约束力，深刻地影响着学生的思想品德、行为规范和生活方式。一直以来各高校注重全方位抓好校园文化建设，引导校园文化气氛向健康高雅方向发展，优化育人环境。在大力推进校园文化建设的过程中，高校组织有影响、有实效的群众性精神文明创建活动，提供有益于青年大学生身心发展的、丰富多彩的精神产品，注意发挥美育在教育、教学中的作用，提升大学生健康的审美观念和审判能力，培养良好的品德和行为习惯。

高校体育与卫生教育工作也是加强校园文化建设的重要组成部分，是素质教育不可缺少的重要内容，对增进学生身心健康发展，促进智力开发具有十分重要的意义。德育是在准则规范性教育中使人获得自觉的道德意识，美育主要作用于人的感性、情感，在潜移默化中影响着人的情感、气质、趣味、情操和胸襟，是在熏陶、感染中对人的精神起激励、净化、升华作用。美育对于培养学生健康的审美观念和审美能力、陶冶道德情操、培养全面发展的人才，具有其他学科所不能替代的重要作用[①]。培养人、提高人的素

---

① 教育部思想政治工作司组编. 加强和改进大学生思想政治教育重要文献选编（1978—2014）[M]. 北京：知识产权出版社，2015.

质最根本的问题就是提升人的精神境界，帮助青年大学生开阔视野，拓展思维，增强爱国主义精神和民族自尊心、自信心，从而能够抵御各种落后、错误、腐朽的美学思潮和艺术思潮的影响和干扰，以美引善，以美启真，以美怡情，升华精神，美化心灵，使身心得到和谐发展。其中艺术教育是美育教育的主要内容和途径，高校纷纷开设艺术欣赏课，积极开展课外文化艺术活动。

（6）重视国防教育

全国各高校重视国防教育，组织大学生参加多种形式的军事训练，目标更加科学合理，有效地增强青年大学生的国防观念。军训工作是贯彻党的教育方针、加强国防后备力量建设、提高大学生素质的一项重要措施，作为一门必修课列入教学计划，各高校按照教学大纲的要求组织集中训练和军事理论课教学。1984 年颁布的新《兵役法》明确规定高校、高级中学学生军训是履行兵役义务的一种形式，学校国防教育从我国国情出发，开展多种形式的群众性国防教育活动，根据学生军训的内容和特点，逐步开展国防体育运动，提高军事技能，强健体魄，培养学生勇敢顽强、团结协作的品格，丰富高校国防教育和体育训练内容。1997 年 3 月 14 日第八届全国人民代表大会第五次会议通过的《中华人民共和国国防法》中规定：学校的国防教育是全民国防教育的基础。各级各类学校应当设置适当的国防教育课程，或者在有关课程中增加国防教育的内容。军事机关应当协助学校开展国防教育。1999 年以全面推进素质教育的精神为契机，促进学生军训工作的开展，根据高校管理体制的调整变化，各级政府与学校共同协作解决实际问题，保持军训组织机构健全、干部教师队伍稳定，保证物资和人员，加强研究，不断提高教育和教学水平。

（三）深入开展阶段（21 世纪初至党的十八大召开）

进入 21 世纪，培养社会主义合格建设者和可靠接班人成为我国社会主义教育事业发展中必须解决好的根本问题，党中央明确表示，为解决好这一教育事业发展的根本问题，必须牢牢把握理想信念教育的核心地位，大学生思想政治教育要以理想信念教育为核心。党的十六大到十八大召开之前，我国高校思想政治教育也进入积极开拓、深入发展的阶段。伴随新世纪的良好形势，大学生理想信念教育迎来向上向好的深入发展期。2004 年中共中央国务院印发的《关于进一步加强和改进大学生思想政治教育的意见》即中央 16 号文件（以下简称《意见》），是指导加强和改进大学生思想政治教育的纲领性文献。《意见》把大学生思想政治教育作为关系国家前途与命运的战略性工程，作为全面建设小康社会、实现中华民族伟大复兴的希望工程，具有里程碑意义。理想教育的主要任务是："以理想信念教育为核心，深入进行树立正确的世界观、人生观和价值观教育。……以爱国主义教育为重点，深入进行弘扬和培育民族精神教育。……以基本道德规范为基础，深入进行公民道德教育""促进大学生思想道德素质、科学文化素质和健康素质协调发展。"① 高校理想信念教育认真贯彻落实中央 16 号文件精神，坚持以人为本，坚持贴近实际，贴近生活，贴近学生，以思想政治理论课为主渠道，不断深化大学生社会实践教育与志愿服务活动，进一步完善和规范高校政治工作制度，努力提高理想教育的针对性、实效性和吸引力、感染力。理想教育的特点是凸显理想教育在思想政治教育工作中的核心作用，注重教育质量，贯彻以人为本的思想向纵深发展。

1. 深入开展阶段大学生理想信念教育的主要内容

这一时期高校理想信念教育依然以思想政治理论课为主渠道，不断深化大学生社会实践教育与志愿服务活动，进一步完善和规范高校政治工作制度，努力提高理想信念教育的针对性、实效性和吸引力、感染力。理想信念教育的特点是凸显理想教育在思想政治教育工作中的核心作用，注重教育质量，贯彻以人为本的思想向纵深发展。

（1）用科学的理论武装头脑，坚定中国特色社会主义共同理想

理想信念教育首要的一项内容就是巩固马克思主义在我国意识形态领域的指导地位，在青年大学生中深入开展马克思主义唯物论、无神论和科学精神、科学方法教育，用科学的理论教育引导青年大学生，用宏伟的目标凝聚激励青年大学生，才能充分调动广大青年大学生的积极性、主动性和创造性。加强青年大学生理想教育，增强学生奉献祖国、服务人民的使命感和责任感，首要的一点是坚持不懈地用科学的理论武装大学生的头脑。青年大学生要牢固树立为全面建设小康社会而奋斗的理想，必须努力学习、

---

① 教育部思想政治工作司组编. 加强和改进大学生思想政治教育重要文献选编（1978—2014）[M]. 北京：知识产权出版社，2015：266.

掌握科学理论，发展社会主义政治思想，站稳党和人民的立场，坚定正确的政治方向。其次，关于学习中国特色社会主义理论，青年大学生不仅要自觉主动地学习、带着问题学习、持之以恒地学习，更要做到真学、真懂、真信并真用，真正把握其丰富内涵和基本观点，坚持理论联系实际，学以致用，增强政治敏锐性和政治鉴别力，不畏任何风险，不断强化对中国特色社会主义的坚定信念。通过系统的思想理论教育和社会实践锻炼，青年大学生会自觉承担起学习、研究和实践的重担，"努力成为中国先进生产力的开拓者、先进文化的弘扬者和最广大人民利益的维护者"①。大学生要始终坚持解放思想、实事求是和与时俱进，并努力将理论融入生动的社会与生活实践中，成为指导个人前进的强大理论武器。学习内容还包括深入学习党的基本理论、基本纲领，深入学习中国革命、建设的历史以及基本国情和形势政策，通过学习自觉将个人理想带入，坚定中国特色社会主义的信心和信念。

（2）教育引导青年大学生树立和践行社会主义荣辱观

党的十六大报告对加强思想道德教育提出了新的要求，特别强调要加强青少年的思想道德建设，坚持以为人民服务为核心，集体主义为原则，以诚实守信为重点，全面贯彻《公民道德建设实施纲要》，大力倡导"爱国守法、明礼诚信、团结友善、勤俭自强、敬业奉献"的基本道德规范和行为准则。高校扎实落实《公民道德建设实施纲要》，以加强爱国主义教育为重点，开展中华民族优良传统、中国革命传统和中华文化教育，培养爱国情怀和改革精神，树立民族自豪感、自尊心和自信心，教育青年大学生坚持热爱祖国为荣、以危害祖国为耻，坚持服务人民为荣、以背离人民为耻，以崇尚科学为荣、以愚昧无知为耻，以辛勤劳动为荣、以好逸恶劳为耻，以团结互助为荣、以损人利己为耻，以诚实守信为荣、以见利忘义为耻，以遵纪守法为荣、以违法乱纪为耻，以艰苦奋斗为荣、以骄奢淫逸为耻。社会主义荣辱观体现了社会主义道德的根本要求，旗帜鲜明地指导青年大学生明是非、辨美丑、分善恶、知荣辱、讲正气、促和谐，形成正确的价值判断。通过加强社会公德、家庭美德、职业道德和个人品德教育，

① 教育部思想政治工作司组编. 加强和改进大学生思想政治教育重要文献选编(1978—2014)[M].
北京：知识产权出版社，2015：222.

把诚信建设摆在突出位置，增强青年大学生的责任感和荣誉感，建设良好的道德风尚，形成互爱互助、平等友爱的良好氛围和人际关系；引导青年大学生弘扬科学精神，抵制封建迷信，坚决反对拜金主义、享乐主义和极端个人主义；引导青年大学生不断提高思想道德素质，促进全社会现代文明程度的进步。社会主义荣辱观明确了当代社会最基本的价值取向、行为准则，成为并将继续成为引领社会风尚的一面旗帜。高校理想教育注重把社会主义荣辱观、社会主义核心价值体系融入大学生思想政治教育中，体现到教学中，体现到各种形式的校园文化与课外活动中，并在已有基础上进一步巩固、丰富、深化。

（3）刻苦学习，勇于创新，全面成长

2003年胡锦涛同志在中国共产主义青年团第十五次全国代表大会上寄语广大团员青年勤于学习、善于创造、甘于奉献。青年大学生要树立梦想从学习开始、事业靠本领成就的观念，把学习作为主要的任务，珍惜青年时期的黄金时光，如饥似渴地学习，不断提高与时代发展和事业要求相适应的素质和能力。在加强学习的同时，青年大学生不仅要着力提高服务国家服务人民的社会责任感，更要提高勇于探索的创新精神和善于解决问题的实践能力，"要善于学习，在学习科学知识的同时努力掌握科学方法，培养科学精神在学习书本知识的同时自觉向实践学习，向人民学习，向生活学习，在亿万人民群众创造历史的伟大实践中增长常识和才干"[1]。青年大学生是党和国家事业发展的可靠接班人和强大生力军，是值得信赖、大有希望的一代，应自觉肩负起历史赋予的神圣使命。实现中华民族伟大复兴的理想，在当代应当是青年大学生人生的精神支柱和动力源泉，每个青年大学生都有自己的理想抱负，个人的理想抱负只有与全民族的共同理想相统一、与国家发展的历史洪流相融合才能真正实现。梦想意味着责任和担当，千里之行始于足下，青年大学生要把梦想融入日常学习、工作和生活的点点滴滴中，体现在实实在在的具体奋斗上，为党和人民交上满意的历史答卷。

---

① 中共中央文献研究室编. 十六大以来重要文献选编（上）[M]. 北京：人民出版社，2005：382.

2. 深入开展阶段大学生理想信念教育的途径

（1）强化"两课"的建设与发展

思想政治理论课、形势政策教育是理想教育的重要途径，"两课"是青年大学生的必修课，必须始终保持正确的方向，"把传授知识与思想教育结合起来，把系统教学与专题教育结合起来，把理论武装与实践育人结合起来"[①]，建立和完善教师培训制度和激励机制，确立党的宣传部门与教育部门相互协调、密切配合的宏观管理体制，不断提高教育质量。

（2）完善社会实践与志愿者活动

深入开展社会实践教育是加强改进大学生理想教育的重要环节，高校坚持社会实践与专业学习相结合、与服务社会相结合、与勤工助学相结合、与择业就业相结合、与创新创业相结合的管理体制，增强社会实践活动的效果。将社会实践纳入学校教学总体规划，编入教学大纲，组织、引导青年大学生在社会实践中锻炼毅力，培养品格。通过组织青年大学生参与社会实践与志愿服务，引导他们坚持学以致用，深入基层、深入群众、深入一线、深入西部、深入农村，知国情、看变化、受教育，在实践中学会做人、学会做事，到祖国最需要的地方砥砺品格，建功立业。在实践与服务中青年大学生不仅丰富了自己人生经历，思想感情得到熏陶，道德境界得到升华，精神生活得到充实。

（3）拓展校园文化建设

健康的校园文化有助于形成优良的校风、学风和教风，为大学生提高素质、健康成长提供良好的文化环境。21世纪高校不断深化校园文化建设，一是加强文化素质教育，把德育、智育、体育和美育教育有机结合起来。二是结合重大事件和传统节庆日等时机，开展特色鲜明的主题教育活动。三是加强校园人文环境与自然环境的建设。四是充分运用新媒体，加强新闻网站和主要教育网站建设，打造网上教育新阵地。加强校园网络信息管理是校园文化建设的重要举措，高校综合运用技术、法律和行政手段，有效引导网上舆论，规范上网内容，加强网上网下宣传，唱响主旋律，掌握网上教育主动权，创造良好的网络文化氛围。五是全社会都来关心青年大

---

① 中共中央文献研究室编. 十六大以来重要文献选编（中）[M]. 北京：人民出版社，2006：181.

学生的健康成长，根据他们的特点与需求提供丰富的精神食粮，营造良好的社会舆论氛围。文化部门和艺术团体积极推进高雅文化进校园活动，为提高学生艺术修养、丰富校园文化做贡献。各级党委与政府积极创建良好的育人环境，加强学校周边商业经营、文化、娱乐活动的管理。

（4）推进学生组织建设

高校加强大学生理想教育注重发挥好三个优势，即发挥好党的政治和组织优势，共青团在教育、团结和联系大学生方面的优势，学生会、班级、社团在实现大学生自我教育、自我管理、自我服务方面的优势。党团组织和学生组织体系完整、覆盖面广、联系密切，方法灵活，内容生动，因此在教育中有明显的优势。加强班级、年级党团组织和学生组织建设是高校理想教育的重要实现途径。

（四）繁荣发展阶段（党的十八大以来）

自党的十八大以来，习近平总书记发表了一系列关于理想信念的重要讲话，创造性地阐述了在新的历史时期如何坚定马克思主义信仰，坚定共产主义理想和中国特色社会主义共同理想等马克思主义理想观的重大理论和实践问题，将马克思主义理想观与中国特色社会主义事业的结合推向新的更高阶段，成为我们党带领全国人民在新时代实现新的奋斗目标的科学理想指南和思想武器。习近平的马克思主义理想观是新时代以习近平同志为核心的党中央在中国特色社会主义建设实践中形成的对"什么是马克思主义理想观，怎样对待马克思主义理想观"等问题的基本态度和回答，它是集体智慧的结晶，体现了中国共产党人领导中国人民进行新时代中国特色社会主义现代化建设的卓越智慧和伟大创造力。习近平的马克思主义理想观主要体现在：以习近平新时代中国特色社会主义思想统领中国特色社会主义理想实践；以青少年和党员干部为重点加强全社会马克思主义理想信念教育。

1. 繁荣发展阶段大学生理想信念教育的主要内容

（1）以习近平新时代中国特色社会主义思想统领中国特色社会主义理想实践

党的十八大以来，以习近平同志为核心的党中央从坚持马克思主义理想观，从发展中国特色社会主义全局出发，科学运筹，周密布局，既开辟了中国特色社会主义新境界，推动了中国特色社会主义进入新时代，又开辟了马克思主义理想观中国化的新境界，实现了马克思主义理想观中国化的新飞跃。2017年10月召开的党的十九大最突出的亮点，也是党的十九大最重大的贡献在于正式提出习近平新时代中国特色社会主义思想。习近平新时代中国特色社会主义思想是博大精深、内涵丰富的理论体系，大体包括基本思想理论、基本方针方略和具体理论政策三个层面的内容，是中国特色社会主义理论体系的重要组成部分，贯穿于新时代中国特色社会主义的基本方略之中，体现了习近平新时代中国特色社会主义思想的精神实质和思想内涵。

习近平新时代中国特色社会主义思想继承、坚持和运用马克思主义的立场、观点、方法，科学揭示了中国特色社会主义新时代的历史方位和社会主要矛盾，阐明了全党和全国人民在新时代的历史任务、行动纲领，形成了马克思主义中国化的最新理论体系。习近平新时代中国特色社会主义思想不仅丰富和发展了马克思主义理想观的指导思想，更加推进了马克思主义理想观的中国实践，将马克思主义理想观的中国化推向新的历史高度，为判别和抵制各种错误思想理论的干扰，坚持走中国特色社会主义道路提供了强大的思想武器、理论标准；坚持以人民为中心的发展，体现了马克思主义理想观的根本立场和科学社会主义的根本价值追求；包含一系列新判断、新思想、新战略、新举措，闪烁着马克思主义方法论的智慧，为解决中国特色社会主义理想实践中的矛盾问题提供了有针对性的方法指导，丰富和充实了马克思主义理想观的方法论宝库；以开阔的世界眼光为世界社会主义运动和马克思主义理想观的全球实践注入了新的活力，人类命运共同体的建构在全世界高高举起了科学社会主义的伟大旗帜，重新开启了世界社会主义运动奋发向上的态势，给全世界所有马克思主义信仰者以极大的精神支撑和鼓舞，为马克思主义理想观的全球实践贡献中国智慧与中国力量。

（2）以中华民族伟大复兴中国梦为着力点丰富中国特色社会主义共同理想

实现中华民族伟大复兴中国梦是习近平马克思主义理想观的宏大的奋斗目标和理想追求。2013年3月17日，在十二届全国人大一次会议闭幕会上习近平指出："实现中华民族伟大复兴的中国梦，就是要实现国家富强、民族振兴、人民幸福。中国梦归根到底是人民的梦。"①中国梦的主要内涵是：国家富强、民族振兴、人民幸福，三者紧密联系、互为依托、依次推进，其中，国家富强是基础，民族振兴是保障，人民幸福是归宿。对中国梦的理解必须建立在这一特定内涵的基础之上，中国梦用科学和理想说明当代中国最具广泛共识的追求，并通过传播促进马克思主义理想观的时代化、大众化。不同的梦，植根于不同的政治理念和世界观。只有社会主义能够救中国，只有中国特色社会主义能够发展中国，扎根于中国道路之中的中国梦，真正改变了近代以来中华民族的历史命运。中国梦的强大影响力和感染力源自中华民族不断发展壮大、走向伟大复兴的历史实践。中国梦体现了历史合力论和人民群众创造历史的思想，是每一个中国人的殷切希望和崇高的理想追求，是实现中华民族伟大复兴的美好蓝图，是当今中国的高昂旋律和精神旗帜，筑就了当下中国人的社会理想信仰。中国梦的概念和内涵是马克思主义理想观在当代中国的理想和价值领域里的最现实、最贴切的反映，也是当下思想政治教育工作的重大主题。中国梦是中国特色社会主义共同理想在当代中国的有机组成部分和现实表达，与中国特色社会主义共同理想本质上是一致的，都指向共产主义远大理想的阶段性目标，都是对马克思主义理想观的继承和发展。中国梦使用雅俗共赏的大众话语体系，用贴近群众语言来表述我国当下的奋斗目标，更具感情色彩，更容易为人民群众认可，能更好发挥凝聚人心的作用，体现了马克思主义理想观的人民群众立场和智慧。坚持以中国梦为核心的中国特色社会主义共同理想和共产主义远大理想的辩证统一是习近平的马克思主义理想观的重要内容。中国梦的提出并不是对共产主义理想的背离，恰恰是对追求共产主义理想的阶段性表达。中国共产党成立一百年的历史实际上就是带领中国人民努力探索中华民族的复兴之路、追逐中国梦、践行马克思主义理想观的艰难困苦、玉汝于成的历史。中国共产党与"中国梦"是紧密相连，为了中国梦而诞生，也是实现中国梦的奋斗者和领导者。与此同时，作为马克思主义政党，背离共产主义理想就意味着背离马克思主义这一核心指

---

① 习近平.在第十二届全国人民代表大会第一次会议上的讲话 [N]. 人民日报，2013-03-18.

导思想，所以，共产主义理想是中国共产党人久经考验的精神支柱，是任何时候都毫不动摇的远大理想。"对于中国共产党而言，只有不断推进中国特色社会主义事业的发展，实现中华民族伟大复兴的中国梦，才能向着远大理想——共产主义迈进。"[1] 千里之行，始于足下。中国共产党必将带领中国人民在圆梦中为共产主义远大理想而不懈奋斗。

（3）以青少年和党员干部为重点加强全社会马克思主义理想信念教育

坚定的马克思主义理想信念是中国共产党和中国特色社会主义事业取得成功的重要秘诀，党的历届中央领导集体都非常强调理想信念教育与科学理想观的树立，习近平总书记不仅重视而且在党的历史上是第一次将理想信念提升到"高于天"和"总开关"的高度。习近平总书记在党的十九大报告中指出："共产主义远大理想和中国特色社会主义共同理想，是中国共产党人的精神支柱和政治灵魂，也是保持党的团结统一的思想基础。"[2] 新时代党的建设总要求是以坚定理想信念宗旨为根基。习近平强调："我们既要坚定走中国特色社会主义道路的信念，也要胸怀共产主义的崇高理想，矢志不移贯彻执行党在社会主义初级阶段的基本路线和基本纲领，做好当前每一项工作。"[3]

习近平还以"精神之钙论"生动形象地突出了理想信念的重要性。"理想信念就是共产党人精神上的'钙'，没有理想信念，理想信念不坚定，精神上就会'缺钙'，就会得'软骨病'。"[4]

党的十九大报告还强调对人民群众广泛而深入的理想信念教育："人民有信仰，国家有力量，民族有希望。"[5] 这一重要论述集中体现了习近平总书记对人民群众理想信念教育的重视和指导。在治国理政实践中，习近平始终秉承党关注、关心、关爱青年的优良传统，特别关心青年的理想信

---

① 习近平. 在第十二届全国人民代表大会第一次会议上的讲话 [N]. 人民日报，2013-03-18.
② 习近平. 决胜全面建成小康社会 夺取新时代中国特色社会主义伟大胜利——在中国共产党第十九次全国代表大会上的报告 [N]. 人民日报，2017-10-28.
③ 习近平. 决胜全面建成小康社会 夺取新时代中国特色社会主义伟大胜利 [N]. 人民日报，2017-10-28.
④ 习近平. 习近平谈治国理政（第一卷）[M]. 北京：外文出版社，2018：15.
⑤ 习近平. 决胜全面建成小康社会 夺取新时代中国特色社会主义伟大胜利——在中国共产党第十九次全国代表大会上的报告 [N]. 人民日报，2017-10-28.

念教育，高度重视培养和造就青年。在论及青年人培育社会主义核心价值观的重要意义时，他指出："这就像穿衣服扣扣子一样，如果第一粒扣子扣错了，剩余的扣子都会扣错。人生的扣子从一开始就要扣好。"①生动形象地将价值观、理想观比喻为青年导航人生的第一个扣子，"纽扣论"语重心长，入情入理，表达了对广大青年殷切的关怀与教导。习近平指出广大青年要"把理想信念建立在对科学理论的理性认同上，建立在对历史规律的正确认识上，建立在对基本国情的准确把握上"②，用新时代中国特色社会主义思想武装头脑。习近平对青年的理想教育还体现在与中国梦的结合之中，他号召广大青年要坚定理想信念，志存高远，脚踏实地，在为人民利益的不懈奋斗中书写人生华章。

（4）融入红色文化提升大学生理想信念教育质量

党的十八大以来，党和国家以实现中国梦为契机，以坚定文化自信为着眼点，围绕红色文化作了一系列的论述，指出要利用好红色资源，发扬好红色精神，把红色文化视为大学生理想信念教育的鲜活教材，让大学生在自觉接受红色教育的过程中巩固和升华理想信念。红色文化是指由中国共产党带领中国人民在革命斗争和建设实践中创造的，并可以为我们今天所开发利用的包括井冈山精神、长征精神、红船精神等在内的各种精神文化，集中体现了中国共产党的奋斗历程，蕴含着共产党人对党忠诚、勇于牺牲的大无畏精神，是推动大学生理想信念教育不断发展的力量源泉。

在具体的教育过程中，一方面要推动红色教育进课堂，紧扣红色文化育人内涵，以传承中国共产党人的初心使命为核心，采取理论诠释、案例讲解、专题讲授、论文交流等众多形式，将红色教育融入高校大学生理想信念教育教学过程。同时要本着学科融合的原则，坚持把红色教育价值导向贯穿其他学科教学全过程，在潜移默化中既帮助学生掌握专业知识，又引导学生正确看待党史、国史，不断筑牢大学生红色教育的根基。另一方面要适当开展红色实践教育活动，各地高校可以与当地爱国主义教育基地

---

① 习近平在同各界优秀青年代表座谈时强调：在实现中国梦的生动实践中放飞青春梦想 在为人民利益的不懈奋斗中书写人生华章 [N]．人民日报，2013-05-05．

② 习近平在同各界优秀青年代表座谈时强调：在实现中国梦的生动实践中放飞青春梦想 在为人民利益的不懈奋斗中书写人生华章 [N]．人民日报，2013-05-05．

合作挂牌，建立一批红色文化教育实践基地，组织

大学生开展红色社会实践活动，探寻革命遗迹，领悟革命精神；同时可以结合"三下乡"等社会实践活动，传承红色精神，引导学生积极服务群众，勇于承担责任，以实际行动践行中国梦，进而激发大学生的爱党爱国情怀，培养理想信念坚定、目标高远的青年大学生。

2. 繁荣发展阶段大学生理想信念教育的途径

（1）继续加强高校思想政治理论课及教师队伍的建设

2013年教育部制定了《普通高等学校辅导员培训规划（2013—2017年）》，提出构建高校辅导员队伍能力标准体系，推动高校辅导员队伍专业化职业化建设：高举中国特色社会主义伟大旗帜，以邓小平理论、"三个代表"重要思想、科学发展观为指导，全面贯彻党的教育方针，落实立德树人根本任务，以促进辅导员专业化、职业化和可持续发展为导向，以构建完善的培训体系为基础，以提高培训能力为重点，以创新培训方式为手段，以提高培训质量为目标，努力造就一支政治强、业务精、纪律严、作风正的高水平辅导员队伍，为不断提升大学生思想政治教育科学化水平，全面提高高等教育质量提供坚强的思想政治保障和人才支持。到2017年，基本形成适应高等教育发展需要、符合辅导员成长成才规律、规范科学的培训机制，基本构建起内容完善、形式多样、科学合理的培训体系，为全面提高辅导员队伍服务高等教育质量提升和高校学生全面发展的能力奠定坚实基础。通过思想政治理论教育、专业素养提升、职业能力培养，建立健全多级培训网络，不断扩大培训覆盖面，加强基地建设和师资队伍建设，加强课程和教材建设，推动辅导员开展工作和学术研究，积极推进辅导员学历提升，强化实践教育，推进网络培训平台建设，在条件允许的情况下组织海外考察培训。

2014年，教育部印发了《高等学校辅导员职业能力标准(暂行)》的通知，调整和完善了高校辅导员培养培训方案、工作职能设置、考评考核指标等，努力将高校辅导员队伍建设提升到新水平。其中，对辅导员这一岗位进行了职业等级划分，共分为三个等级：初级、中级、高级，并制定了详细的要求（工作内容、能力要求、相关理论和知识要求）。

2016年12月，全国高校思想政治工作会议召开，习近平总书记发表

了重要讲话，从全局和战略高度，深刻回答了事关我国高等教育事业发展的一系列重大问题，深刻阐明了加强和改进高校思想政治工作的重大意义、目标定位、主要任务和基本要求。

2017年2月，中共中央、国务院印发了《关于加强和改进新形势下高校思想政治工作的意见》，指出要加强教师队伍和专门力量建设。强调要提升教师思想政治素质，加强思想政治工作，建立中青年教师社会实践和校外挂职制度，加强师德师风建设，增强教师教书育人的责任担当。要完善教师评聘和考核机制，增加课堂教学权重，引导教师将更多精力投入到课堂教学上，完善教师职业道德规范，实施师德"一票否决"。高校思想政治工作队伍和党务工作队伍具有教师和管理人员双重身份，要纳入高校人才队伍建设总体规划，形成一支专职为主、专兼结合、数量充足、素质优良的工作力量。

2017年10月，党的十九大胜利召开。以十九大精神为指引，教育部启动了实施高校思政工作质量提升工程，重点构建十大质量提升体系，推进"三全"育人综合改革试点。在思路、师资、教材、教法、机制等方面下功夫，加强高校马克思主义学院和思政课建设，坚决打赢提高思政课质量和水平的攻坚战。《高校思想政治工作质量提升工程实施纲要》正式颁布。

2018年4月，教育部决定2018年实施高校思想政治理论课教师队伍建设专项工作，并于印发了工作总体方案：要求突出顶层设计，完善思政课教师队伍建设规划；要求突出精准施策，创新思政课教师队伍培养举措；要求突出教学质量，加强思政课教师教学工作指导。

（2）开展大学生网络理想信念教育

网络的应用和普及深刻地影响着大学生理想信念教育。一方面，网络具有交互性、开放性、高效性和即时性等特点，可以为大学生理想信念教育提供更为优越的教育平台和更为宽广的教育空间。另一方面，网络信息良莠不齐，而大学生的甄别能力又相对较弱，因而也会给大学生理想信念教育带来一些挑战。这就要求高校既要使网络媒介为我所用，又要加强引导和监管力度，做到趋利避害，巩固并壮大主流思想舆论。

二、改革开放以来大学生理想信念教育的基本经验

改革开放以来，大学生理想信念教育在恢复中加强、在改进中完善、在创新中发展。作为一个具有内在逻辑关系的教育实践活动，大学生理想信念教育科学回答了"为何教育、教育什么、谁来教育、如何教育"的问题。运用历史和逻辑相统一的研究方法总结大学生理想信念教育的基本经验，高度重视大学生理想信念教育的根本作用，不断丰富大学生理想信念教育的基本内容，努力加强大学生理想信念教育的队伍建设，积极创新大学生理想信念教育的方法途径，为新时代大学生理想信念教育的开展奠定重要的理论基础和实践基础。

（一）为何教育：高度重视大学生理想信念教育的根本作用

改革开放以来，党和国家高度重视大学生理想信念教育的根本作用和实践发展。作为一种价值观教育活动，大学生理想信念教育不仅关系到学生自身的健康发展，同时也影响到党和国家人才培养的效果和事业发展的进步。

1. 以理想信念教育筑牢学生成长之基

理想信念是大学生的精神之"钙"，在大学生的成长过程中发挥着重要的作用。大学生的成长历程就好比盖房子，理想信念就是房子的地基，地基打不牢，房子就无法改好；同样如果大学生没有树立正确的理想信念，大学生就无法健康的成长。改革开放以来，党和国家始终高度重视大学生理想信念教育，致力于以理想信念教育筑牢大学生思想的根基，教导大学生成为与时代同频共振的奋进者。

邓小平同志早在 1978 年就明确指出，革命理想和共产主义品德的优良传统都要恢复和发扬起来 [①]。他反复强调了大学生理想信念教育对于青年学生发展的重要作用，提出要培养一大批有理想、有道德、有文化、有纪律的社会主义新青年。江泽民同志指出大学生理想信念教育的目的在于引导

[①]　"两课"教育教学调研工作领导小组. 普通高等学校思想政治教育课程文献汇编（1949—2003）[M]. 北京：中国人民大学出版社，2003：66.

大学生树立马克思主义"三观"①，实现自身价值与服务祖国人民的统一，进一步促进大学生的全面发展。进入 21 世纪，胡锦涛同志把更多关注的目光投向大学生，倡导要以理想信念教育为核心，以培养"四个新一代"②为教育目标。2012 年党的十八大召开以来，党和国家越发重视大学生理想信念教育工作，指出"要在坚定理想信念上下功夫，增强学生的四个自信"③。2017 年党的十九大宣告中国特色社会主义进入了新时代，强调要引导大学生正确认识时代责任和历史使命，培养有理想、有本领、有担当的时代新人④，以提高大学生的思想觉悟和政治素养。

改革开放 40 多年来，党和国家始终坚持大学生理想信念教育不动摇，立足"为谁培养人，培养什么样的人，怎样培养人"的高度，不断明确大学生理想信念教育的根本方向，为大学生的健康成长保驾护航。

2. 以理想信念教育激活国家发展之魂

马克思、恩格斯曾指出："一切划时代的体系的真正的内容都是由于产生这些体系的那个时期需要而形成的"⑤，习近平总书记也指出我国的发展离不开理想信念的力量。改革开放以来，党和国家紧跟时代步伐，坚持把大学生理想信念教育摆在国家发展的重要位置，以理想信念教育激活国家发展之魂，为中国特色社会主义事业擦亮精神底色。

改革开放初期，党和国家的工作重心转向为社会主义现代化建设服务，与此相适应，大学生理想信念教育致力于培养又红又专的社会主义接班人，进一步调动大学生参与中国社会主义现代化建设的积极性，为改革开放提供无穷智慧，推动改革开放在认识和实践中取得新突破。进入 21 世纪，中国面临复杂多变的国内外环境。一方面，伴随世界范围内全球化的发展，

① "两课"教育教学调研工作领导小组. 普通高等学校思想政治教育课程文献汇编（1949—2003）[M]. 北京：中国人民大学出版社，2003：157.

② 程婧. 改革开放以来大学生思想政治教育研究 [M]. 北京：中国法制出版社，2018：246.

③ 习近平在全国教育大会上强调：坚持中国特色社会主义教育发展道路 培养德智体美劳全面发展的社会主义建设者和接班人 [N]. 人民日报，2018-09-11.

④ 习近平. 决胜全面建成小康社会 夺取新时代中国特色社会主义伟大胜利——在中国共产党第十九次全国代表大会上的报告 [M]. 北京：人民出版社，2017：70.

⑤ 中共中央马克思恩格斯列宁斯大林著作编译局编译. 马克思恩格斯全集（第 3 卷）[M]. 北京：人民出版社，1960：544.

多元文化开始碰撞交流，一定程度上冲击着大学生的思想；另一方面，伴随国内社会主义市场经济的发展，在大学生群体中出现了功利主义、个人主义等各种错误思想。故而，加强大学生理想信念教育是一种积极应对国内外环境挑战的有效手段。通过大学生理想信念教育，可以帮助大学生自觉抵制国内外不良思想的侵蚀，引导大学生树立中国特色社会主义共同理想，积极投身社会主义现代化建设潮流中，助力全面建设小康社会发展；党的十八大以来，着眼于中华民族伟大复兴的需要，大学生理想信念教育因势而新，不断调整教育目标和内容，以塑造"有理想、有本领、有担当"的时代新人为目标，在大学生群体中涵养和培育社会主义核心价值观，努力让中华民族伟大复兴的中国梦在大学生的拼搏努力中变成现实。

改革开放 40 多年来，党和国家始终把大学生理想信念教育视为关系国家前途与命运的战略性工程，本着服务国家大局的理想信念教育方向，坚持"贴近实际、贴近生活、贴近学生"的原则，不断提高大学生理想信念教育实效性，从而助力党和国家事业的发展进步。

（二）教育什么：不断丰富大学生理想信念教育的基本内容

大学生理想信念教育的基本内容是由我国的社会制度决定的，具有相对稳定性，但不同时期大学生理想信念教育的具体内容，会随着社会的发展变化而不断进行调整和改进。

1. 坚持马克思主义中国化最新理论成果的指导地位

改革开放以来，大学生理想信念教育始终坚持社会主义办学方向，围绕党和国家的中心任务，积极落实党中央关于大学生理想信念教育的方针和政策，进一步将马克思主义理论同中国实践相结合，引导学生自觉用发展着的马克思主义理论武装头脑。

在改革开放以来大学生理想信念教育的实践中，党和国家一直高度重视马克思主义在大学生理想信念教育中的指导作用，不断运用马克思主义中国化的最新理论成果充实大学生理想信念教育内容。改革开放初期的邓小平理论初步回答了"什么是社会主义，怎么样建设社会主义"这一基本理论问题，并且提出了"建设有中国特色社会主义"的理论，引导大学生初步理解了中国社会主义的本质。"三个代表"重要思想对大学生理想信念教育提出了更高的要求，要求大学生高举马克思主义旗帜，坚定对党和国家战胜困难的信心，唱响社会主义必胜的主旋律。胡锦涛在坚持社会主义方向的前提下提出了科学发展观，致力于把大学生培养成为德智体美全面发展的人。党的十八大以来，党和国家把"在理想信念上下功夫"放在了立德树人的首位，坚持用"中国梦"、社会主义核心价值观等内容不断充实大学生理想信念教育，同时以习近平新时代中国特色社会主义思想为理论遵循，引导大学生不断树牢"四个意识"、增强"四个自信"、做到"两个维护"，帮助大学生系好人生的第一粒扣子，致力于引导大学生把社会理想和个人理想、国家命运和自身命运相结合，培养其为社会主义奋斗的高尚品质。

改革开放以来，从实践到理论，再从理论到实践，充分证明了马克思主义中国化最新理论成果的重要价值。坚持政治育人，把马克思主义的指导思想转变为大学生的理论自觉，引导大学生深刻感悟中国特色社会主义，进而团结到中国特色社会主义建设的共同理想上来，以实际行动认真学习马克思主义理论，坚定对马克思主义的信仰。

2. 根据不同时代社会发展要求调整和改进教育内容

改革开放40多年来，世界局势和国内环境都发生了巨大的变化，大学生理想信念教育的具体内容要根据不同时代社会发展要求进行调整和改进。

一方面，联系世界局势的发展变化调整大学生理想信念教育内容。20世纪80年代，和平与发展成为世界发展的主题，国家之间交流更加频繁，与此相适应，大学生理想信念教育的重要内容就是增强大学生抵御西方思想污染的能力，服务社会主义精神文明建设；进入21世纪，经济全球化成为世界潮流，导致国内外的意识形态斗争局面更加复杂，西方国家利用网络技术和信息传播优势，在我国积极传播和渗透新自由主义、历史虚无主义、个人主义等社会思潮，一定程度上削弱了大学生对于马克思主义的认同。为了更好地应对经济全球化给大学生思想带来的负面影响，加强马克思主义在意识形态领域的指导地位，党和国家提出要把社会主义核心价值观作为大学生理想信念教育的重要内容，引导大学生树立正确的价值观，培养学生的国家意识和社会责任意识，有效应对资本主义不良思想的侵蚀；党的十八大以后，党和国家顺应世界潮流，提出要构建人类命运共同体，在全球范围内主张不同国家、不同民族求同存异、共同发展。人类命运共同体是以追求人类共同价值为取向的科学理论，赋予了大学生理想信念教育新的时代内容，教育大学生要以人类发展面临的共同问题为导向，用马克思主义的宽广视野观察和审视世界，为世界发展奉献中国智慧。

另一方面，联系国情的发展变化完善大学生理想信念教育内容。国情指的是一个国家较为稳定的客观实际状态。一方面，需要正确把握社会主义初级阶段的最大国情。在初级阶段，中国社会各方面还处于建设过程中，难免遇到各种挑战和问题，既有贫富分化问题，也有思想建设问题和民生问题，这些问题在一定程度上会对大学生造成思想上的困扰，使得部分大学生不能正确解读社会主义初级阶段所遇的问题，进而动摇对社会主义前途的信心。因此，在社会主义初级阶段，大学生理想信念教育要体现社会主义的要求，进行"一个中心，两个基本点"的基本路线教育，大力提倡社会主义道德风尚，让大学生在社会主义建设过程中进一步感悟社会主义的优越性，逐步培养具有远大理想的青年大学生为社会主义建设服务。另一方面，需要理性看待社会主义市场经济的重要国情。社会主义市场经济是在时代潮流中不断进行改革而形成和发展的，这些改革对大学生的思想产生了较大的影响，使得部分大学生容易滋生个人主义、功利主义等思想。要求党和国家必须坚持社会主义和集体主义教育的目标导向，对大学生进行理想信念教育，帮助大学生正确把握社会主义市场经济的本质，达成思想共识，立志做优秀的社会主义接班人。

改革开放以来，党和国家聆听时代需求，坚持问题导向，联系不断发展的世情和国情创新大学生理想信念教育内容，帮助学生正确认识中国特色社会主义实践中遇到的现实问题，增强其明辨是非的能力，用马克思主义的立场、观点和方法甄别各种错误社会思潮的实质，从内心深处形成对社会主义的认同，引导其更好地为社会主义事业服务。

（三）谁来教育：努力加强大学生理想信念教育的队伍建设

大学生理想信念教育队伍主要是指高校思想政治理论课教师和辅导员。改革开放40多年来的实践表明，加强大学生理想信念教育队伍建设，是大学生理想信念教育工作的重中之重，也是大学生理想信念教育得以持续发展的必要条件。

1. 重视思想政治理论课教师队伍的建设

高校思想政治理论课教师是党的政策的主要传播者，是大学生理想信念教育的骨干力量，他们的政治素养、思想觉悟、教学方式在很大程度上影响着大学生理想信念教育的实效性。因而改革开放以来，党和国家高度重视这支队伍的建设。

改革开放 40 多年来，党和国家出台了许多政策文件来加强高校思想政治理论课教师队伍建设。1984 年教育部出台第一项专门针对高校思想政治教育队伍建设的意见；进入 21 世纪，高校思想政治理论课教师作为大学生理想信念教育的重要资源，进一步得到重视。从 2004 年的 16 号文件到 2008 年《关于进一步加强高等学校思想政治理论课教师队伍建设的意见》，都提到要加强高校思想政治理论课教师的建设，为大学生理想信念教育工作的开展提供坚实的政策保障；党的十八大以后，党和国家从职责与要求、培养与培训以及考核与评价等方面着手，进一步深化改革高校思想政治理论课教师建设规定。2020 年 3 月 1 日起施行的《新时代高等学校思想政治理论课教师队伍建设规定》，是加强新时代高校思想理论课教师队伍的重要纲领性文件。在具体措施上，实行高校思想政治理论课教师任职资格准入制度，制定队伍培训计划，选拔培训一批教师骨干力量出国进修、攻读学位，最大程度提升思想政治理论课教师队伍的专业化水平，为大学生理想信念教育提供强有力的人才支撑。

改革开放以来，高校思想政治理论课教师队伍不断成长，掌握了必备的基础理论知识，具有坚定的政治立场和思想觉悟。他们坚持走近学生的生活实际，准确把握学生的思想动态，努力做理想信念的"先行者"，以身作则，以实际行动教育引导学生积极参与理想信念教育活动，不断提高大学生的实践能力和政治素养，激励学生成长为理想信念的"践行者"。

2. 充分发挥高校辅导员队伍的育人作用

高校辅导员与大学生关系最为密切，是大学生思想成长的重要引路人，是开展大学生理想信念教育的主要力量。改革开放以来，党和国家高度重视高校辅导员队伍的育人作用，采取了多种措施加强辅导员队伍的建设。

一方面，在宏观层面为辅导员队伍建设提供政策支持。早在 1978 年，教育部就在全国教育工作会议上提出"在大学一、二年级设立政治辅导员"①；1980 年教育部出台《关于加强高等学校思想政治工作的意见》，强调高校要根据自身情况设立政治辅导员制度②；进入 21 世纪，国家越发重视理想信念教育工作，以 2004 年 16 号文件的出台为标志，高校辅导员的职能进一步扩展，辅导员作为兼具教师与管理员的双重角色，需要了解包括就业、思想、心理等多方面的工作职能，全方位地为大学生理想信念教育工作的开展提供支持；2017 年《普通高等学校辅导员队伍建设规定》的出台，为辅导员队伍建设提供了法律支持，进一步明确了辅导员队伍建设的要求。另一方面，在微观层面积极采取具体措施加强辅导员队伍的建设，明确按照师生比不低于 1∶200 的比例设置专职辅导员，落实辅导员培训计划，鼓励辅导员参加社会实践、学习考察、职业能力大赛等活动，提升辅导员的工作能力和职业素养，积极推动这一队伍朝职业化和专业化方向发展，致力于培养一批"说的过，信的服"的专职辅导员工作队伍，为大学生理想信念教育工作服务。

改革开放以来，国家虽然在不断加强大学生理想信念教育的队伍建设，从宏观政策和微观措施上都给予了最大限度的支持，但在教育力量协同方面还有待加强。在实际的教育过程中思想政治理论课教师和辅导员的配合不够密切，前者侧重于提供课堂指导，课后与学生沟通联系不够；后者则是侧重于生活指导，由于有很多的烦琐事务，辅导员无法专心掌握大学生的思想状态。另外教师和辅导员由于各自的角色不同，一定程度上呈现出"单打独斗"的局面。所以，大学生理想信念教育两支队伍的协同作用需要进一步得到加强。

（四）如何教育：积极创新大学生理想信念教育的方法途径

改革开放以来，大学生理想信念教育始终围绕落实立德树人的根本任务，注重教育方法的多样化，提升教育途径的立体性，着力提高大学生理想信念教育的有效性。

---

① 教育部思想政治工作司组编. 加强和改进大学生思想政治教育重要文献选编（1978—2014）[M]. 北京：知识产权出版社，2015：3.

② 教育部思想政治工作司组编. 加强和改进大学生思想政治教育重要文献选编（1978—2014）[M]. 北京：知识产权出版社，2015：6.

1. 注重大学生理想信念教育方法的多样化

改革开放以来，大学生理想信念教育能取得显著成效的关键就在于积极探索多种教育方法，在通过榜样示范法和实践教育法加强大学生理想信念教育的同时，还注重理论灌输法和情景教学法等的作用，坚持把以人为本的教育理念贯穿于大学生理想信念教育全过程。

（1）坚持以榜样示范法传递理想信念正能量

榜样示范方法是指教育者用先进人物的高尚品德和模范行为影响学生，促使学生树立坚定理想信念的方法。改革开放以来，大学生理想信念教育一直坚持发挥榜样示范作用，传递理想信念正能量。

改革开放40多年来，涌现出诸多优秀的集体和个人，他们身上所体现的优秀品质，激励着无数大学生坚定理想、奋力拼搏。在1980年4月出台的《关于加强高等学校学生思想政治工作的意见》中，教育部明确指出要发挥榜样示范作用，在弘扬主旋律的基础上努力引导大学生树立科学的理想信念。党和国家则抓住机遇，积极运用榜样示范法宣传这些不同历史时期的榜样人物及其光辉事迹，引导大学生从榜样人物那里获取精神力量，在大学生群体中潜移默化地深种"信仰之根"。20世纪80年代党和国家以中国女排勇夺"五连冠"为契机，向我们展示了"团结拼搏、勇攀高峰"的女排精神，掀开了我国建设体育强国的新篇章，极大地激励了无数大学生为理想而拼搏的昂扬斗志；20世纪90年代以见义勇为的徐洪刚、热爱人民的孔繁森及抗洪英雄高建成等为榜样，给大学生上了生动的一课，让大学生们深刻感悟到了什么是真正地为国家奉献、为人民服务；21世纪重点宣传忠于人民的任长霞的光荣事迹，向大学生诠释忠于党、忠于人民的崇高精神；党的十八大以后涌现出了排雷英雄杜国富、时代楷模黄文娟、"武汉最美逆行者"等一系列感人形象，党和国家以这些榜样人物自身的行动和优秀的品格为样本，以此来感染和激励一代又一代的大学生把自己的青春和汗水投身于祖国的发展之中，为社会主义现代化建设不懈奋斗。

回顾改革开放以来的榜样示范教育可以看到，加强不同历史时期先进人物及其事迹的宣传教育有利于大力弘扬爱国爱党爱人民、爱社会主义的主旋律，传递理想信念正能量，引导大学生形成正确的价值观。

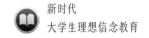
（2）坚持以实践教育法培育理想信念践行者

实践教育法是指通过组织大学生参与社会实践活动，增强大学生的生活体验，在实践中引导大学生树立科学理想信念的教育方法。改革开放 40 多年来，党和国家始终坚持以实践教育法推进大学生理想信念教育，引导大学生在社会实践中不断深化对理想信念的认知，做理想信念的践行者。

改革开放 40 多年来，党和国家充分重视实践教育法在大学生群体中的运用，在不同历史时期通过积极引导大学生参与相关社会实践活动，进而达到在实践中培育理想信念践行者的目标。1982 年，以纪念"一二九"运动 48 周年为契机，共青团中央呼吁全国大学生踊跃参与走访调查、挂职锻炼等社会实践周，并于 1984 年开设了第一次"大学生社会实践现场经验交流会"，大大激发了大学生参与社会实践活动的热情，在实践中坚定大学生报效祖国的决心；20 世纪 90 年代，国家吸引一大批学生积极参加"跨世纪青年人才工程""青年志愿者"等社会实践活动，在实践中培养他们吃苦耐劳、坚定理想的优秀品质；2003 年国家开始实施"大学生志愿服务西部计划"，无数大学生纷纷响应祖国号召，到贫穷艰苦的地方，到祖国需要的地方，把自己的理想融于国家的发展之中，尽全力为社会主义事业服务；2008 年，中国大学生以服务奥运为契机，向世界展示了中国青年大学生志愿奉献的良好形象；党的十八大以来，党和国家紧跟时代召唤，坚持把大学生社会实践与志愿服务、专业学习、就业创业、脱贫攻坚等相结合，通过组建学生团队和实施专项计划，组织广大青年大学生广泛开展理想信念教育实践活动，将大学生的理想信念根植于祖国的大地上，厚植大学生树立"中国梦"主人翁意识的实践根基。

改革开放以来，运用实践教育的方法，本着弘扬爱国主义、集体主义的主旋律，高效地开展多种大学生理想信念教育社会实践活动，是加强大学生理想信念教育的必经之路。只有这样，才能在实践中循序渐进地深化大学生对理想信念的认知，达到培育理想信念践行者的目标。

2. 提升大学生理想信念教育途径的立体性

改革开放以来，党和国家不断提升大学生理想信念教育途径的立体性，在坚持高校思想政治理论课主渠道的同时，还注重运用多样化的教育活动和载体，与时俱进地开创大学生理想信念教育的新局面。

（1）充分利用思想政治理论课主渠道加强大学生理想信念教育

高校思想政治理论课是大学生理想信念教育的主渠道，有利于大学生系统了解中国特色社会主义理论的科学体系，领会马克思主义的精神实质，不断提升大学生对于马克思主义的价值认同。

改革开放以来，党和国家高度重视高校思想政治理论课建设。从20世纪80年代的"85方案"，到20世纪90年代的"98方案"，再到21世纪的"05方案"，高校思想政治理论课紧密结合时代形势，围绕党和国家的中心任务展开，逐步呈现出科学化、体系化的特点，从教学大纲、教材编写到具体的课时计划都制定了严密的规划，在不同历史时期针对学生的思想特点，选取不同课程进行相适应的理想信念教育。党的十八大以来，全国高校严格落实《关于新时代学校思想政治理论课改革创新的若干意见》的相关要求，坚持"八个相统一"原则，对思想政治理论课程进行了各种尝试和创新，比如江西师范大学的"红色基因传承"、天津大学的"虚拟仿真技术"等，在提升课程趣味性的同时在更大程度上为大学生补足"精神之钙"。同时结合网络的发展，不断创新课程讲授方式，开设了"慕课""微课"等受学生欢迎的教育平台，一方面通过课堂讲授、分组讨论、论文交流等形式，从整体上铸就"政治灵魂"，让新思想深入人心；另一方面强调"专题化"，邀请专家结合社会实际热点问题，对大学生理想信念教育进行深度解读，切实提高大学生理想信念教育的感染力。

2018年1月25日，人民日报报道了西安电子科技大学（以下简称西电）探索思政课的新方法——为理想信念教育注入鲜活动力。首先，以"涌动"起来的"西电红"为基础，进一步延续中国高校的红色根系，不断增强西电大学生的文化自信，激发与中华人民共和国同心同向的坚定力量。其次，把西电校史有机楔入教学过程，让思政课"脉动"起来，以红色文化进课堂、进教材为抓手，创造性地在教学过程中融入老一辈西电人的革命故事，"半部电台起家""永不消逝的电波"等重大校史事件，让大学生在更加开放的理想信念教育环境中补足"精神之钙"。最后，以争做"三有西电人"为目标，一方面积极落实党的十九大精神，以"长江学者"秦勇教授等众多教师为主讲老师，多次走上思政课讲台为西电学子植入信仰之根；另一方面进一步打造具有品牌文化项目的"西电名片"助力理想信念教育，如原创话剧以及大型音乐交响会等，以此传递榜样正能量，不断激发西电学子的青春梦。

改革开放以来，高校思想政治理论课建设始终紧跟时代发展步伐，与党的理论创新同步共进，努力推进中国化马克思主义理论成果进课堂、进教材、进学生头脑的工作；在积极尝试和创新各种教学手段的同时，不忘结合实际，引导大学生自觉把爱国情、强国志、报国行融入民族复兴的伟大事业之中。

（2）注重运用多样化的活动和载体强化大学生理想信念教育

改革开放以来，党和国家在充分重视高校思想政治理论课主渠道的同时，还积极运用形式多样的校园文化活动和载体来提升大学生理想信念教育的质量。

首先，文化育人成为大学生理想信念教育的重要途径。改革开放初期，校园文化称为"书斋文化"，形式比较单一；到21世纪，校园文化成为积极传播中华优秀传统文化和社会主义先进文化的重要载体，致力于在良好的文化氛围中为大学生理想信念教育添砖加瓦；党的十八大以来，高校校园文化活动主题更加聚焦，形式更加活泼，不断点燃大学生为实现"中国梦"而奋斗的激情。其次，把心理健康教育纳入大学生理想信念教育工作体系。理想信念的形成与大学生的心理状况密切相关，随着社会的进步，党和国家越发重视大学生的心理健康。2005年《关于进一步加强和改进大学生心理健康教育的意见》中明确指出要把心理健康教育贯穿于大学生理想信念教育过程中[1]，经过多年的努力，全国高校都建立了相对完善的心理健康教育机构，可以有针对性地开展关于大学生理想信念方面的心理咨询和心理辅导活动。2019年中国第一部"心理健康蓝皮书"《中国国民心理健康报告（2017—2018）》的出台，为大学生理想信念教育提供了强有力的心理层面的支持。最后，依托网络平台加强和改进大学生理想信念教育。从20世纪90年代开始，诸多高校都开设了理想信念教育网站，清华大学设立了高校的第一个理想信念教育"红色网站"，网站包括时事评论、学习园地和时代专栏等多个栏目，是学生党员和积极分子进行理论学习的良好平台；

---

[1] 何东昌. 中华人民共和国重要教育文献（2003-2008）[M]. 海口：海南出版社，1998：601.

进入 21 世纪，其他高校也积极推出有吸引力的"红色网站"，比如北京大学的"红旗在线"、南开大学的"觉悟网"以及中国海洋大学的"海之子"等 ①，这些"红色网站"为大学生理想信念教育提供了良好的网络平台。党的十八大以来，党和国家在做好理想信念教育网络监控和管理工作的前提下，通过微信和微博等多种途径加强大学生理想信念教育，努力为大学生提供丰富的网络精神文化产品。

改革开放 40 多年来，党和国家始终坚持在实践中创新大学生理想信念教育的途径，通过党团组织建设、校园文化建设等多种实践教育活动和载体，夯实大学生理想信念教育的现实根基。

---

① 程婧. 改革开放以来大学生思想政治教育研究 [M]. 北京：中国法制出版社，2018：450.

第四章　新时代大学生理想信念教育
面临的机遇和现实挑战

　　中国特色社会主义进入新时代，这是我国发展新的历史方位，也是思想政治工作发展新的历史方位，更是大学生理想信念教育发展新的历史方位。新的时代背景下，党和国家对大学生理想信念教育提出新要求，新时代大学生理想信念教育显现出新特点，为新时代大学生理想信念教育创新发展提供新机遇。然而，新时代的新变化对新时代大学生理想信念教育而言是机遇与挑战并存，国际形势的复杂变化、我国社会主要矛盾的转化、社会信息化快速发展等都是新时代大学生理想信念教育面临的新挑战。当前，我国面临着"世界经济复苏乏力、局部冲突和动荡频发、全球性问题加剧的外部环境"①和社会主要矛盾已经转化，以及5G网络即将大规模商业化使得社会信息化快速发展的国际、国内环境。新时代大学生理想信念教育如何在坚持党的领导下把握新的时代机遇，总结有益经验和发挥原有优势，主动对标新要求，直面新的挑战，不断增强针对性和提高实效性，进一步坚定新时代大学生的马克思主义信仰和中国特色社会主义共同理想以及共产主义远大理想，是新时代大学生理想信念教育必然认真研究和回答的时代课题。

一、新时代大学生理想信念教育面临的机遇

　　理想信念教育的相关知识的传播和学习得益于全球化、多元化、多样化、

---

① 习近平. 决胜全面建成小康社会 夺取新时代中国特色社会主义伟大胜利——在中国共产党第十九次全国代表大会上的报告 [N]. 人民日报，2017-10-28.

信息化的发展。新时代的全面开放环境给大学生带来了优秀的文化、多样的价值观念以及先进的科学技术等，给大学生理想信念教育带来了新的机遇，为进一步加强大学生理想信念教育提供了崭新的环境和良好的契机，特别是为高校开展理想信念教育活动和弘扬理想信念教育的主旋律以及提升大学生理想信念教育的实效性提供了良好的契机和有力的支撑。因此，在开展理想信念教育时，我们要善于利用并抓住这些机遇。

（一）新时代为大学生理想信念教育开辟新纪元

2017 年 10 月 18 日，习近平在中国共产党第十九次全国代表大会上的报告中强调："经过长期努力，中国特色社会主义进入了新时代，这是我国发展新的历史方位。""这个新时代，是承前启后、继往开来、在新的历史条件下继续夺取中国特色社会主义伟大胜利的时代，是决胜全面建成小康社会、进而全面建设社会主义现代化强国的时代，是全国各族人民团结奋斗、不断创造美好生活、逐步实现全体人民共同富裕的时代，是全体中华儿女勠力同心、奋力实现中华民族伟大复兴中国梦的时代，是我国日益走近世界舞台中央、不断为人类做出更大贡献的时代。"[①]

中国特色社会主义新时代的到来给大学生理想信念教育提供了新阵地，要把理想信念教育放在高校思想政治教育首要地位的同时建立高校马克思主义理论研究的高地。理想信念教育的本身属性和思想政治教育的特殊性决定新时代要把理想信念教育放在高校思想政治教育的首要地位。新时代理想信念教育是高校的思想政治教育核心是由理想信念教育直接关系到"培养什么样的人""如何培养人""为谁培养人"这一根本性、全局性问题而决定的。中国特色社会主义进入新时代标志着中国人民要真正"强"起来和中国的高校思想政治教育真正"强"起来，理想信念教育作为高校思想政治教育的核心在新时代更应该符合新时代的主旋律迎合新时代的发展。

新时代的大学生理想信念教育是坚持以马克思主义为指导的教育，具体来说就是要树立坚定的共产主义的远大理想、中国特色社会主义的共同理想和崇高的新时代中国特色社会主义的信念，运用新时代的新观点新方法新论断指导大学生理想信念教育，让大学生理想信念教育在新时代得以新发展。

---

① 习近平. 决胜全面建成小康社会 夺取新时代中国特色社会主义伟大胜利——在中国共产党第十九次全国代表大会上的报告 [N]. 人民日报，2017-10-28.

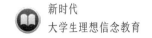
（二）新思想贯穿大学生理想信念教育的始终

新时代中国特色社会主义形成了新思想，新时代呼唤着与之相匹配的新思想。党的十八大以来，以习近平同志为核心的党中央高度重视理论创新和高校思想政治教育工作。习近平总书记的这一新思想是在实践中不断丰富和发展理论并在创新的科学理论下指导实践发展而形成新的思想，是马克思主义理论与中国具体实际相结合的新的重大理论飞跃。这一新思想是以马克思主义理论在中国特色社会主义实践中的灵活应用为基础的，以为人民服务为初心，以实现中华民族伟大复兴中国梦和社会主义现代化为根本目标，以新的发展信念为向导而形成的新的系统的思想理论建构，是马克思主义中国化的新理论、新境界、新发展。它始终贯穿大学生理想信念教育的生命线，要积极运用新思想指导大学生理想信念教育的实践活动，把大学生理想信念教育落到实处，建立起大学生理想信念教育的新的理论构建。

大学生理想信念教育是以马克思主义理论为指导，以中国特色社会主义新思想为指南的高校思想政治教育，要始终坚持以马克思主义理论为根本指导思想，以毛泽东思想、邓小平理论、"三个代表"重要思想、科学发展观和习近平新时代中国特色社会主义思想为指导，以全方位的视野紧密结合新的时代条件和实践要求的符合人类社会发展规律新时代中国特色社会主义新思想贯穿大学生理想信念教育的始终，为大学生理想信念教育提供新的思想指导，迎合新时代的要求创新发展的新范式。

（三）新目标给大学生理想信念教育提供动力

新时代的到来和新思想的形成势必要求树立起新的目标，党的十九大报告中首次明确提出建设社会主义文化强国的新目标，建设社会主义文化强国始终是国家的战略思考和永恒追求，能够促进社会主义文化事业的发展。新时代提出的总体新目标就是实现社会主义现代化强国，社会主义现代化强国要求实现社会主义文化强国，而大学生是社会主义现代化建设的中坚力量和高校思想政治教育的主体，在新目标的促使下进行大学生理想信念教育，能够为大学生理想信念教育提供充足的动力，让大学生理想信念教育始终朝着正确的科学的方向不断深化发展。

大学生理想信念教育在新目标的带动下朝着新时代中国特色社会主义

的方向不断积极进取，帮助广大大学生树立起新的人生目标和人生价值追求，确立正确的科学的学习理想、生活理想和就业理想，在"大众创业，万众创业"的时代背景下帮助大学生树立正确的科学的就业理想和职业理想，让大学生勇于转变就业观念，积极投身于创业队伍，加快大学生的创业步伐。

（四）人类优秀文明成果为大学生理想信念教育增添新内容

世界各国的优秀文明成果丰富多彩，面对开放的世界，我们应该用包容的心态对世界优秀文化进行批判的吸收和利用，取之精华而用之，把它们贯穿于理想信念教育中。这既有利于丰富理想信念教育的内容，也有利于发展理想信念教育。西方文明中许多先进的思想、精神值得我们学习借鉴，例如理性思维、开拓创新的科研精神及坚持不懈追求真理的精神等，我们在进行理想信念教育时完全可以借鉴这些内容，丰富我们的教育资源。西方思想中对个人价值的尊重以及对冒险精神和创新精神的培养等思想理念，有助于我们教育和引导大学生提高个人主动性。此外，西方的学科体系日益成熟和完善，心理学、管理学、社会学等各类学科之间相互交融、相互关联，我们可以学习西方的学科体系及多学科交叉相融的方法，进而充实和完善我国理想信念教育的内容。

与西方国家相比，我国在教育过程中重理论轻实践，我们可以把西方提倡的实践精神增添到当前的理想信念教育中，帮助拓展我国的大学生理想信念教育知识。亚里士多德把人类活动分为理论、实践与制作，建立了实践哲学，马克思在创立新世界观时指出实践是检验真理的唯一标准，我们通常说实践出真知，只有通过实践，才能检验自己的价值观念是否正确，因此，把实践精神纳入我们的理想信念教育中就变得尤为重要。

（五）多元文化为大学生理想信念教育开拓新视野

全面开放环境的多元化特点主要是文化的多元化，多元的文化开阔了大学生的视野，为大学生理想信念的形成提供了前提条件。亨廷顿指出："在冷战结束以后的现实世界上，民族之间最重要的区别已经不是意识形态或者政治经济之间的区别，更多的是表现在文化方面的差异。"[1]在全面开放

---

① ［美］塞缪尔·亨廷顿. 文明的冲突与世界秩序的重建[M]，周琪，译. 北京：新华出版社，1998：11.

环境下，我们要用宽广的胸怀包容、接纳多元的世界文化，当前大学生主要利用互联网来接受信息，他们获取文化信息的方式更加多样化，多元文化不仅让大学生有了更多新鲜的体验和认知，还拓宽了大学生的思维和眼界。有助于帮助大学生转变思维方式，促进大学生独立人格的不断完善，学会用发展的眼光看问题，进而促进自身的不断完善与发展。所以，全面开放环境在某种程度上能开拓理想信念教育理论与实践的视野。

（六）新媒体为大学生理想信念教育提供新方式

新媒体一出现就受到了广大学生的青睐并被广泛应用，它凭借自身的优势主要从扩充教育资源、增强教育实效性、发挥自身主体性等三个方面为大学生理想信念教育工作创造了机遇。

1. 扩充了理想信念教育的资源

传统理想信念教育往往过于严肃且受很多现实条件的约束，仅能依靠纸媒、广播、电视等传统媒介传递思想或在先进人物典型中寻找素材、搜集信息，内容更新比较缓慢，教育素材很经典，但同时内容比较陈旧。教育者只是根据大多数受教育者的需要进行教育，受教育者很难感同身受；或者理想信念教育者引用的案例因反复使用而让大学生缺乏新鲜感，因而最终达不到预期的教育效果。

新媒体平台内容形式多样，其为多渠道进行理想信念教育提供了条件。超大信息量的各种传媒层出不穷，使理想信念教育资源丰富而全面，具有更多的可选择性。通过新媒体平台，有关部门可以向大学生理想信念教育提供更多的相关信息，使其及时获得更多更新的教育信息，与时俱进地丰富理想信念教育素材和教育资源。

大学生在求知方面的多方面需求在新媒体平台上都能得到满足，各大在线数据库、电子图书馆、阅读俱乐部 App 等成为大学生最方便快捷的信息资源平台。新媒体应用不仅扩大了大学生的信息储备量，满足了大学生对于最新信息的渴求和对新事物的探索，而且海量信息和多样的新媒体形式，能够开拓大学生的视野，启发他们的思维，优于原来呆板的信息传播和接收。

2. 增强了大学生理想信念教育的实效性

相对于传统媒体，新媒体将图像、声音、文字集于一体，把理想信念教育内容这种相对较抽象的理论变得更加具体，将抽象事物具象化，吸引教育对象能够愉快接受，教育的实效性得到很大提升。理想信念教育工作通过新媒体通道，不只拘泥于传统的课堂教学，课后也以多种多样的活动作为辅助教育，积极引导学生的举止言谈和行为习惯。

首先，新媒体课堂内容丰富，吸引学生学习兴趣。理想信念是相对抽象的概念，在传统理想信念教育工作中，课堂教育是获取理想信念教育理论的主渠道，教育者将理想信念教育理论灌输给大学生时，理想信念教育的内容并没有真正被大学生内化于心，外化更无从谈起。这种断点式的教育方式无法植根于学生的思想意识，教师挖掘不到学生的真实想法，就谈不上针对性的教学，理想信念教育工作自然是收效甚微。新媒体形式多样、图文并茂的特点，使理想信念教育内容更具直观性和形象性，能让人有身临其境之感，使大学生更易于且乐于接受，从而激发大学生的学习兴趣，调动学生获取知识的主动性，增强了理想信念教育工作的吸引力和感染力。

其次，课后活动辅助理论的内化，强化大学生的正确认知。随着新媒体广泛应用于大学生教育工作中，微信、微博、论坛这些新媒体平台在我们生活中频频出现，利用这些平台增强人与人之间的交流、沟通，既有一定的私密性又有相对的平等性。私密性体现在学生可以用虚拟的身份在虚拟的环境里接受教育，还可以与教育者角色互换，展示自己内心的想法。理想信念教育的实效性最终体现在大学生内化为自觉行动，这种双方互相作用的教育形式不断推动了理想信念教育理论内化的过程。新媒体缩短了教师和学生内心的距离，学生通过新媒体在接受理想信念教育的同时可以大胆发表自己的观点，不再畏惧以往的不平等关系；教育工作者可以及时捕捉学生内心，发现问题，对问题进行归纳总结，更加针对性地对大学生进行引导，促进大学生理想信念的形成和发展。因此高校要积极发挥新媒体的最大优势，利用好这个广阔的平台。

新媒体时代下，应当与传统理想信念教育优势相结合，让受教育者从多个角度、多种层面进行思考，在教育工作开展的过程中，启动相对应的教育平台，疏通信息传递的渠道，不断收集信息更新教育理念和教学方法，积极接受理想信念教育。大学生能够在这样轻松的氛围中一边汲取知识一边思考问题，教育工作的效率也会得到很大提升。

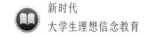
3. 激发了大学生的主体性

主体性是指人在实践过程中表现出来的能力、地位，包括自主性、能动性和创造性等提高学生的主动学习，培养自主教育和自我发展的能力，让大学生能够自觉自主地快乐学习。新媒体为理想信念教育提供了一个开放的平台，其信息传播的双向互动性使受教育者由消极被动接受转变为积极主动的参与和互动交流，使大学生的主体性迅速被激发并不断增强。

第一，新媒体激发了大学生的主体意识，它不仅指接受教育的自觉意识，还包含主动进行教育的意识。首先，大学生通过新媒体有选择性地关注一些具有理想信念教育意义的微信公众号、博文、微电影，主动地接受教育，从而在不同程度上认清社会主流价值观，并对自身进行自觉地调整。其次，大学生利用新媒体平台，如自己申请的微信公众号、博客、空间等创造一些新的精神产品，成为虚拟世界里的创作者，并在同类群体中宣传人生观或自己的理想信念，探索理想信念教育的新形式，创造性地发展大学生理想信念教育。

第二，新媒体调动了大学生的主观能动性。新媒体时代，高校大学生可以在新媒体平台上自由地浏览适合自己的信息，这种信息交融过程让大学生受到多元文化的感染，使得青年大学生们在新的视觉听觉环境中潜移默化地接受理想信念教育。在整个教学过程中，以"学生是主体，教师是主导"为原则，教育者通过丰富多样的新媒体形式进行教学，吸引学生的注意力，提升学生学习兴趣，让学生积极地展示自我，营造一个活跃、欢快的学习氛围，调动了学生的主观能动性，加强了大学生的主动学习意识。大学生通过新媒体平台参与其所感兴趣话题的探讨，不断激发自身的潜能，提升大学生的求知欲。

第三，调动了大学生的自我认知意识。大学生的自我认知是指大学生对自己的了解和认识、对自己的情绪和感受的认识与调节及自我评价、自我规划的能力等，其中包括认识自己的优点与缺点，有意识地调整自己的情绪、意向、动机和欲望，并对自己的行为进行自律和反省。大学生根据自己的优缺点及学习习惯自由选择学习方式和学习内容的过程，既可以发掘自身的潜能，又可以加深了解自我、激发潜在自我，进而培养良好的个性特征。新媒体因其虚拟性，使很多爱好上网的大学生经常转换于虚拟和现实不同的环境中，从而锻炼他们理性分析事物、判断事物的能力及自控能力。

二、新时代大学生理想信念教育面临的现实挑战

从哲学上讲，任何事物都包含两个方面，因此，我们要用一分为二的观点看问题，在全面开放环境中，全球化、多元化、多样化、信息化为大学生理想信念教育的发展带来了机遇，但是我们也不能忽略这个大环境带来的一些挑战。

（一）国际环境对大学生理想信念影响的挑战

新时代大学生理想信念教育在面临纷繁复杂且多变的国际环境时，必须深刻把握国际环境变化对新时代大学生思想行为的影响，有效规避国际环境变化对新时代大学生理想信念的消极影响。

首先，以经济为基础、科技为先导的综合国力竞争日益激烈。随着我国经济实力以及科技实力的不断增强，以美国为首的西方国家不断在政治、经济、科技、文化等领域加紧对我国实施西化和分化，形成了以经济为基础、科技为先导的综合国力日益激烈的竞争趋势。经济全球化带来了政治、文化等领域相互交流交融交锋。经济上，西方国家垄断高科技以"围堵"我国智能制造的发展，意图遏制我国经济发展；政治上，西方国家不断加紧对我国实施西化和分化，意图策动"颜色革命"；文化上，西方国家不断输出其所谓的"普世价值"，意图影响我国人民特别是青少年以及大学生的思想行为和价值观念。在新的国际形势下，如何引导新时代大学生理性看待外来思潮和价值观念、坚定马克思主义信仰、树立科学的理想想信念是新时代大学生理想信念教育面临的新挑战。

其次，国际合作与信息交流日益频繁，带来了文化和意识形态多样化的新情况，意识形态斗争形势依然严峻。经济全球化带来了国际合作和信息交流日益频繁，使得传统的和外来的、进步的和落后的的思想文化相互交织交流碰撞，影响着新时代大学生的马克思主义信仰的形成和坚定。随着我国对外开放的程度不断提高，国际合作、信息交流、文化交流将更加频繁，于我国发展而言是机遇与挑战并存。一方面促进了我国的思想文化

交流进一步国际化，为传播好中国故事、向国际社会展现真实、立体、全面的中国形象创造更多平台与机会，是提升我国的国际话语权和国际影响力的新机遇。另一方面，国际合作、信息交流、文化交流都是双向甚至多向的，必然也会给新时代大学生的思想行为带来诸多影响。在合作与交流频繁的情况下，必然会导致文化和意识形态多样化，也为西方国家不良社会思潮和价值观念的传播提供了一些便利条件。当前，国际合作、信息交流、文化交流呈现出的新特点，对新时代大学生理想信念教育而言是新的挑战。

最后，西方国家的不良社会思潮和价值观的不断渗透，影响新时代大学生树立科学的理想信念。随着经济全球化的不断发展以及我国的国际影响和国际地位不断提升，西方国家不断加紧对我国的意识形态渗透，且意识形态渗透方式越来越隐蔽。"一些不良价值观念，如新自由主义、民主社会主义、所谓的'普世价值'、历史虚无主义等不良社会思潮的影响，消费主义、个人主义、拜金主义、享乐主义等消极思想的不断侵蚀，干扰了大学生的价值判断和信仰选择。"①当前，西方国家不断变化的文化渗透、价值观念输入和意识形态斗争方式，是新时大学生理想信念教育面临的现实问题。伴随经济全球化而来的西方错误思潮，在新时代背景下呈现出复杂多变的形式，具有极强的隐蔽性，渗透到人们生活中的方方面面，冲击了新时代大学生的马克思主义信仰，有些大学生出现信仰危机甚至信仰缺失，对新时代大学生树立科学的理想信念产生消极的影响。尤其是信息网络化的快速发展，拓宽教育渠道和丰富教育载体的同时，也给西方敌对势力和不良社会思潮、价值观念渗透钻空子的机会，影响新时代大学生的思想和行为。

1. 经济全球化的影响

（1）全球化的深入发展冲淡大学生的政治观念

在以经济为核心的全球化进程中，经济、科技、文化都得到了前所未有的凸显和关注，全球合作已经成为各个国家的基本共识，与此相对应，政治特别是政治领域实际存在的斗争等政治观念被相对弱化。

①经济全球化的深入发展冲淡了大学生对意识形态斗争复杂严峻形势

---

① 刘萍. 新时代加强大学生理想信念教育的有效策略研究 [J]. 思想理论教育导刊，2019（07）：152.

的认识。在全球化进程中，意识形态的斗争不仅没有消失而且更加尖锐和复杂。国家与跨国公司等经济运行的实体更紧密地结合在一起，经济的发展与资本的掠夺紧密结合，国家的经济利益融于大的跨国公司的经营中，文化、价值观和对根本政治制度的推销也融于经营之中，在运用市场逻辑来进行掠夺和压迫的同时，还采用文化渗透和制度认同等方式进行意识形态的渗透。西方发达资本主义国家的政治家、学者通过各种方式有意识地模糊意识形态间的差别。生活于全球化进程中的大学生不仅在思想认识中容易不自觉地降低对意识形态问题重要性的认识，也容易为西方学者所谓"文明的冲突"等理论所迷惑。

②经济全球化的深入发展逐渐模糊大学生对民族国家界限的认识。全球化进程本来就是世界各个民族国家间以经济为核心形成的政治、科技、文化、生活的各个领域紧密联系的过程。在此进程中，经济全球化要求打破国家壁垒，在全球范围内进行资源配置，按照资源利用最大化的原则，一切民族国家、民族经济的自我保护都应该消失。跨国公司本身就冲破了地域和国界的限制，子公司或分公司对所在国的经营活动负责，一定程度上模糊了国界意识。高科技，特别是信息技术的飞速发展极大地促进了贸易的发展，服务贸易迅速发展带来了旅游、教育的紧密往来，出国已经成为"说走就走"的旅行；商品贸易的进一步发展使得国内的大学生可以轻松地在网上购买到全世界、特别是发达国家的高品质商品。在投资方面，富裕起来的中国人也已经把眼光扩展到全球，在海外置业热度不减，国家间的界限也被悄然淡化。与此相对应，在全球化进程中，民族国家的利益被淹没在优化资源配置、资源利用率最大化的经济原则之下。全球化进程中发达资本主义国家占据着主导权和发言权，相对于发展中国家构成了不对等关系，加剧了发达国家对发展中国家的经济掠夺和意识形态的渗透。生活于全球化进程中的个体并不能主动地察觉和意识到因为国家地位不同造成的经济上的损失和差别，单纯从自身的感受出发必然更加强调资源配置效率、注重全球化带来的生活便利，从而忽略在此过程中对国家利益的维护。

③个人主义至上冲击大学生集体主义价值观。个人主义是西方资本主义社会的基本价值理念，经济全球化的进程使这一价值理念随着社会生活

各个方面的深入和紧密联系而得到传播。个人主义强调个人、个人利益和个人自由，认为只有个人的利益得到维护、个人的自由得到保障才会有集体的利益和自由。在经济全球化进程中，个人主义从多方面冲击着大学生的集体主义观念。经济全球化推动着我国社会生活的深刻变革，伴随着个体的独立和市场经济的深入发展，对个人的独立性和自主性要求进一步提高；社会生活方式也随着城镇化的进程发生变革，城市向陌生人社会发展，个体越来越得到凸显，而集体的作用则被弱化。社会生活方式影响着每个人，并通过影响家庭更大地作用于成长中的大学生。而在大学生的日常生活中，他们在与跨国公司、外资企业的接触中，在与外国留学生的接触中，在直接到国外留学和旅游的过程中，在通过互联网收集信息过程中，特别是在观看西方的影视大片中直接受到个人主义价值观的感染和冲击。表现在当前大学生身上，他们在个性方面更强调自我价值实现、强调个性化发展、要求民主权利、希望被尊重、强调个人感官享受和感觉体验、个性张扬，同时奉献精神差、集体主义精神缺乏，忽视个人的社会价值实现。

（2）资本在全球范围内流动影响大学生对金钱的认知

资本在全球范围内的流动是经济全球化的本质属性，突出表现为全球对外投资的迅速增长和国际资本的交叉控股。在外在的和日常生活的表现上，国际资本向那些能够产生剩余价值的领域迅速涌入，一方面能够带来经济的迅速发展，特别是硬件设施的快速变化，金融业的快速发展，金融衍生品的繁荣和发展；另一方面，资本的快速涌入也会使经济产生泡沫，国际游资为攫取高额利润甚至会对某个领域或地方的经济造成重创。与经济全球化相伴成长的青年人看来，资本可以使经济迅速繁荣，也可以使经济萎靡不振，还可以通过金融衍生品实现"以钱生钱"。这些现象与国内市场经济发展的消极影响叠加到一起，往往使年轻人产生一些错误认识。首先，夸大了金钱的作用。在资本的流动过程中，他们往往更多地看到的是资本和金钱的威力，认为钱可以买来一切，占有了金钱就可以享有全球范围内的高端甚至奢侈商品，占有了金钱就能享受到全球的优质服务、奢华的生活，占有了金钱就似乎拥有了成功和地位。其次，扭曲了对金钱本质的认识。金钱本是服务社会生活的工具，忽视了对这一本质的认识，加剧甚至直接形成他们的拜金主义思想，将对金钱的追逐作为生活的终极目标，将钱的多少作为人生成功与否的衡量标准。最后，直接扭曲大学生的价值观。对金钱的错误认知，影响着大学生的择业观、义利观和消费观，造成大学生价值观的扭曲。

（3）跨国公司成为经济的主导力量模糊大学生对资本本质的认识

大学生生活在经济全球化的环境中，他们所直接接触和感知到的是跨国公司以及通过跨国公司的经营行为所带来的价值理念。对于当今的大学生而言，如今跨国公司环绕在他们周围，跨国公司所提供的商品和服务的便利冲淡了他们对资本的认识。其次，在与跨国公司的接触中，对技术的崇拜、对管理的崇尚使他们对跨国公司所宣扬的理念和文化照单全收。跨国公司管理更加现代化，效率更高，实力更强，企业文化更加成熟，对大学生也更具有吸引力，很多大学生对某些大的跨国公司心存景仰，对公司负责人心存崇拜，而良好的职业发展前景、丰厚的薪酬、平等的文化氛围也使得能到跨国公司工作成为大学生中的一种时尚。在这种心态下，直接导致大学生对跨国公司所宣扬的理念和文化失去抵抗力。最后，资本以跨国公司的形式进行经营活动掩盖了其进行意识形态渗透的事实。与跨国公司的经营活动相伴的是这些公司所信奉和宣扬的资本主义的核心理念，如"普世价值""全球秩序""等价交换""自由民主"等，在市场经济环境下，这些理念在大学生中更加具有吸引力和市场，这些潜移默化的影响带来的是大学生价值观的改变，直接模糊了大学生对我国主流意识形态的认同。

（4）国际贸易的紧密有助于大学生国际化视野的形成

国际贸易既包含商品贸易也包含服务贸易。在经济全球化环境下，由于全球性配置资源的需要，国与国之间的贸易往来更加频繁，国际贸易的紧密带来了人与人之间频繁的交往与流动，带来了经济主体——跨国公司的不断发展壮大，带来了跨国公司与政府和政策制定者之间的交往，带来了文化和思维方式的相互渗透与改变，促进了参与交往各国的产业结构升级。首先，国际贸易的紧密带来了大学生国际知识的丰富。国际贸易的日益紧密带来了全球范围内的商品和服务，这些商品和服务带来了所在国家的文化和理念，带来了对国外生活规则的了解和认知；国外旅游、留学的增加更是使大学生能亲身感受到当地的风俗文化，生活习惯，这些活动日益丰富着大学生的国际知识。其次，国际交流的频繁促进了大学生开放包容心态的养成。置身于国际贸易之中，大学生能够逐渐感受和认识到世界文明的多样性，也在交往中体会到了尊重不同民族文化的必要性，以开放包容的心态拥抱世界，才能享受到各国创造的文明和不同的资源。再次，对国际贸易的深入了解培养了大学生规则意识与竞争合作的意识。大学生逐渐深入到国际贸易之中，使他们认识到任何国际贸易都是在一定的规则之下进行的，深入了解国际规则才能有效地掌握和合理配置相应的资源，也才能有效地维护自身利益。贸易的往来本身就是竞争与合作并存的，要想在国际贸易中寻求机会就必须树立合作竞争意识。最后，亲身参与国际贸易增强了大学生在国际事务中发挥作用的能力。参与国际贸易，帮助大学生提高了运用不同语言的能力，提高了大学生对外交往的能力，在解决矛盾的过程中也提高了他们的协调能力、谈判能力，等等，这些都有助于提高他们在国际事务中发挥作用的能力。

（5）综合国力竞争的日益加强直接关系大学生爱国主义情感的培养

经济全球化的深入发展最终带来的是综合国力的竞争。资本在全球流动的过程就是资本在全球范围内攫取剩余价值的过程，这个过程首先是对各国经济政策和经济发展的挑战，其次还涉及政治、军事、文化、意识形态、移民等各个领域，其中某个领域的薄弱有可能直接造成在国家经济交往中的被动。大学生紧密关注着我国综合国力的变化，综合国力也影响着大学生的爱国主义情感。总体上，经济全球化一方面淡化了国家和民族的界限，模糊了大学生爱国情感的根基，另一方面，综合国力的竞争也会强化国民对国家地位和实力发展的关注程度。首先，我国综合国力的提高增强了大学生的自豪感和自信心，增强了对国家和民族的认同感。其次，我国国际地位的提升坚定了大学生走中国特色社会主义道路的决心。在国内外复杂形势下，中国共产党领导中华民族坚定走中国特色社会主义发展道路，坚持改革开放，持续推动经济的快速增长；紧紧抓住难得的战略机遇期，积极推动与周边国家的经济交往和贸易发展，促进了周边地区的经济融合；与美、俄等世界大国建立新型大国关系，加强经济合作避免冲突对抗，在对外交往和国际事务中采取更加积极主动的态度，展现了负责任大国的形象，提升了我国的国际地位，这些成功坚定了大学生走中国特色社会主义道路的决心。最后，我国与西方发达国家在诸多方面差距依然存在激发了大学生的责任感和使命感。在经济全球化过程中，国家综合国力竞争的激烈程度加剧，必然伴随矛盾和冲突，作为发展国家，中国在国际经济秩序和规则中仍缺少话语权和主动权，势必在竞争中处于劣势，国家利益受制于人的情况时有发生，国家安全还存在诸多威胁，等等。在国际国内形势的热点问题中，大学生紧密关注着中国政府的作为和表现，出于基本的爱国情感，这些差距在某种程度上激发着大学生的责任感和使命感。

（6）资本主义的基本矛盾依然存在促进大学生理性思考

经济全球化发展并没有改变资本的本性，而是扩大了资本的获利空间，生产的无限扩大和生产资料的私人占有制这一资本主义的基本矛盾没有改变。在经济全球化的背景下，生产的社会化在全球范围内发展，同时生产和资本却更加集中。无论是生产过程、生产资料和使用还是产品的消费都在加速社会化，而跨国公司正是推进这一过程的主体，跨国公司的迅速发展也就形成了生产和资本的高度集中。经济全球化背景下，资本主义这一基本矛盾使得财富日益向发达资本主义国家集中，相应地使得资本主义国家内部资产阶级和无产阶级之间的矛盾变得模糊，但全球范围内的阶级对立却日益明显，资本主义基本矛盾依然存在。这些资本主义基本矛盾依然存在的表现，促进大学生理性思考。首先，在传统的政治经济学教育中，资本主义具有其自身发展的基本矛盾，这一矛盾的集中表现就是资本主义经济危机，1975年以后，随着资本主义制度的日益完善，资本主义国家并没有爆发大规模的经济危机。就容易给成长中的大学生造成资本主义制度的基本矛盾已经消除的假象，2008年以来金融危机频发，特别是2008年全球金融危机的爆发，使得资本主义的基本矛盾再次暴露，也能够促进大学生理性思考和看待资本主义制度的局限性。建立私有制基础上的资本主义制度，无法破解生产的无限扩大与生产资料的私人占有之间的矛盾，虽然西方发达国家在金融危机爆发后通过资本注入、税收减免和削减福利等应对措施，希望推动经济尽快走出危机，这些政策本身就是借鉴社会主义国家政府调控的做法，在根本制度不变的基础上进行的调控也会进一步导致社会贫富差距的加大。这些使得大学生更加清醒认识到，在资本主义经济发展存在固有矛盾，这些矛盾已经不能通过调整完善资本主义制度加以解决，资本的逐利本性驱动扩大再生产，必然导致社会财富更加集中到少数人手中。其次，促进大学生理性看待社会主义的优越性。社会主义制度以公有制为主体，政府可以更加有效地调整收入分配，解决贫富差距扩大，有效化解经济起伏动荡和危机，使得经济更加持续健康发展实现共同富裕。资本主义国家逐渐加大政府调控的力度，逐渐发展的国有制经济、合作制经济、股份制经济、社会保障制度等社会主义因素更能够体现社会主义制度的优越性，从而更加坚定大学生坚持走中国特色社会主义发展道路的信心。

2. 世界多极化的影响

世界多极化直接影响着大学生中国特色社会主义理想信念的建立和巩固。世界多极化格局与经济全球化发展相互交织，已经成为当代大学生成长的时代背景，潜移默化地影响着大学生的思想认知。

（1）世界多极化发展趋势引发大学生深刻思考

习近平总书记在出席中央外事工作会议上的讲话中指出："要充分估计国际格局发展演变的复杂性，更要看到世界多极化向前推进的态势不会改变。"① 世界多极化是一种发展趋势，是国际格局演变的过程，是在世界各种政治力量的相互较量中实现的。这一趋势深刻地影响着我国国民的思想认识，中国在这一发展趋势中的表现和未来的发展空间影响着他们对中国特色社会主义制度的自信。当代中国的马克思主义发展面临着一个全球化的时代，无论美好与丑陋，都是无法回避的客观现实。探讨理想信念教育面临挑战的原因，不能仅仅局限于中国或者某一特定社会主义政权的历史与现实的语境，更应当具有全球性视野，必须面对社会主义与资本主义两种制度长期共存的现实，站在两种制度相互博弈的战略高度来考量。全球化时代的到来，使西方资本主义国家获得了比以往任何时候的坚船利炮都更有效的途径来开拓世界市场，获得了更加便利与广阔的空间，在全球按照自身发展的需要制定世界秩序。全球化的影响作用于社会生活的各个领域，因为"政治、法哲学、宗教、文学、艺术等等的发展是以经济发展为基础的。但是，它们又都互相作用并对经济基础发生作用"②。

① 全球化进程使得大学生关注世界的国际化发展进程。作为在经济全

---

① 习近平. 习近平谈治国理政（第三卷）[M]. 北京：人民出版社，2017：442.

② 中共中央马克思恩格斯列宁斯大林著作编译局编译. 马克思恩格斯选集（第四卷）[M]. 北京：人民出版社，2012：649.

球化氛围中成长起来的大学生，全球化的视野使得他们相对于社会其他群体更加关注国际社会，更加关注世界多极化中各极之间的较量与制衡，关注中国在世界舞台的表现和未来的发展空间。当前我国社会生活与国际社会的联系日益紧密，大学生的衣食住行都受到了经济全球化的影响，经济全球化的发展使得大学生有机会亲身感受到世界各国的发展程度、发展特色和文化理念，使得大学生能够时刻对我国的发展理念、发展道路进行评判，国际交往的日多也使大学生能够直接感受到我国的国际地位，对国际地位提升的体验和对未来国家地位提升的期待都使得大学生无时无刻不在关注世界多极化的发展趋势。

②大学生深刻思考世界多极化发展趋势中我国的定位。世界多极化作为国际格局的发展趋势和当今国际政治的重要特征直接吸引大学生的关注。大学生是怀着朴素的爱国主义情感在世界多极化的舞台上对国家发展进行定位的。这与大学生特殊的成长时期密切相关。大学生的身体和心理正在走向成熟，大学时期是他们在社会生活中进行自我定位并要求完全掌控自我的开始，同时他们也会将这种定位与自我掌控的心理需求投射到国家层面，对国家的发展进行定位并提出掌控的要求。这与掌控自我一样具有一种内在渴求，是自发的和朴素的，也经常是合一的，自爱是对自我发展定位的感情基础，爱国则是对国家和民族认知和定位的感情基础，大学生对国家民族在世界舞台上的表现更加关注，对我国的国际地位更加敏感。与之紧密相关的，则是中国共产党的领导和中国特色社会主义道路是否具有竞争力与优越性，如果说在大学生的成长过程中，他所切身感受到的是党的领导和中国特色社会主义道路带来的生活上的变化这一纵向比较，那么在大学时期，随着他们的眼光逐渐转向世界与国际，他们就要对国家进行横向比较，这种比较首先是对国际地位的比较，随之而来的是对国际地位未来的提升的比较，这种提升的潜力包含了很多内容，最主要的就是对我国的政体和所选择道路的比较。如同大学生对自我的定位与掌控一样，无论是个人还是国家，对于未来发展空间的关注都是他们关注的重点。因此世界多极化这一国际格局的发展趋势直接影响着大学生中国特色社会主义理想信念的建立和巩固。

（2）世界多极化对大学生理想信念的影响

与经济全球化这把"双刃剑"相比，世界多极化发展对主权国家特别是发展中国家具有重大的积极意义。党的十八报告指出，国际力量对比朝着有利于维世界和平方向发展，保持国际形势总体稳定具备更多有利条件。世界发展为我国的发展赢得了一个相对稳定和平的外部环境，有利于我国综合国力的提升，也有利于中国在国际舞台上作用的发挥。因此，从总体上说，世界多极化的发展趋势对大学生理想信念的影响是积极的，但是消极的方面也不容忽视。

①各种力量相互制衡坚定大学生和平发展的决心。世界多极化发展格局的典型特征就是各种力量的相互制衡。在当今的世界发展中，大国关系深刻调整，多个力量中心正在形成，各类区域性、洲际性国际会议也日益活跃，因为这些组织和会议的超国家性，在国际社会中发挥着越来越重要的作用。世界各种力量之间形成了相互借重又相互制衡的关系。社会信息化的加速发展使得 ·国独断专行从实力上看有时候还是可能存在的，但是同时将会背负更多的负面舆论压力或后果。因此，尽管在个别大国的势力范围内还存在局部的冲突和战争，但是总体不影响世界和平发展的大趋势。

世界多极化内含的各种力量的相互制衡降低了在世界范围内发生大规模战争的可能性，有利于世界的和平发展。当然，在个别大国的势力范围内还是存在局部的冲突和战争，个别大国作为多极中的一极争夺利益的表现，但是总体上因为多极化的发展，各个力量中心的相互制衡使得世界和平发展还是大趋势。世界和平发展的大趋势为我国建设中国特色社会主义的发展道路赢得了时间，也为国内民众提供了一个和平安定的生活环境，为大学生健康成长、拓展国际视野提供了保障。

世界多极化发展的进程为我们建设中国特色社会主义的发展道路赢得了时间，是我国和平发展的重要战略机遇期。一个相对和平安定的外部环境，为大学生健康成长、拓展国际视野提供了保障。世界多极化的制衡关系也使大学生意识到和平是世界发展的大趋势，中国梦特别是和平中国梦的提出符合世界展的大势，作为多极化中的一极，中国致力于在维护世界和平的前提下谋求复兴，这是符合中华民族利益与世界人民的愿望的。因此，大学生在世界多极化的大趋势中能够看到中国和平崛起的希望，能够坚定他们实现和平中国梦的决心。特别是党的十八大以来，以习近平同志为核心的党中央在对外交往和涉外事件中的积极态度、外交水平都得到了国人的高度评价，富裕起来的中国人开始走出国门频繁地参与国际交流中，出国留学、出国旅游已经成为中国普通家庭的比较现实的选择，国际地位的提升使得国人在国际社会中普遍增强了自豪感和自信心。同时，国际交流力度的增大，使得生活在国内的居民照样可以享受到来自全球各地的商品，美国、英国、德国等老牌资本主义国家的公民到中国定居、工作、学习的现象越发普遍，这使得国内居民切身感受到了国家的发展和我国国际地位的提升。成长于21世纪的大学生在自我定位的过程中，自然由衷地感受到祖国的变化，自然增强了对国家和民族的认同感、自豪感和自尊心。

②霸权主义、冷战思维依然存在激发大学生爱国热情。在世界多极化的基本态势下，世界正朝着和平的方向发展，但是由于多极化的发展趋势来源于冷战时期美苏对抗的两极格局、苏联解体后短暂出现的单极主导或"一超多强"格局，因此，多极化作为目前世界格局演进和发展的趋势，不可避免地存在多极中的一或两极综合国力相对于其他"极"更加强大的现象，因此，虽然多极化在一定程度上形成了国际力量之间的制衡，但是在局部地区、在某些大国或大国集团的势力范围内还是存在一定的霸权主义。由于近半个世纪的冷战形成了冷战思维并且由于惯性的作用，在某些国家或国家集团中还存在。可见，冷战思维与霸权主义在某种程度上具有一致性。冷战思维和霸权主义的存在使得世界局部战乱不断，强权压制和剥削总是在一定程度上存在，作为社会主义中国，我们向来秉承和平发展的理念，不称霸是我们的一贯主张和做法，同时作为发展中国家，我们本身在很多的国际事务、国际准则、国际秩序中因为没有成为游戏规则的制定者，而处于劣势地位。作为具有一定国际视野和理论知识基础的大学生，作为中国的国民，这些霸权主义的行径无疑激发了他们内在的爱国热情，并努力成为掌握国际规则、熟悉国际话语体系的国际型人才。

③中国国际地位的提升增强大学生的制度自信。在中国共产党的领导下，沿着中国特色社会主义的道路不断前进，中国已经成为世界多极化发展中不可小觑的一极，综合国力、经济实力大幅上升，国际地位也空前提升。特别是党的十八大以来，以习近平同志为核心的党中央在对外交往和涉外

事件中的积极态度，进一步提升了中国的负责任大国形象。当代大学生见证了社会主义中国的开放包容和自信，从中可以体会到新时代中国外交更具全球视野，中国作为新兴大国在国际舞台更加充满活力。对于一个国家的公民而言，其所在国家在国际上的地位也关乎其自我定位，成长于21世纪的大学生在自我定位的过程中，自然由衷地感受到祖国的变化，切身感受到了党的领导和中国特色社会主义道路带来的国家发展和国际地位的提升，极大地增强了对民族自尊型，增强了对党的领导和中国特色社会主义道路的认同感、自信心。

④国际共产主义运动相对低潮期的干扰。自东欧剧变、苏联解体二十多年来，社会主义运动仍在艰难困苦中奋力前行，总体上看，仍属于相对低潮期。2009年，中共中央组织部党建研究所课题组也得出了同样的结论。研究认为，在经历20世纪末世界社会主义运动的挫折及失败后，各国共产党痛定思改，根据新的经济、政治环境，不断革新党的思想观念、组织结构、运行机制等，在新的历史条件下获得了各具特色的新发展，但各种不利于共产党发展的环境和因素不会在短期内消失，"资强社弱"的基本格局不可能在短期内打破，各具特色的发展道路仍然需要经过艰难而漫长的探索，世界社会主义运动还不能迅速走出低潮。世界范围内的社会主义运动正处于并相对低潮期，并且这一情况还会持续一定时间。在社会主义运动低潮期，人们对马克思主义的信仰和共产主义追求的热情必然受到现实不利因素的影响，一定程度上不及社会主义运动高潮时期那般热情高涨，这也势必会影响到理想信念教育的确立与发展，这是必须要正视和努力转变的现实。

3. 社会信息化的影响

（1）社会信息化的快速发展放大并加剧了种种挑战因素

伴随新兴科技不断发展而形成的社会信息化，不断影响人们的思维观念、行为习惯，不断丰富人们的精神文化生活，提升人们的生活质量，改变人们的生活方式。当前，社会信息化发展已经成为社会和国家发展的重要推动力量，信息化发展程度也成为衡量社会现代化建设水平的重要标志。习近平指出："要把握数字化、网络化、智能化融合发展的契机，以信息化、智能化为杠杆培育新动能。"①这对我国的社会信息化发展提出了新要求、指明了新方向。社会信息化、智能化快速发展是各类新兴技术蓬勃发展带来的历史产物，是当前社会经济发展的必然趋势，也是世界各国竞争的制高点。目前，"全球范围的社会信息化进入了全面渗透、跨界融合、引领创新的新阶段，以'信息+'为主要特征的技术融合和产业变革已经成为推动人类生产生活方式变革和社会进步的重要力量"②。虽然社会信息化快速发展成为经济社会快速发展的重要推动力量和衡量现代化建设水平的一个重要标志。但同时也要清醒地认识到社会信息化是机遇与挑战并存，要时刻警惕信息化过程中可能带来的社会风险，以及对我国的各项工作提出了新的挑战。数字化、网络化、智能化是新时代社会信息化的重要特征，是社会信息化发展的核心。新时代大学生理想信念教育在社会信息化快速发展的背景下，如何把握社会信息化发展带来的新机遇，化解社会信息化发展提出的新挑战，是新时代大学生理想信念教育进一步创新发展面临的新课题。

数字化发展给新时代大学生理想信念教育创新发展提出了新的挑战。"数字化本身指的是信息表示方式与处理方式，但本质上强调的是信息应用的计算机化和自动化。"③数字化为信息化奠定基础，其发展趋势是社会的全面数据化。而数据化的核心内涵是对信息技术革命与经济社会活动交融生成的大数据的深刻认识与深层利用，是提升分析和计算各种碎片化信息的历史过程，进而能够更加有效准确地分析事物发展规律。随着数据化的不断发展，将会给教育、医疗、就业等多个领域的创新发展带来新的机遇。但同时也要清醒地认识到，新事物、新技术的发展与普及都是具有两面性的，既是机遇的同时也带来一些前所未有的新挑战。数字化、数据化的快速发展给大学生理想信念教育带来的挑战主要体现在三个方面：首先，教育方式方法面临改革。随着经济社会的发展，单一的教育方式方法已经无法完成教育目标和任务，需要与时俱进、利用新兴技术来提升教育效果。在数字化、数据化发展的背景下，新时代大学生理想信念教育如何利用数

① 习近平. 习近平谈治国理政（第三卷）[M]. 北京：人民出版社，2020：247.

② 李言荣. "信息+"造福世界[N]. 人民日报，2019-03-01.

③ 徐宗本. 把握新一代信息技术的聚焦点[N]. 人民日报，2019-03-01.

字化、数据化相关技术以数据分析的方式方法来提升教育的针对性与实效性，这将是在教育方式方法上面临的挑战。其次，在大学生理想信念教育过程中面临数据安全管理和隐私保护问题。将数字化技术、大数据技术融入大学生理想信念教育过程中，在对受教育者相关学习、生活数据进行分析，对教育效果进行分析评价的过程中，会面临着数据安全管理和隐私保护问题。最后，教育内容存在一定滞后性。随着社会信息化的快速发展，大学生理想信念教育内容存在着一定的滞后性。因此，要改变这种滞后性状况，大学生理想信念教育必须要根据经济社会的发展来更新和拓展教育内容。

网络化快速发展给新时代大学生理想信念教育创新发展提出新的挑战。互联网发展至今，已经成为人们获取信息、交换信息、消费信息的主要方式，可以说互联网已经成为人们生活、学习、工作中不可或缺的一部分。当前，"互联网+"、物联网已经成为社会网络化发展的新趋势，也将会不断丰富人们的日常生活内容和精神文化生活方式，提升人们的生活质量。随着5G网络技术的大规模商业化及5G智能设备的应用与普及，"互联网+"、物联网等领域将得到空前的发展，会更进一步的丰富人们的生活、学习、工作方式，并且改变人们的思维方式、行为方式、生活方式。对于新时代大学生理想信念教育而言，以"互联网+"、物联网为代表的网络化快速发展是机遇与挑战并存。而网络化快速发展对大学生理想信念教育带来的挑战主要体现在三个方面：首先，网络不良信息冲击大学生的理想信念。在网络化快速发展的进程中新时代大学生可以获得更多教育资源，可以自主学习，能够提升人际交流能力等等。同时，也会受到一些错误信息与思想的影响。由于网络的开放性、隐匿性、虚拟性和无约束性，给不良信息的散播提供条件。涉世未深的大学生对不良信息的识别和抵制能力不强，阻碍其树立科学的理想信念。其次，影响大学生理想信念教育效果。网络信息的负面效应和难以监控性影响着教育教学效果。最后，对教育者的综合素养要求更高。教育者不仅专业理论扎实，而且要充分了解网络传播特性、网络技能娴熟等。要能够有效利用"互联网+"、物联网等新兴技术来发展新时代大学生理想信念教育平台载体，创新教育方式方法，提升教育的针对性和实效性。

智能化发展给新时代大学生理想信念教育创新发展提出新的挑战。智能化是信息技术发展的永恒追求，是社会信息化快速发展的必然趋势，是人工智能技术不断发展的必然结果。随着 5G 网络技术的大规模商业化，以 5G 网络技术为基础的大数据、人工智能、虚拟现实、物联网等将得到前所未有的发展，人工智能技术将更加普及到人们的生活、学习、工作中。人工智能技术给人们的生活、学习、工作带来了便利、便捷，将进一步解放人类的劳动力与脑力；将改变人们的思维、行为和生活方式。对于新时代大学生理想信念教育而言，智能化发展是机遇与挑战并存。智能化发展给大学生理想信念教育带来的挑战主要体现在三个方面：首先，对传统的教育模式提出新的挑战。智能化给大学生理想信念教育创新发展提供技术支持、催生新的教育发展模式等，保障教育信息化顺利推进。传统教育模式只有结合新兴技术，才能与时俱进创新发展。其次，技术伦理问题对大学生理想信念教育创新发展提出新的挑战。将新兴技术运用到教育的过程中必然面临技术伦理和技术生态问题，这些问题都是新时代大学生理想信念教育创新发展面临的难题。最后，可能面临漠视人的主体性的情况。在运用新兴技术过程中，面临着主张科学技术至上的陷阱，从而导致在教育过程中出现人文关怀缺失、人的价值迷失的问题。

（2）非马克思主义思潮对指导地位的挑战

我国的改革开放是一把"双刃剑"，在带来发展机遇的同时，也为西方社会思潮的涌入提供了一定的便利。在当前中国社会转型时期的复杂背景下，各种思想观念和社会思潮进行着激烈的碰撞。社会思潮之间的碰撞与斗争实质上是对意识形态领域主导权的斗争。与西方强大的经济和科技实力为西方思潮提供了后盾相比，建立在经济和现代科技落后基础之上的社会主义中国，经过几十年的发展，虽然取得了巨大的成就，但综合国力上仍同发达资本主义国家存在较大差距，人们美好生活的需要同不平衡、不充分的发展之间的矛盾依然是我国社会的主要矛盾，主观客观各种因素相互交织，使得西方思潮形成了较强的输出能力。理想信念教育是马克思主义和社会主义意识形态的重要组成部分，也是各种错误社会思潮修正、攻击和诋毁的对象。西方思潮中的民主社会主义、新自由主义、历史虚无主义、保守自由主义和后现代主义等都对理想信念教育进行了攻击和诋毁。总的看来，这些错误社会思潮都存在着以学术文化的背景助推，具有很强的隐蔽性、迷惑性，同时宣扬知识精英的理性统治，反对无产阶级和人民民主专政，对马克思主义理想信念造成冲击。必须以历史唯物主义科学的批判精神，运用马克思主义的立场、观点和方法来准确分析当前的各种社会思潮，主动发声，亮剑出击，坚持和捍卫理想信念教育，真正发挥马克思主义的强大威力。

（3）依托现代传媒迅速发展的大众文化对主流文化的冲击

相对于主导文化和精英文化，大众文化关注的是个体的自我满足，强调的是快乐、感性和满足，追求的是娱乐大众的形式，旨在通过向大众传输符合大众口味的产品以期诱导大众消费其产品，因而在大众文化丰富人民精神文化生活的同时，也对主流文化和精英文化带来巨大冲击，对青年的理想信念教育造成损害。

①大众文化的娱乐、媚俗特征瓦解着理想信念教育的超越维度。大众文化追求的是感官的体验，通过满足人们浅层的感官愉悦使公众休闲和娱乐的渴望获得满足，从而达到使大众消费大众文化的目的。大众文化通过大众传媒而流行于大众，是一种通俗文化，它以轻松、快乐的原则迎合着大众的口味，多以不加修饰地描写人的各种欲望，不加修饰地描写人对自身利益的追求，回避对现实的理性思考，回避对人生的理想关照，回避对人生的终极追求。大众文化的娱乐性、媚俗性瓦解了人们对人生终极意义的追寻，将人们的生活导向现实的生活、利益和欲望，在大众文化的背景下人们关注更多的是欢乐，表现出了强烈的娱乐倾向，即强化和突出了它的感官刺激功能、游戏功能和娱乐功能，使快乐成为凌驾于一切之上的文化标准。大众文化丧失了人类存在的意义深度，文化承载的意义、价值、精神都被抛弃，大众文化创造出生活的主体不是理想信念的主体，而是娱乐和消费的主体，使得大学生只关心个体的感性快乐和满足，不再关心自己的理想信念生活，作为主流文化和精英文化的马克思主义理想信念被遗忘。

②大众文化中的负面信息对大学生的思想造成了损害，对理想信念教育造成负面影响。大众文化是一种商业文化，受利益动机的驱动，注定了大众文化本身鱼龙混杂，泥沙俱下，低水平、低层次的产品大量存在，色情、暴力、犯罪在大众文化中占有一定比重，一些低素质的大众文化传播

者通过不健康的文字、图片、音像来吸引大众眼球，谋求利益，西方也别有用心地通过大众文化的途径对我国进行意识形态的瓦解，企图用高消费、享乐主义、个人主义占领人民群众的思想阵地。面对着复杂的大众文化，大学生对大众文化的选择能力和辨别能力较差，一些大学生把糟粕当做精华加以选择和接受，有些甚至在大众文化的影响下走上了犯罪的道路，青年马克思主义理想信念教育面临失效的危险。

③大众文化的日常性特征对传统以理论教育为主的理想信念教育提出了挑战。人们在自己的日常生活中接触着大众文化，大众文化牢牢地占据着人们的生活空间，大众对大众文化的接受过程是和自己的日常生活紧紧相连的。随着大众文化和人们日常生活实践的紧密结合，大学生在以日常性为特征的大众文化中构建着自己的生活方式，甚至构建着自己的思想意识，而对以理论教育为主要形式的理想信念教育则产生了逆反心理，以理论教育为主的理想信念教育难以和大学生的日常生活相结合，使得当代大学生的马克思主义理想信念影响力减弱，理想信念教育效果受限。

4. 文化多样化的影响

（1）全球化进程中西方不同文化、价值观的激烈碰撞

随着生产力的发展、科学技术的进步、社会交往的不断加深，人类从以种族和血缘关系为基础的封闭世界向开放、紧密联系的世界转变，世界全球化的进程使得这个时代呈现出普遍交往的特征，不同的国家、不同的民族、不同的文化都相遇于同一个平面，形成世界范围内的多元文化格局。在当今，全球化的趋势已经成为不可逆转的时代潮流，它不仅仅带来经济的全球化、金融的全球化、贸易的全球化，还必然会带来世界各国文化交流、分歧和冲突。在这种全球化的浪潮中，我们不得不面对中西方不同文化的碰撞和冲突，面对西方文化强势的挑战。西方国家认为自己的文化是最先进的文化，自己的国家制度是最先进的制度，自己的意识形态是全世界的榜样。因而在全球化的过程中，他们依靠强大的经济实力企图把自己的文化强加给其他国家；他们通过掌握文化的话语权进行文化控制；通过大规模输出电视剧、电影等精神文化产品进行文化的宣传；通过高速、全球性的信息传播体系进行文化的传递，通过各种各样的文化援助、交流项目进行文化渗透；他们正在试图从文化、价值观念上改变一个国家。在这样的

西方文化扩张面前，西方的各种社会思潮纷纷涌入我国，中西方不同文化的冲突，非马克思主义和马克思主义思想的纷争必然深深地冲击着个体的价值取向和理想信念选择。在西方文化的渗透下，西方推崇的自由主义、个人主义都对大学生的思想产生了深远影响，导致部分大学生对西方文化宣传的个人主义、自由主义比较推崇，而对马克思主义理想信念所推崇的以集体利益为重、为人民服务的价值观念不再认同，多元价值观给大学生理想信念教育带来严重冲击，一定程度上削弱了大学生理想信念教育的实效。因而当代大学生的理想信念教育也不可能离开多元文化的背景、游离于多元文化之外，在多元文化中价值的多元性、意识形态的差异性成为影响大学生理想信念教育的重要问题

（2）各种与马克思主义理想信念背道而驰的西方思潮的泛滥

虚无主义思潮、新自由主义思潮、个人主义思潮等等，弱化了马克思主义理想信念教育的实效性，后现代主义思潮的崛起为传统理想信念的迷失提供了重要的文化基因。自从 20 世纪 60 年代以来，现代主义与后现代主义的交锋成了思想理论界的前沿风景线。现代性观念发轫于 16 世纪初，之后随着科学观念的传播，启蒙运动的开展，人文主义思潮的勃兴，对宗教的猛烈批判，一种以理性和主体性为核心，以自由、平等、博爱为价值取向，以社会的世俗化、祛魅化为主要过程的现代社会的世界观与思维模式得以形成。而进入 20 世纪二三十年代之后，社会发生了剧烈的变化，人们早已习惯的稳定的社会秩序、生活方式和固有的思维模式难以适应和解释新的社会现实，由此人们产生了严重的不协调感、混乱感、破碎感、无力感，人们开始在悲观、绝望、惊慌中去寻找新的观点、新的方法来解决慢慢认识到的社会和政治危机，试图对世界和社会做出新的解释。特别是二战以后，尤其 20 世纪 60 年代以后，西方社会政治发生激烈变动，媒体、电脑、新技术的爆炸性发展，资本主义的重新调整、持续不断的文化焦虑与文化反叛，对现代社会结构、社会实践及思维模式的普遍怀疑，现代社会组织模式也正在走向瓦解，人们对现代性的态度也由开始的盲目崇拜转为质疑、审视与批判，导致后现代主义思潮的泛滥，后现代主义思想家们开始对现代社会进行重新解释和结构，开始反思现代社会的问题，将新出现的社会状态标识为后现代社会，后现代主义的理论语境也就可以合理地

理解为对社会转型所做出的反映，对动荡的经济和技术发展所做出的反映，对由先前稳定或熟悉的生活和思维模式的解体而发出的社会和知识"骚乱"的反映。后现代主义所催生的文化语境为当代全球性理想信念难题的出现提供了现实的温床。

（3）宗教文化的传播对马克思主义理想信念造成冲击

宗教是一种社会文化，自产生以来，就对人们的思想形成了重要影响，对社会的发展起了重要的作用。宗教文化以理想信念为核心，其产生的过程就是人类高级而复杂的精神文化创造过程，在长期的发展过程中形成了各种宗教理论、宗教教义、宗教团体和各种独特的仪式。各种宗教在形成和发展的过程中又不断地与文学、艺术、建筑、哲学、政治、美术等相结合，形成了属于各自的独特的宗教文化，成为独具魅力的一种文化形式。在当今中国社会转型的过程中，社会发生剧烈变化，人们的生活压力、工作压力加大，人们之间情感交往渐渐淡漠，人们的孤独感、空虚感等负面情绪增长，人们渴望获得精神的力量，人们需要精神的慰藉，这为宗教的传播提供一定的社会空间，宗教适时抓住人们的需要来进行传播。同时，因为宗教文化和政治之间具有十分紧密的关系，政治可以利用宗教为其服务。西方宗教文化承载的西方价值观念是西方国家推行其价值观的重要载体，西方宗教文化是西方国家对我国进行意识形态渗透的有力工具，因此西方国家大力宣扬西方宗教文化，特别是宣传基督文化的力度在加大。加之当今信息技术的快速发展，人们可以通过书籍、网络、手机快速地获得各种宗教文化信息，使宗教文化多渠道的广泛传播成为可能。因此，在这样的大背景下，各大宗教在中国近年来都有较快的增长，特别是基督教的转播和影响的范围正在扩大。面对着日益强劲的宗教文化传播，高校自然也不能被排除在外。随着宗教文化的不断发展和渗透，校园内外的传教活动出现了一定程度的增多，宗教文化在高校中的影响力有所扩大，当代大学生正成为宗教文化传播中的重要群体，对青年人的马克思主义理想信念教育面临宗教文化的严重挑战。宗教文化之所以在当代大学生中呈现扩张之势，不仅掀起了"宗教节日热"，个别学生还皈依了宗教，成为信徒，原因在于宗教和大学生的心理需求有着一定的契合，在难以正确认识宗教本质的基础上走向了宗教。宗教对大学生心理需求的某种程度上的契合表现如下。

第一，在当今，中国大学生一般在父母的呵护下成长，生活环境相对安稳，承受的压力也比较小。进入到大学之后，情形发生了巨大变化，学习、生活开始出现了一系列问题，并且开始感受到生活、学习、就业等一系列的压力，这些问题和压力都需要他们独自面对和处理解决。然而面对着突如其来的问题和压力，个别大学生却无法进行自我消化、无法承受和无法解决，引起了内心的焦虑和冲突，为了化解这种压力，有些人开始寻找精神上的安慰和解脱，在"神"的旨意中获得了内心的安定，在"神"的安排中消解了内心的焦虑，实现了心灵的抚慰。

第二，大学生处于求知欲比较强的时期，随着年龄的增长和知识面的拓展、大学生的理性思考能力增强，大学生开始探寻世界的永恒秘密和人生的永恒价值，显然当今的科学知识无法穷尽自然的所有奥秘，也无法提供人生的永恒价值，而宗教却以自己的理论体系给世界和人生提供了终极的解释，个别大学生在对终极问题的探求中走向了宗教。

第三，大学生需要有愉快的人际交往关系，渴望找到自己的真心朋友。然而，因为大学生来自全国各地，各自的生活环境、成长背景差异较大，难以找到真心朋友，导致大学生的孤独感增长，大学生的情感交往出现障碍。而宗教组织却提供了平等、和谐、友爱的人际氛围，教会成员之间互相鼓励、互相支持、互相帮助对个别大学生产生了强烈的吸引力，在参与宗教活动的过程中找到了归属感，在信徒的影响下最终走向了宗教。

（4）来自对马克思主义的非科学态度与封建迷信思想的困扰

①对待马克思主义的不科学态度阻碍了对理想信念教育的理解。从思想渊源和实践来源看，理想信念教育产生于马克思主义经典作家关于理想问题的立场、观点和方法，并在世界范围内的共产主义运动中不断获得发展，实实在在地指导着马克思主义者的理想实践。客观上来看，马克思理想观本身的科学性、复杂性为多样化解读提供了空间，也增加了普通群众理解上的难度，再者当前对理想信念教育的理论研究、宣传教育与实践推进与理想信念教育的重要地位与强大功能的发挥并不相符，甚至一定程度上阻碍了理想信念教育的进一步发展。但不能科学地对待马克思主义仍是一些人的理想信念教育动摇和缺失的重要主观原因。一些党员和党员干部不认真学习马克思主义基本原理，理论功底浅薄，更谈不上对马克思主义真学、

真懂、真信、真用，甚至有些人挂羊头卖狗肉，曲解理想信念教育，为自我利益服务。不下功夫去学习马克思主义，自然无法真正掌握马克思主义基本原理，更无法做到以科学的态度去对待马克思主义。这些思想行为从表面上看是淡化了对理想信念教育的重视，虚化了马克思主义理论的指导地位，实际上则受到了功利主义和西方意识形态潜移默化的影响，并自觉或不自觉地以此来指导自身的理想选择，理论定力缺失导致一些党员和党员干部理想信念动摇，使各种负面的理想认识有机可乘、乘虚而入。而马克思主义倡导者身体力行的缺失，又进一步造成了马克思主义合法性和群众基础流失。

对广大群众而言，很大程度上并没有真正了解马克思主义，也并非觉得马克思主义不好而不信马克思主义。群众对于马克思主义的不科学态度虽然与个人认知水平与理论把握能力密切相关，但是我国马克思主义宣传、教育方式的误区也很大程度地影响马克思主义的外在形象和理想信念教育的确立。马克思主义的魅力绝不是仅供马克思主义学者书斋中的自娱自乐，也不是简单粗暴的生搬硬套，必须生动地融入群众的内心，有机地作用于群众的生活，才能使理想信念教育深入人心，外化于行。长期以来，因为宣传教育手段存在不同程度的神化、僵化、教条，背离了马克思主义的科学性和人民性，加上现实生活中的矛盾未能得到有效的解决，使有些人产生了抵触情绪，主动刻意地排斥马克思主义，甚至走向了马克思主义的对立面。其中一种倾向是将马克思主义神化、僵化。把马克思主义神化为包罗万象的绝对真理，甚至将经典作家在特定历史条件下的论断当作亘古不变的箴言加以迷信，这本身就违背了马克思主义的要求。"假""大""空"等话语说教方式导致了马克思主义与人民群众日常生活脱离，也使得本该充满人文关怀的马克思主义幻化为空洞、干扰的政治口号，而很少引导人们去认识、理解和使用马克思主义的立场、观点、方法。所以说，对待马克思主义的不科学态度，有意或无意地误解或曲解马克思主义的精神实质，弱化了马克思主义的魅力与政治保障和精神支柱的作用，也导致理想信念教育的动摇和缺失。

②封建迷信思想糟粕阻碍科学理想观的树立与践行。当今的中国社会正处于一个思想活跃、观念碰撞、文化交融的时代，不同文化在交织并存

中产生了不同程度的文化矛盾。先进文化与落后文化的矛盾也作用于人们的理想领域。在我国传统文化中的糟粕部分存在局限性和落后、消极因素，在当今的现实生活中仍然存在旧的残余和影响，阻碍科学理想观的树立与践行。传统文化中的糟粕部分逐步演化为束缚和阻碍中国思想文化进步和经济社会发展的消极因素。如，官本位、家长制、终身制及各种特权现象筑起的既得利益藩篱等传统文化消极因素对现实的渗入，已成为目前马克思主义理想观在我国社会广泛落地生根所面临的巨大阻力和严峻挑战。我国传统文化中还夹杂着一些消极的宗教文化影响因素依然在起作用，造成了部分人的世界观、价值观、人生观和理想观与马克思主义的格格不入。在我国社会转型过程中，不可否认出现了许多矛盾问题，尚且没有得到很好的解决，社会的矛盾问题必然作用于置身于社会中的人，导致人的心理问题的日益增多，人们的理想领域也面临不同程度的困惑与挫折。[①]

（二）国内现实对大学生理想信念影响的挑战

社会现实作为意识产生的基础对大学生理想信念的形成和坚定程度都产生着重要影响。党的十八大报告指出，当前，世情、国情、党情继续发生深刻变化，我们面临的发展机遇和风险挑战前所未有。分析国内社会现实发展对大学生思想认识产生的影响，特别是对大学生理想信念产生的影响具有重要意义。

1. 积极影响

（1）人民生活水平日益提高夯实了大学生理想信念的基础

大学生生活在现实中，人民生活水平的日益提高是伴随大学生成长的客观现实，也是大学生能够直接感知到的社会发展，是他们形成中国特色社会主义理想信念最直观的认识、最坚实的基础。

①人民生活水平日益提高为大学生的自我实现奠定了物质基础。随着人民生活水平的日益提高，人民在一定程度上逐渐摆脱物质对人的发展的限制，即在一定程度上促进了人的自我发展。这也为大学生的自我实现奠定了物质基础。从21世纪大学生的生活环境来讲，他们因为有物质的支持，更多地把精力和注意力转移到实现个人价值和对实现个人价值权利的追求

---

① 佘明薇. 马克思主义理想观研究 [D]. 苏州：苏州大学，2018.

上来。而物质条件的改善为实现他们的愿望也提供了相应的条件。

②大学生在生活中形成对中国特色社会主义道路的自然认同。新时代的大学生大多都是"00后",他们出生在改革开放初步取得成果的时期,随着我国建设中国特色社会主义道路的历程而成长。在他们的成长过程中,在物质生活方面已经基本告别了物质短缺,不仅物质商品越来越丰富,而且商品的品质也越来越得到提高;在社会生活方面,人与人之间的平等、尊重、民主权利等越来越得到保障,人民的各项权利在得到保障的同时,个性和自我价值日益觉醒并得到尊重;在政治方面,中国特色社会主义的建设取得成效,中国特色社会主义的理论日益成熟,民主政治建设也日益取得成效。总体上看,新时代大学生成长的时期正是我国建设中国特色社会主义的关键时,物质保障、权利保障、制度保障都在朝着良好有序的方向发展,发展过程中虽然还存在着各种各样的问题,但是总体上为新时代大学生的成长提供了一个安全稳定和发展的环境,所以他们的目光更多地关注着发展,更多关注自我价值实现,而很少顾及他人感受;更多要求权利和保障,而很少有后顾之忧。在理想信念的建立方面,由于成长环境的影响,他们更多是对中国特色社会主义道路的认同和追随,从内心来讲,中国特色社会主义的良好发展已经成为他们生命中一件很自然的事情,他们因此把更多的精力投入到个人发展与自我价值实现上来。

（2）中国特色社会主义伟大成就坚定了大学生理想信念

坚定的中国特色社会主义理想信念的意志必然是建立在理性认知和情感认同的基础上,大学生生活在中国特色社会主义建设的现实中,时刻感受着中国特色社会主义建设所取得的成就,形成了积极的理性认知和情感认同。

①中国共产党的坚强领导是大学生树立坚定理想信念的情感基础。在感性认知的基础上,形成人的理想信念,特别是社会政治理想信念,还需要更深刻的理性认知和情感基础。新时代的大学生体会不到面临复杂的改革开放和市场经济体制建设时抉择的艰难,也没有经历过中国到底向何处去的理论争论,他们出生和成长的时期也是中国特色社会主义道路、理论、制度逐渐成形的时期,与上几代人不同,他们直接成为制度的受益者,于是对于社会主义、对于中国共产党天然存在一种依赖心理,这种依赖心理

成为大学生建立中国特色社会主义理想信念的情感基础。

②不断成熟的中国特色社会主义理论是当代大学生的理想信念支柱。人不同于动物，人是有意识的。大学生对于社会政治理想信念的建立和稳固并不能完全建立在感性的认知上，而随着中国特色社会主义建设的发展，建立的中国特色社会主义理论日益完善。新时代大学生自出生以来，他们所面对的社会现实就是不断向好的改革开放和中国特色社会主义建设成果，并且，随着他们的成长，中国特色社会主义理论也越发成熟，他们既没有从社会心理上因为对社会发展道路的不清晰而产生的迷茫，也没有经历发展市场经济与所谓资本主义私有化的辩论，他们面对的是不断趋于成熟的中国特色社会主义理论，在他们的成长过程中，在他们的心中对中国特色社会主义道路基本不存在怀疑，更多的甚至是依赖。他们的目光不是放在怀疑中国特色社会主义理论，而是如何使这一理论或是道路更加完善，或者在这一理论之下如何能够争取到更多的人民民主权利。可以说，在他们的思想意识中，中国特色社会主义理论不仅成为当代大学生理想信念的支柱，而且在某种程度上已经成为一种自然而然的心理状态。

③不断完善的社会主义民主政治建设得到大学生的衷心拥护。如前所述，随着我国中国特色社会主义道路的成熟而成长起来的大学生，他们的生活条件相对宽裕、自我实现的权利基本得到了保障，因此在社会政治理想方面，他们对中国特色社会主义制度的支持更多的是自然而然的，由于对民主权利和自我实现空间的更大渴望，他们的着眼点更多地落在了社会主义民主政治建设方面。大学生在日常学习生活中看到了社会主义民主政治建设的不断完善，看到了党和政府在保持国家安全稳定的前提下不懈推进民主政治建设，使他们对国家民主政治制度的发展充满信心，满足了他们对于更多民主权利的渴望，得到他们的衷心拥护。

2. 消极影响

（1）市场资本逻辑导致理想观的功利化

马克思主义认为，社会存在决定社会意识。理想信念教育面临挑战的背后有着深层次的经济根源。为了巩固和发展中国特色社会主义，我国采取了以公有制为主体、多种所有制共同发展的所有制结构，发展社会主义市场经济。这是符合我国现实国情与生产力水平的正确战略选择，也极大地促进了我国经济社会的发展。伴随着社会主义市场经济的发展，一方面优化了资源配置，提高了经济效率，使经济迸发出前所未有的活力，人们的生活水平大幅提高，综合国力获得了大幅提升；另一方面，改革开放面临着许多新情况、新问题的挑战，社会主义市场经济体制不够完善，对市场资源配置的宏观调控也还不尽如人意。在社会主义初级阶段，非公有制经济占国民经济比重日益上升，加之市场资本逻辑的扩张与渗透，极易诱发人的贪欲和逐利心理，引发功利主义、拜金主义、享乐主义、极端个人主义和奢靡之风，造成利益多元化、贫富分化、阶层固化，人与人、社会和自然之间的紧张关系和矛盾尖锐，对马克思主义信仰、理想信念，特别是对共产主义理想信念造成了冲击和动摇。市场资本逻辑干扰了人们理想中本该有的崇高追求与长远目光，使人的理想局限于眼前短期的物质利益，这无疑拒斥了理想信念教育所蕴含的为共产主义理想而奋斗的观点。当资本逻辑渗透到人们的理想领域，一切以金钱作为衡量标准时，就会造成理想的功利化、庸俗化，甚至是对理想的冷淡与拒斥。理想功利化带来了个人物质利益的快速满足与理想信念教育强调服务、奉献和为共产主义远大理想而奋斗形成鲜明的反差，动摇着相当一部分人的理想观。人们奋斗所争取的一切，都同他们的利益有关，貌似纯属精神领域的理想也根植于人的需要与利益。从分配制度上看，与社会主义市场经济相对应，我国采取了以按劳分配为主、多种分配形式并存的分配方式，而非单一的按劳分配。分配制度改革有效地调动了社会主义初级阶段生产者积极性，实现了公平与效率的有效结合，促进了生产力的快速发展。在发展过程中出现的按照劳动要素在分配体系中比例减少、收入差距悬殊等问题，长期存在，亟待解决，且有导致两极分化的可能。相比既得利益阶层对理想信念教育的冷淡和不屑一顾，广大为了生存而努力奋斗的人们，很大程度是被生活的压力束缚了理想，不愿功利也无奈被功利化。理想本身的意义被物质利益所稀释和占据，人们的理想实践也不同程度地被功利主义左右，在追求并享受到丰裕的物质生活之后，内心深处却感到空虚与茫然。当人与社会的全面发展的思想理念被轻"人"重"物"的思维观念所遮蔽时，使得本该实现人与社会的全面发展变成了只见"物"不见"人"的畸形片面发展，引发了一些人对于共产主义理想信念和理想信念教育的失望、冷淡和不屑一顾。

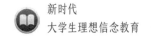
（2）社会主要矛盾的转化加剧理想信念教育的难度

我国进入新时代，一个重要的标志和特征就是社会主要矛盾已经发生转化。社会主要矛盾的转化，对我国各项工作都提出了更高的要求，旨在更好满足人民日益增长的美好生活需要。对于新时代大学生理想信念教育而言，人民日益增长的美好生活的需要以及我国社会发展的不充分不平衡的现状对其提出更高要求的同时也是其面临的挑战。

人民日益增长的美好生活需要给新时代大学生理想信念教育创新发展提出了新的挑战。当前，人民美好生活需要日益广泛，不仅在物质层面、精神层面，而且在民主、法治、公平、正义、安全、环境等领域的需要也对我国社会发展提出了更高要求。这种更高要求使得大学生理想信念教育的任务更加艰巨，面临新的挑战。人民日益增长的美好生活需要给高校思想政治教育工作特别是大学生理想信念教育工作带来的挑战主要体现在两个方面：从横向来看，新时代大学生的需求更加多样化和个性化。大学生理想信念教育要切实关注新时代大学生的需求变化，确保教育活动符合新时代大学生的现实需求。要充分把握新时代大学生的思想行为特点，把握新时代大学生需求的层次和关切的问题，坚持"贴近实际、贴近生活、贴近大学生"的原则进一步创新发展新时代大学生理想信念教育。从纵向来看，新时代大学生"不再仅仅满足于自身的'生存性需要'，更注重有利于自身成长的'发展性需要'"①。因此，在人民美好生活需要日益广泛的时代背景下，如何发挥好引领大学生思想行为的重要作用，引导大学生在关注物质需求同时，也要注重精神文化需求，使大学生能够树立科学的理想信念，这都是新时代大学生理想信念教育创新发展面临的新挑战。

我国社会发展不平衡不充分的现实状况给新时代大学生理想信念教育创新发展提出了新的挑战。党的十八大以来，我国不仅经济建设成就显著，而且在全面深化改革、思想文化建设、生态文明建设等方面也取得了重大成就，但同时我国还存在一些社会发展问题与矛盾，面临不少困难和挑战。发展不平衡不充分的现实状况对国家治理体系和治理能力提出现代化建设的要求，对我国各项工作也提出更高的要求。对于高校思想政治教育工作，

① 王朝庆，王刚. 问题与思路：社会主要矛盾变化下思想政治教育的新路向 [J]. 学校党建与思想教育，2018（13）：5.

特别是大学生理想信念教育工作而言，发展不平衡不充分的现实状况带来的挑战主要体现在四个方面：首先，社会、高校提供的精神产品数量及质量不足，不能满足新时代大学生对更高水平精神产品的渴望和追求。其次，大学生理想信念教育者对新时代大学生思想发展特征了解不足。社会发展的不平衡不充分必然导致一部分大学生在思想、行为上与以往时期的大学生有所不同。教育者要充分了解这些新时代大学生思想的新变化、新特征，有的放矢地开展理想信念教育活动。再次，大学生理想信念教育的说服力解释力亟待提升。随着经济社会的发展，新时代大学生视野更加宽阔、思维更加活跃、价值追求更加多样，这些都加大了新时代大学生理想信念教育难度。因此，要不断提升教育的说服力和解释力，发挥其引领新时代大学生思想和行为的功能。最后，意识形态领域内的斗争依旧激烈、艰巨和复杂。目前，在意识形态领域内依然存在与社会主义核心价值观、主流意识形态相违背的言论，意识形态领域内的斗争依然面临严峻挑战。

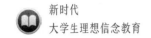

第五章　新时代大学生理想信念教育现状分析

　　着力对新时代大学生理想信念教育的现状、存在的问题及原因进行总结与分析是开展新时代大学生理想信念教育研究的关键步骤。充分了解阻碍大学生理想信念教育的消极因素，并结合已有相关研究成果，可以有的放矢地提出加强大学生理想信念教育的有效对策，从而不断提升新时代大学生理想信念教育的水平。

　　在本章中，笔者通过调查问卷、资料查阅、文件检索的方式，用问卷调查法、文献研究法和比较分析法对当前我国大学生理想信念教育的现状进行调查与分析。通过相应的调查及资料检索结果显示，当前我国大学生的理想信念状况主流是积极向上的，但是，在社会思潮多元化以及在全面深化改革过程中出现的困顿和问题等多方面因素的影响下，大学生在不同程度上存在着理想信念不清晰、政治信仰不坚定、价值取向不明确等现象，有碍于大学生树立崇高远大的理想信念。梳理和分析大学生理想信念现状，找出当前在理想信念教育中存在的问题，有助于我们对症下药，积极有效地开展工作，提高大学生理想信念教育的实效性。

一、新时代大学生理想信念教育现状

（一）新时代大学生理想信念教育现状调查说明

　　本章采用问卷调查的方法，以"新时代关于大学生理想信念教育现状调查"为题设计问卷，对当前大学生理想信念教育的现状展开调查，分析存在的问题和原因，为新时代大学生理想信念教育的开展提供借鉴。本次调查通过网络发放与实地发放相结合的方式展开，实地发放问卷的主要对象为武汉市部分高校在校大学生。本次调查共发放问卷1000份，实际回收问卷 981 份，问卷回收率为 98.10%，剔除不合格问卷，有效问卷为 957 份。在 957 份有效问卷中，调查对象基本情况如下。

从调查对象的性别上看，男生 468 份，女生 489 份，占问卷总数的百分比分别为 48.90%、51.10%。从调查对象的在读年级或学习阶段上看，大一、大二、大三、大四、研究生（硕士生、博士生）的问卷数分别为 193 份、196 份、206 份、188 份、174 份，分别占问卷总数的 20.17%、20.48%、21.53%、19.64%、18.18%。从调查对象的政治面貌上看，中共党员（含预备党员）的问卷数为 245 份（占问卷总数的 25.60%），共青团员的问卷数为 708 份（占问卷总数的 73.98%），其他的问卷数为 4 份（占问卷总数的 0.42%）。通过对调查问卷结果的整理和分析，可以看出，调查结果能在一定程度上反映了新时代大学生理想信念教育的现状，能为新时代加强大学生理想信念教育提供现实依据，以深化对新时代大学生理想信念教育的研究。

（二）大学生理想信念现状

1. 正向认同群体占据主流

（1）对于民族复兴和发展前途充满信心

习近平指出："实现中华民族伟大复兴，是一场震古烁今的伟大事业，需要坚忍不拔的伟大精神。"[1] 大学生是这种"伟大精神"理所当然的开拓者和传承者。反之，如果大学生群体普遍性地缺乏对于民族复兴的自信和信心，这场"伟大事业"也就失去了重要的实现保障。调查数据显示，针对"对本世纪实现中华民族伟大复兴的中国梦是否充满信心"这一问题，32.6% 的大学生"非常有信心"，49.9% 的大学生"比较有信心"，"信心不足"者占 11.8%，"没有信心"者占 5.7%。前两者相加，共有 82.5% 的大学生对中华民族在 21 世纪能够现伟大复兴充满信心。这说明经过了 40 多年的改革和发展，"中国人民的面貌、社会主义中国的面貌、中国共产党的面貌发生了历史性变化"[2]。调查数据反映了绝大多数大学生对于实现中华民族伟大复兴的光明前景保持较为强烈的认同感，而拥有这种认同感恰恰是大学生自我意识增强、勇于担当责任的体现。

---

① 习近平. 在中国文联十大、中国作协九大开幕式上的讲话（2016 年 11 月 30 日）[N]. 人民日报，2016-12-01.

② 蒋建国. 凝聚在共同理想和信念的旗帜下 [M]. 北京：人民出版社，2013：158.

针对"对于中国特色社会主义道路的发展前途是否充满信心"这一问题，36.6%的大学生"非常有信心"，52.5%的大学生"比较有信心"，"信心不足"者占8.3%，"没有信心"者占2.6%。前两者相加，共接近90%的大学生对于中国特色社会主义道路的发展前途充满信心。从20世纪上半叶马克思主义传入中国以来，中国的无产阶级就在坚持不懈地推进马克思主义中国化，不仅解决了近代以来中国人民迫切需要解决的民族独立问题，而且自改革开放以来，走中国特色社会主义道路，逐步解决了国家富强和人民幸福的问题。这一历史演进过程和客观现实成就明确无误地告诉大学生：中国特色社会主义道路不仅行得通、走的好，而且还要走得更好。

2. 对于指导思想和意识形态高度认同

毛泽东指出："凡是要推翻一个政权，总要先造舆论，总要先做意识形态方面的工作。革命的阶级是这样，反革命的阶级也是这样。"[①]可见，思想领域的领导权不仅是夺取革命胜利的必要前提，而且可以为社会主义国家政权的巩固提供必要的思想保障。习近平总书记也要求宣传思想工作者"要把意识形态工作领导权和话语权牢牢掌握在手中"[②]。毋庸置疑，把广大青年大学生的意识形态阵地"牢牢掌握在手中"是实现意识形态工作领导权和话语权的重要环节。调查数据显示，针对"马克思主义具有强大而持久的生命力"这一问题，48.3%的大学生"完全同意"，39.8%的大学生"基本同意""不同意"者占4.6%，"说不清"者占7.3%。前两者相加，有88.1%的大学生认同马克思主义；后两者相加，有11.9%的大学生不认同马克思主义或者对马克思主义认识模糊。这说明对于马克思主义的历史作用和现实意义，大多数大学生能够客观看待，并且经过系统的教育和引导，马克思主义在大学生群体中获得较为广泛的认可和认同。

针对"国家指导思想和意识形态不能搞多元化"这一问题，32.4%的大学生"完全同意"，34.3%的大学生"基本同意"，"不同意"者占24.6%，"说不清"者占8.7%。前两者相加，有66.7%的大学生坚定马克思主义指导思想和意识形态一元化；有近1/4的大学生"不同意""国家

---

① 建国以来毛泽东文稿：第十册[M]. 北京：中央文献出版社，1996：194.

② 中共中央宣传部. 习近平总书记系列重要讲话读本[M]. 北京：学习出版社，人民出版社，2016：193.

指导思想和意识形态不能搞多元化"这一命题，还有不到8.7%的大学生对此问题认识模糊。匈牙利马克思主义评论家卢卡奇认为："对无产阶级来说，它的'意识形态'不是一面扛着去进行战斗的旗帜，不是真正目标的外衣，而就是目标和武器本身。"[①] 可见，指导思想和意识形态是我们与资本主义意识形态进行争夺的"目标"和"武器"，因此我们丝毫不能松懈。调查数据也显示出当前大学生对于指导思想和意识形态问题有着更为强烈和鲜明的态度，值得理想信念教育工作者高度关注。

3. 对于人生价值和成功标准认识积极

马克思主义认为："共产主义革命就是同传统的所有制关系实行最彻底的决裂。"[②] 试想，在生产资料私有制基础上诞生的特权观念、等级观念等不就需要同社会主义核心价值观念"实行最彻底的决裂"吗？青年大学生如果普遍性地认同金钱至上，漠视甚至鄙视劳动和奉献的崇高价值，又何来积极奋进的动力呢？因此，对于人生价值和成功标准的认识和判断是大学生处理自我与社会之间关系的观念提炼和升华。调查数据显示，针对"社会主义社会，劳动和奉献是人生价值的评价标准"这一问题，18.3%的大学生"非常认同"，44.1%的大学生"比较认同"，"不太认同"者占17.7%，"不认同"者占10.2%，"说不清"者占9.7%。前两者相加，有62.4%的大学生认同劳动和奉献与人生价值的评价标准直接关联；后三者相加，有37.6%的大学生对此持反对意见、怀疑态度或模糊认识。由此可见，大部分大学生认同劳动和奉献对于实现人生价值的重要意义，他们的思想观念符合社会主义意识形态对于大学生群体塑造人生价值观的要求。

针对"拥有金钱的多少是衡量一个人成功与否的标准"这一问题，4.8%的大学生"非常认同"，29.9%的大学生"比较认同"，"不太认同"者占34.2%，"不认同"者占21.4%，"说不清"者占9.7%。前两者相加，有34.7%的大学生认同拥有金钱与判断成功直接关联；而表示"不太认同""不认同"的大学生占调查人数的55.6%，表示"说不清"的大学生占9.7%。

① [匈]卢卡奇. 历史与阶级意识——关于马克思主义辩证法的研究[M]. 杜智章，任立，燕宏远，译. 北京：商务印书馆，1992：129.

② 中共中央马克思恩格斯列宁斯大林著作编译局编译. 马克思恩格斯选集（第一卷）[M]. 北京：人民出版社，1995：293.

从调查果可以看出，有超过一半的大学生能够比较客观全面地看待金钱的价值，至少他们对于个人成功的判断标准并非单一金钱化。然而也有超过1/3的学生对金钱价值的认识较为绝对化，这类大学生群体的状况值得我们在理想信念教育过程中持续关注并加以进一步分析。

以上三个方面便是经过问卷调查得出的关于当前在校大学生对于理想信念的认同状况。究其原因，这与我们的长期教育、舆论引导及社会氛围有着极大关系。首先，超过80%和接近90%的大学生分别对民族复兴的光辉未来以及中国特色社会主义道路充满自信充分展示了高校始终坚持思想政治教育的积极效果。长期以来，各高校坚持正确的教育方针，坚持高等教育立德树人的使命和根本任务，在思想政治教育领域毫不松懈，通过配置专业院系、配备专职教师、培养专业人才来保证思想政治教育的可持续发展，向全体大学生传授重大理论和现实问题。特别是关于中国特色社会主义理论体系中的一些重要的、与社会生活密切关联的问题，比如中华民族伟大复兴的基本内涵及实现途径，必须长期坚持中国特色社会主义道路的原因及重要意义等，广大思想政治教育工作者直面问题，给出了自信的答案，为同学们解疑释惑，从调查结果来看，确实起到了非常好的效果。其次，在思想文化宣传领域长期坚持正确的社会舆论导向，将意识形态阵地牢牢掌握在我们手中，从而对大学生营造出了持久的、积极的舆论传播氛围。思想文化宣传阵地是传播党和人民的声音、传播先进思想文化的基本依托，其建设成效不仅关系到马克思主义指导地位的巩固与否，而且关系到全国人民团结奋斗的共同思想基础的巩固与否。实践中，宣传部门通过对基础管理、舆情会商、态势研判以及强化队伍等方面的综合建设，建立起了一整套既符合我国国情又能够实现坚守阵地要求的思想文化宣传体系。再次，社会整体的"向善"氛围和"崇高"取向也深刻影响着大学生的世界观和人生观。尽管受到西方"金钱至上"观念的冲击和影响，但社会总体上还是向往善行。在"善行河北"建设中，仅沧州青县一地就有近百位普通百姓荣登中国好人榜，每年"感动中国"的群体和个人形象深深地感动着每一位华夏儿女。尽管我们有"面对一位摔倒的老人是扶还是不扶"的争论，但绝大多数人由衷地敬佩那些扶危济困、见义勇为、乐于助人的人。这种良性的、可持续的社会氛围自然也在深深影响着在校大学生，从他们对"奉献与价值""金钱与成功"此类问题的回答中便已知道答案。

（二）偏向认同群体值得关注

1. 政治面貌状况和是否是学生干部值得关注

"在一切生产工具中，最强大的一种生产力是革命阶级本身。"[①] 这是因为，一方面，革命阶级代表着先进的生产力发展方向，另一方面，革命阶级代表着最广大人民的根本利益。如果对大学生群体按照政治面貌进行细分的话，可以分为共产党员、共青团员，还有群众。其中共产党员是大学生群体中的先进分子，共青团员是积极的革命群体，大学生理想信念教育的重要方向便是要让大学生群体中的群众趋向于先进和积极。调查数据显示，对于"本世纪实现中华民族伟大复兴是否充满信心"这一问题，在政治面貌为共产党员的大学生群体中，有 50.9% 的表示"非常有信心"，44.6% 的表示"比较有信心"，"信心不足"者仅占 4.5%，没有信心者为0；在政治面貌为共青团员的大学生群体中，有 41.1% 的表示"非常有信心"，53.3% 的表示"比较有信心"，"信心不足"者占 5.2%，没有信心者占 1.4%；在政治面貌为群众的大学生群体中，有 23.3% 的表示"非常有信心"，43.0% 的表示"比较有信心"，"信心不足"者占 12.0%，没有信心者占 21.7%。可见，从共产党员到共青团员再到普通群众，表示"充满信心"的比例呈现逐渐下降的趋势，而表示"信心不足"或者"没有信心"的比例则呈现逐渐升高。这一方面是由不同政治面貌群体的政治素养不同决定的，另一方面也从侧面反映了共产党和共青团这两个组织的先进性和带动作用是不容怀疑、值得信赖的。同时，更应该注意到，共有超过 30%的大学生群众对于 21 世纪实现中华民族伟大复兴"信心不足"或"没有信心"，这说明在今后的理想信念教育过程中，更应该关注政治面貌为群众的大学生群体。

针对"对于中国特色社会主义道路的发展前途是否充满信心"这一问题，曾经担任或正在担任学生干部（包括班级干部和学生会干部）的大学生群体中，"非常有信心"的占 41.6%，"比较有信心"的占 49.3%，"信心不足"者占 7.8%，"没有信心"者占 1.3%。前两者相加，有超过 90% 的学生干部；

---

① 中共中央马克思恩格斯列宁斯大林著作编译局编译. 马克思恩格斯文集（第 1 卷）[M]. 北京：人民出版社，2009：655.

后两者相加，对于中国特色社会主义道路的发展前途"信心不足"或"没有信心"的学生干部不到10%。没有担任过学生干部（包括班级干部和学生会干部）的大学生群体中，"非常有信心"的占32.3%，"比较有信心"的占51.3%，"信心不足"者占10.8%，"没有信心"者占5.6%。后两者相加，有超过16%的非学生干部对于中国特色社会主义道路的发展前途"信心不足"或"没有信心"。可见，是否担任学生干部对于回答这一问题的差异性是比较显著的。这说明，激励大学生主导或参与群体活动，引导大学生参加社会工作锻炼有助于理想信念的提升。

2. 宗教信仰差异和学历差异值得关注

习近平在中央统战工作会议上强调："积极引导宗教与社会主义社会相适应……引导宗教努力为促进经济发展、社会和谐、文化繁荣、民族团结、祖国统一服务。"[①] 尽管这是从开展统一战线工作的视角提出的要求，但同样适应于针对青年大学生开展理想信念教育工作。针对"马克思主义具有强大而持久的生命力"这一问题，调查数据显示，在信仰佛教的大学生当中，"完全同意"者占42.5%，"基本同意"者占42.5%，"不同意"者占12.6%，"说不清"者占2.4%；在信仰基督教的大学生当中，"完全同意"者占32.3%，"基本同意"者占58.1%，"不同意"者占9.6%，"说不清"者为0；在信仰伊斯兰教的大学生当中，"完全同意"者占10.1%，"基本同意"者占59.8%，"不同意"者占10.6%，"说不清"者占19.5%；在信仰天主教的大学生当中，"完全同意"者占20.8%，"基本同意"者占20.7%，"不同意"者占39.5%，"说不清"者占19.0%；在有其他信仰的大学生当中，"完全同意"者占24.1%，"基本同意"者占31.1%，"不同意"者占27.6%，"说不清"者占17.2%；没有宗教信仰的大学生当中，"完全同意"者占49.6%，"基本同意"者占39.4%，"不同意"者占3.6%，"说不清"者占7.4%。可见，对马克思主义的光明未来，没有宗教信仰的大学生更有信心，明确持"不同意"态度的比例要显著低于有宗教信仰的大学生群体。这就要求我们在开展理想信念教育过程中，对于那些具有宗教信仰的大学生，要充分发挥他们的作用，积极引导宗教与社会主义相适应。

---

① 中共中央宣传部编. 习近平总书记系列重要讲话读本（2016年版）[M]. 北京：人民出版社，2016：182.

不同学历层次的大学生群体理想信念呈现出一定的差异。针对"国家指导思想和意识形态不能搞多元化"这一问题，调查数据显示，在专科大学生当中，"完全同意"者占35.5%，"基本同意"者占34.1%，"不同意"者占23.4%，"说不清"者占7.0%；在本科大学生当中，"完全同意"者占29.0%，"基本同意"者占34.6%，"不同意"者占26.9%，"说不清"者占9.5%；在研究生及以上学历的大学生当中，"完全同意"者占45.3%，"基本同意"者占32.8%，"不同意"者占15.3%，"说不清"者占6.6%。可见，对于这一观点明确表示"不同意"态度的比例，随着专科、本科、研究生及以上学历的升高呈现不断下降的趋势。这说明随着学历的升高，当代大学生对于相关政治观点的认知的深度也在加深。这也告诉我们，同一个人随着学历的提高其政治观点也可能会发生改变。还有一个值得注意的现象，那就是持"不同意"态度的比例，本科生最高，达到26.9%；专科生其次，为23.4%；研究生及以上学历者最低，为15.3%。这一组数据也反映出本科生群体的思想更为活跃。

3. 经济状况差异和是否独生子女值得关注

马克思指出，未来的共产主义"是对私有财产即人的自我异化的积极的扬弃，因而是通过人并且为了人而对人的本质的真正占有"①。在马克思看来，资本主义生产不断扩大的同时也生产出了它自身无法克服的"魔鬼"，那就是资本或财富对人的异化，而马克思主义追求的根本价值目标则是扬弃这种异化，实现人的自由而全面的发展。开展大学生理想信念教育的重要内容之一便是引导和教育大学生树立正确对待资本或财富的观念，确立劳动和奉献的崇高属性。针对"社会主义社会，劳动和奉献是人生价值的评价标准"这一问题，如果以月生活支出费用的多少作为细分尺度，会发现，月生活支出费用的差异也关联着看待人生价值的差异，月生活支出不同的大学生对于这一问题的回答有较大不同。调查显示，月生活支出在1000元以下的大学生当中，"非常认同"者占20.8%，"比较认同"者占56.6%，"不太认同"者占11.3%，"不认同"者占4.9%，"说不清"者占6.4%；月生活支出在1000~1500元的大学生当中，"非常认同"者占18.5%，"比

---

① 中共中央马克思恩格斯列宁斯大林著作编译局编译. 马克思恩格斯文集（第1卷）[M]. 北京：人民出版社，2009：185.

较认同"者占 52.7%，"不太认同"者占 15.3%，"不认同"者占 6.1%，"说不清"者占 7.4%；月生活支出在 1500~2000 元的大学生当中，"非常认同"者占 18.6%，"比较认同"者占 55.7%，"不太认同"者占 14.6%，"不认同"者占 5.7%，"说不清"者占 5.4%；月生活支出在 2000 元以上的大学生当中，"非常认同"者占 17.3%，"比较认同"者占 53.3%，"不太认同"者占 9.1%，"不认同"者占 13.7%，"说不清"者占 6.6%。就调查数据整体而言，月生活支出 1000 元以上的大学生相比月生活支出 1000 元以下的大学生更不认同"社会主义社会，劳动和奉献是人生价值的评价标准"，这与家庭较为贫困、经济比较拮据的大学生在学校普遍更加勤奋的表现一致。通过调查数据分析也可以看出，有超过 1/3 的大学生对于劳动和奉献崇高价值持有怀疑和否定态度。

针对"拥有金钱的多少是衡量一个人成功与否的标准"这一问题，如果以大学生是否为独生子女作为细分尺度，独生子女和非独生子女对于这一问题的回答也存在一定的差异。就独生子女而言，"非常认同"者占 7.2%，"比较认同"者占 28.3%，"不太认同"者占 37.9%，"不认同"者占 21.8%，"说不清"者占 4.8%；就非独生子女而言，"非常认同"者占 3.5%，"比较认同"者占 24.9%，"不太认同"者占 43.8%，"不认同"者占 23.0%，"说不清"者占 4.8%。独生子女对于拥有金钱多少来衡量一个人的成功与否持"非常认同"和"比较认同"的比例合计为 35.5%，非独生子女持"非常认同"和"比较认同"的比例合计为 28.4%，独生子女大学生该比例明显高于非独生子女大学生该比例；而对于该观点持"不太认同"和"不认同"态度的大学生比例，独生子女大学生合计为 59.7%，非独生子女合计为 66.8%，独生子女大学生在这一方面的态度明显低于非独生子女大学生。这说明整体而言，独生子女大学生比非独生子女大学生更认同"拥有金钱的多少是衡量一个人成功与否的标准"。

总体而言，当前大学生理想信念总体上呈现出较为积极健康向上的状况，对于符合社会主义方向和立德树人根本培养任务有着高度的正向认同。部分大学生群体中出现的认知偏向，经过群体属性细分之后，也为我们今后开展理想信念教育找到了精准发力的方向。如果仔细剖析的话，出现理想信念认同的偏向和差异的原因是多方面的，当前大学生理想信念教育当中存在的问题是不容忽视的，而且是需要持续改进和加强的。

二、新时代大学生理想信念教育存在的主要问题

针对问题"在您看来，新时代大学生理想信念教育面临的主要挑战包括？（可多选）"，如图5-1所示，有61.91%的人选择"网络信息传播产生负面作用"，57.97%的人选择"大学生的主观能动性发挥不够"，59.60%的人选择"高校、社会、家庭的合力教育效果不佳"，63.38%的人选择"有的教育工作者综合素质不高"，66.02%的人选择"教育方式或途径单一"，70.55%的人选择"教育内容枯燥不合实际"。从整体上看，新时代大学生理想信念教育存在的主要问题主要来自高校、社会、家庭以及大学生自身。

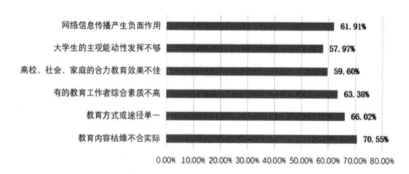

图5-1 关于大学生理想信念教育存在的主要问题

（一）学校教育方

1. 实施教育的能动性不充分

（1）理想信念教育基本理论有待深化

理想信念教育的实效性不强，在一定程度上与理想信念教育基本理论问题直接相关。首先是对理想信念基本含义的辨别不够清晰。理想、信念本都属于人的头脑中的精神活动，其与信仰、梦想、想象、奋斗目标、企盼、愿景等概念的含义难以清晰的区分开，加之在日常用语环境中，经常出现同一词语可以用于多种情景，或不同的词也可以用于同一情景的现象。在理想信念教育中，学生对理想、信念问题是仁者见仁、智者见智，教育

理论很难形成统一的认知，也会造成思维混乱，减低教育内容的可信度。中国人民大学的刘建军教授在《信仰书简》中列举了一封学生的来信，学生疑惑道："信仰到底是什么？如果指虔诚的无条件的信赖某种事物，那我并不觉得这是必须的。如果信仰仅仅是指同意某种看法或是相信某种事物的正确性，那大家不都有信仰了吗？那悲呼信仰缺失又有什么意思？"①这一疑惑就是学生混淆"相信""信念""信仰"等概念的结果，对不同境况的不同词义理解不到位而心生疑问，这也是理想信念教育中由于概念不够清晰而经常出现的问题。

其次是理想信念教育的目标不够明确。高校把培养"有理想、有道德，有文化，有纪律"的"四有"新人作为教育目标，但在当今社会如此开放、思想多维的时代，对培养有什么样理想的青年、良好道德素养评价标准等的界定是不具体的，人的精神层面难以捉摸，对于最高层次的理想信念教育更难以把握。理想信念教育宏观目标与微观目标模糊不清，使一些大学生提起理想信念教育会不知所以然，学生们会发出"我没有理想，不也生活得挺好"类似的对教育的质疑。有部分教育者直接强调理想信念教育的宏观层次，使其容易脱离学生现实生活，实际的空洞、抽象导致了为理想信念而进行理想信念说教的功利主义倾向。这种理想信念教育解释不清如此宏大的目标，使学生迷失方向，给学生一种"大而空"的感觉。反之，部分教育者过于重视个人理想信念教育的回归，把教育目标个人化，单纯的重视学生生活、学习、就业等具体目标选择，失去了理想信念教育本来的意义。社会与个人理想信念教育目标的割裂，是与理想信念教育要达到的效果相背驰的。

（2）理论与实践结合不充分

马克思指出："理论只要说服人，就能掌握群众；而理论只要彻底，就能说服人。所谓彻底，就是抓住事物的根本。"②理论要掌握群众，就必须同群众的具体实践结合起来，理论的彻底性正在于其实践性。毛泽东强调："任何思想，如果不和客观的实际的事物相联系，如果没有客观存在

---

① 刘建军. 信仰书简——与当代大学生谈理想信念[M]. 北京：中国青年出版社，2012：53.
② 中共中央马克思恩格斯列宁斯大林著作编译局编译. 马克思恩格斯选集（第一卷）[M]. 北京：人民出版社，1995：9.

的需要，如果不为人民群众所掌握，即使是最好的东西，即使是马克思列宁主义，也是不起作用的。"① 马克思和毛泽东关于理论与实践相结合的重要性的论述为我们实施理想信念教育指明了方向。理想信念教育的目的是要让大学生建立起对社会主义和共产主义崇高信念，并且为实现这一信念提供源源不竭的内在力量。当前，理想信念教育要结合的第一个实践便是建设中国特色社会主义的伟大运动。对于"什么叫社会主义，怎样建设社会主义"② 这一首要的基本理论问题，以及为什么"社会主义的第一个任务是要发展社会生产力"③ 等重大问题大学生会有不同程度的疑问和不解，这理所当然要成为理想信念教育的重要内容。长期以来，我们异常注重对这些问题的课堂"说教"，擅长理论阐释而轻视实践养成，擅长以静制动而轻视动态变化，擅长一体化而轻视层次性。针对这种局限，要求我们要随着社会生活以及大学生生活方式的变化而灵活施教。当代大学生群体是伴随改革开放成长起来的新一代，根植于我国利益分配调整、社会经济结构变迁的大背景下，他们所面临的国内外环境均发生了显著变化，其身处的生存空间等也都发生了很大变化。大学生群体显然正处于不断分化与整合的动态发展过程中。这样一来，不同的历史时期，大学生理想信念的发展态势也必定呈现层次性，同时也表现出对中国特色社会主义道路认同程度的不平衡性。而且，大多数情况下，大学生对于理想信念的认同并不是通过显性的途径表达出来的，而是相对于他们对自身职业理想、人生理想而言采取更为隐蔽的方式呈现出来。针对这种层次性与隐蔽性叠加的大学生理想信念状况，如果我们的教育不去与他们的具体的生活实践相结合，只能是陷入自说自话的窠臼了。

（3）部分教师理想信念树立有待牢固

高校是大学生学习和生活的主要场所，对大学生的理想信念教育主要在高校进行，高校教师作为教育主体，承担着学生对理想信念"知道"部分的教学责任，其自身的理想信念也影响着学生的价值判断和理想信念的选择。我国高校教师总体上有坚定的理想信念，始终以马克思主义为指导，

① 毛泽东选集（第四卷）[M]. 北京：人民出版社，1991：1515.

② 邓小平. 邓小平文选（第三卷）[M]. 北京：人民出版社，1993：227.

③ 邓小平. 邓小平文选（第三卷）[M]. 北京：人民出版社，1993：227.

教书育人。但仍有部分教师理想信念迷失、错乱，有待牢固，一项关于教师对马克思列宁主义态度的调查显示，有 37.8% 的人认为"有些已经过时了"，有 13.2% 的人甚至认为"没有实际意义，只是一种口号"①。这些观念会使教师放松对马克思主义理论的学习，也会无意识地表现在教学及日常言行中，左右学生对理想信念的判断，这是大学生理想信念教育需要正视的问题。

教师理想信念树立有待牢固同其理想信念教育理论水平相关。部分教师，尤其是青年教师没有经历过战争、贫困时期的生活，对马克思主义、共产主义的感触不太深刻，对马克思主义理论研究主动性不够，他们对历史的了解、对马克思主义的学习也大都源于学校教育、书籍阅读，对其理解也是有限的。而当今社会矛盾冲突时有发生，当教师所信奉的理念、掌握的理论不能够帮其解答现实中的疑惑，缓解其对自身生活现状的不满，他们会在多元思想中进行不断比较，内心深处的理想信念出现动摇，有的甚至会选择其他的理想追求，这都不利于教师理想信念的坚定。教师理想信念的状况、自身的理论水平也直接关系着理想信念教育的教学质量。比如在教育内容的把握上，部分教师由于对理论理解不足，认为思想政治教育的核心是政治教育，因而把教育重点转向政治学、政治理论，这是片面的。思想政治核心是政治性，但意识形态性绝不是政治理论或政治学，这仅仅是思想政治教育的基础，只是相关学科，真正的核心是理想信念，不应本末倒置。在讲授理论内容的深浅程度上，由于自身理论水平有限，理想信念不够坚定，对理论的讲解不深不透，难以使学生信服，达到价值认同的高度，教育效果也就难以达到理想信念教育最高层次的要求。

2. 教育方式的灵活性不够足

（1）形式过于僵化呆板

总体而言，应该说，当代大学生的理想信念状况的主流是积极、健康、向上的，但是不能忽视，正处于政治多极化、经济全球化、文化多元化的国际大背景下，社会转型涌入的各种思潮、各类文化和价值观念冲击着大学生的思想，一部分大学生不同程度地出现了理想信念意识淡薄、政治信

① 高丽静. 高校青年教师思想状况调查分析 [J]. 学校党建与思想教育，2014（04）：45-47.

仰迷茫、精神追求缺乏、价值观扭曲、社会责任感缺失等问题，在理想信念的选择中出现了种种迷茫和困惑，于是出现了少数大学生对社会主义失去信心，政治信仰动摇，没有明确的政治理想和目标等问题。当我们在课堂上或宣传中，依然沿用长期以来的僵化、呆板的形式，比如"满堂灌"、照本宣科、一个教案管多年、一种模式教到底等形式，学生在接受当中势必会因缺乏新鲜感而出现接受困难。不仅如此，许多学生在长期僵化呆板的教学模式之下，总会觉得理想信念太过于高远，是那些英雄模范人物的事儿，跟自己的现实需求和发展需要没有关系。马克思主义认为："任何人如果不同时为了自己的某种需要和为了这种需要的器官做事，他就什么也不能做。"[①] 缺乏对大学生现实需求和发展需要的满足的理想信念教育，就很难让理想信念在大学生心中落地生根。随着社会生活的不断发展，当代大学生理想信念教育应从新的实际出发，在中国特色社会主义理论体系的引领下，应充实大学生理想信念教育内容，应拓宽大学生理想信念教育的方法，以期达到提高大学生理想信念水平的教育目标。

（2）理想信念教育所用载体有待丰富

思想政治教育需要教育者选择一定的教育形式并通过这些形式与教育对象进行互动，这些形式就是思想政治教育的载体[②]，这是教育顺利开展并取得理想效果的必要条件。大学生理想信念教育要使具有想象性的理想趋向更具现实性的信念教育，教育结果要使学生达到"知道"与"相信"的统一，其开展的每一过程都需要以现实的载体为枢纽。但当前理想信念教育所用形式还较少，教育载体还有待充分利用。高校中理想信念教育以思想政治理论课为主要载体，取得了一定的育人效果，但思想政治理论课的课时有限，针对非思想政治专业学生所设置的大班授课，学生人数较多，师生之间的交流、互动较少，教师对理想信念教育理论内容的讲解，学生对其学习多少、理解程度都会受到影响，这就需要其他载体的辅助作用。比如当下的网络载体，应用普及，能够对信息及时传送，对时间限制较少，不应只是作为教学的应用工具，还应成为教师和学生交流互动的有效平台。理想信念教

① 中共中央马克思恩格斯列宁斯大林著作编译局编译. 马克思恩格斯全集（第2卷）[M]. 北京：人民出版社，1960：324.

② 陈万柏，张耀灿. 思想政治教育学原理（第二版）[M]. 北京：高等教育出版社，2007：240.

育需要理论与实践相结合，但在高校组织的实践活动受经费、场地的限制，次数较少，参与人数有限，活动的实际育人效果也有待考量。在文化载体上，校园基础设施建设所含优秀文化元素较少，没有得到合理利用，或者是对校园文化宣传不够，在学生中没有起到应有的作用。另外，一些书籍、字画或戏剧、电影等文化中所蕴含的思想观念、道德品质等理想信念教育用因素也有待充分发掘，为理想信念教育所用。

3. 教育效果的实践性不突出

（1）教育内容脱离实际

马克思指出："人作为自然的、肉体的、感性的、对象性的存在物，和动植物一样，是受动的、受制约的和受限制的存在物……"①可见，作为"自然存在物"的人的"表现和确证"是多样态的，大学生自然也不能例外。理想信念教育如果不能从这些多样态的"表现和确证"出发，不能与大学生这些多样态的"表现和确证"结合起来，无疑会缺乏吸引力和说服力。典型的表现就是理想信念教育内容与大学生思想实际结合不紧、教材和教学内容滞后，教育内容大多仅仅依靠思想政治理论课这类的公共课程教育上。实际当中，尽管公共课程属于必修课，但在学生心目中似乎只是相对于专业课的附属课程，并不能引起学生足够的重视和兴趣，大学生上课也就变成了一种敷衍。具体教学过程中，理论教育缺乏新意，不能有效地和案例和实际相结合，缺乏说服力，教材内容也更加理论化，每年变动不大，不能有效地与当下形势和实际情况相结合，事实例证很少，内容枯燥难以理解，导致教育效果不好，理想信念教育已经远不是知识性的课堂教授所能完成的，学生只是机械地接受知识但并不能理解，致使自己的行为不能和受到的教育相配合，理论无法指导自己的实践，出现一些心理问题和校园问题，甚至步入社会后因为缺乏正确的信仰而出现一些障碍。所有这些都要求我们在理想信念教育过程中，不仅在形式上要讲究语言的艺术、说理的技巧，采用启发诱导、情景陶冶的方式注重与学生的互动，把传统的"单向注入式"转变为"双向启发式"；而且还要求在内容上要紧跟时代潮流，积极吸取国内外实践和形势的重大变化，不断优化和创新教育内容，最大

---

① 中共中央马克思恩格斯列宁斯大林著作编译局编译. 马克思恩格斯全集（第42卷）[M]. 北京：人民出版社，1979：167.

程度地调动学生积极性。

（2）理想信念教育评价机制有待完善

理想信念教育评价机制有待完善，首先是对理想信念教育价值性的评价有失客观。从学生层面来讲，大环境中并没有改变应试教育模式和对分数的强调，升学率依然被认为是学校发展的"命门"，中小学的招生体现出"唯分数论"的倾向性，学生从小在德育与智育失衡的状态中成长；升入大学，又即将面对生活的压力，就业前景的思考，部分学生自身对德育与智育重要性的评价就是不平衡的，理想信念教育更没有得重视。从高校层面来讲，随着高校教育不断改革，德育的地位明显提升，不管在专业设置还是师资配备上都可预见，但仍有部分高校的管理理念落实在政策执行中，轻视了对学生思想道德的引导、精神世界的养成，对理想信念教育价值性的认知有失偏颇，在一定程度上割裂了能力培养与素质教育的关系，违背了学生全面发展的初衷。

其次是当前理想信念教育的实效还无法用统一的标准进行衡量。理想信念教育"知道"与"相信"的非同步性使得对理想信念教育的评价容易出现误差，用考试的形式对理论教育进行考察，用分数去衡量教育结果，只能判断"知道"的程度，无法确知"相信"的深度；假如用对学生的行为表现评定理想信念教育效果的好与坏，则难免由于观察不全面、不到位而产生以偏概全的评价失误。同时，人们往往把大学生理想信念模糊、不坚定的责任简单地归因于理想信念教育，或者归咎于思想政治教师，而忽视了社会、家庭、其他学科的教育对学生的影响及责任，模糊了其共同作用于受教者的事实。对责任承担方的片面评价，错误地增加了思想政治教育的压力，也弱化了其他教育者的责任意识，损失了理想信念教育的合力。

（二）家庭教育方面

当前家庭在大学生理想信念教育方面的主要问题与社会发展阶段的主要矛盾、社会生活中存在的主要问题有关。

1. 从家庭和个人利益出发与社会主流倡导唱反调

我们的主流价值观是集体主义，讲究奉献，我们倡导将个人价值的实现与社会价值的实现相统一，我们倡导坚定共产主义理想信念，为党的事业奉献和燃烧自己。但是受市场经济的影响，存在部分家庭从利益出发与社会主流唱反调的情况，造成主流教育失效。如有的家庭要孩子选择高薪酬工作、选择沿海城市，不要去艰苦地方"受罪"；在入党方面直接从功利角度出发，要求孩子入党是因为要去政府或事业单位工作，要求孩子不入党是因为还要出国，等等。

2. 家庭的溺爱使得大学生难以形成坚强的意志品质

随着经济的发展及计划生育工作的不断推进，很多家庭出现多个大人照顾一个孩子的情况，真是捧在手里怕掉了，含在嘴里怕化了。孩子的学习、生活以及将来的发展从一出生就被安排好了。孩子只要做好每一阶段家里给下达的任务就可以了，遇到的问题家长也通通给解决掉了，孩子根本就不用想什么目标、志向。长期的溺爱，扼杀了孩子的主体性。某种意义上讲孩子的生活是家长生活的一种延续，将来孩子的发展也就限定在了家长的划定之内，这样孩子就失去了作为个体的能动性，也就没有了创新性可谈了。

3. 家庭教育管理过于严格，束缚了学生的个性发展

随着家长的文化水平的提高，慢慢地，家长的水平可以完全驾驭学生的整个成长、发展过程。家长们认为他们的成长经历是艰辛的，中间遇到了很多的困难，不想让孩子再经历这样的过程，于是为孩子拟订了严格的成长计划，不允许孩子有一点的偏差。然而这种说教式的管理方式，一方面不能保证其正确性，另一方面导致学生没有独立思考，更没有实践体验的环节，最终必将束缚学生的发展。个性不能良好的形成和发展就阻碍了大学生独立性的形成，从而阻碍了他们认真、客观思考社会生活中的种种问题，也就阻碍了他们社会政治理想的树立。

4. 家庭疏于管理、缺乏关爱，影响学生心理和性格发展

在社会中还存在部分家庭对孩子关心、管理不够的现象。主要体现在城市中，部分双职工家庭负面过于忙碌，没有时间关系和照顾孩子，或者对他们的心理和思想没有认真关注，引导不够；在农村，部分家庭由于父母的知识水平较低，而无法对孩子存在的思想困惑进行引导，对他们的学习和专业的选择无从指导。另外，因为经济条件所限，越来越多的留守儿童的出现，使得父母在家庭中直接缺位，造成了对孩子成长过程中缺乏关爱和指导。这些家庭成长起来的大学生往往存在易随波逐流，或者感情淡漠、

人际交往能力差等问题，对社会政治理想不坚定，容易受他人影响，或者把经济利益放在第一位，对社会政治理想漠不关心。

（三）社会环境方面

可以说，当前大学生所处的社会环境比较复杂，他们经历了我国改革开放、社会主义市场经济体制的逐步建立完善、民主法治建设不断推进、社会教育体系逐步完善；经济全球化与国际交流日益加深，意识形态斗争由针锋相对转向隐性渗透；信息化发展、互联网迅速发展普及；家庭结构从"2+n"到"2+1"的巨大变化，家庭传统教育功能淡化等。这些外部社会环境的复杂性都使当代大学生具有了相应的较为复杂的理想信念状况。可以预见，当代大学生必将在未来半个世纪的时间里深刻而广泛地影响整个中华民族。他们将在 21 世纪中叶建成富强、民主、文明、和谐的社会主义现代化国家进程中起到至关重要的作用。马克思指出："如果事物的表现形式和事物的本质会直接合而为一，一切科学就都成为多余的了……"[1]在这种较为复杂的社会环境要素当中，不能忽视的是腐败现象对于大学生理想信念教育的深刻影响。腐败现象的出现和蔓延及社会大众对于腐败现象的容忍，均在一定程度上削弱了大学生理想信念教育的现实效果，而且还起到了反向的牵制作用。腐败现象是个别人利用党和国家赋予的公共权力为个人、部门、家族或者利益集团谋取私利并严重损害公共利益的行为。其重要特征是背离了我们党全心全意为人民服务的宗旨，以损害公共利益来谋取私利。改革开放以来，随着社会主义市场经济体制的不断完善，国民经济得到飞速发展，腐败问题已经成为社会各界深恶痛绝的焦点。虽然我们党在反腐败斗争中有了一定的突破，但是反腐败斗争形势还十分严峻。究其根源在于我国实行改革开放之后，社会经济飞速发展，人民生活大大改善。但资产阶级思想的腐蚀，资产阶级生活方式对个别党员干部的影响较之过去也增加了，腐败现象也就层出不穷。这并非改革开放之过，而是一些党员干部放松世界观的改造，利用职权贪污受贿、侵吞国家和集体财产的个人行为。这说明，在新形势下，防止党员干部腐化变质已不是一句空洞的政治口号，而是一个严酷的现实问题。一些掌握一定权力的党员干部，

---

[1]　中共中央马克思恩格斯列宁斯大林著作编译局编译. 马克思恩格斯全集（第25卷）[M]. 北京：人民出版社，1974：923.

之所以挡不住金钱的诱惑，究其根本，是他们不接受党的教育，不接受群众监督，忘记了理想信念。

习近平告诫全党同志："一切向前走，都不能忘记走过的路；走得再远、走到再光辉的未来，也不能忘记走过的过去，不能忘记为什么出发。面向未来，面对挑战，全党同志一定要不忘初心、继续前进。"[①]"不忘初心"其中就包含着不能丢掉理想信念的深刻内涵。大学生理想信念教育同样不能忽视包括腐败现象在内的许许多多复杂社会现象的负面作用，认真剖析这些社会现象产生的根源，以理想信念的崇高属性结合全党大力推动的反腐败实践来教育和引导青年大学生一定要"不忘初心、继续前进"。

（四）大学生自身方面

1. 国家与社会理想意识薄弱

作为国家的一员，国家的发展、民族的繁荣与我们每一个人都息息相关，正如恩格斯所阐述的一样："有无数互相交错的力量，有无数个力的平行四边形，由此就产生出一个合力，即历史结果。"[②]也就是说国家的建设是需要每个人都奉献自己的力量，通力合作。作为新时代的大学生，应将个人的发展同国家、社会、民族的发展紧紧联系在一起，承担起建设国家的重任，要将实现国家理想的意识落实到具体实践之中，要做到知行一致。在调查的过程中发现部分新时代大学生国家与社会理想意识淡漠，主要表现如下。

（1）缺乏对国家、社会发展的关注

对于"针对存在的社会问题与社会现象，您持什么样的态度？"结果显示，有17.91%的大学生选择了"这是政府应该关心的问题，个人难以作为"；有8.46%大学生选择了"和我太遥远，关注较少"；有32.84%的大学生选择了"做好自己应该做的事情就好"；有40.80%的大学生选择了"随时关注，不断思考这些问题"。由此我们可以看出，大学生主体思想上与国家发展、社会发展相一致，较多关注社会发展过程中出现的一些问题，但也有一部分大学生的选择表现出他们认为国家、社会的发展与自己关系

---

① 习近平. 习近平谈治国理政（第二卷）[M]. 北京：外文出版社，2017：32-33.

② 中共中央马克思恩格斯列宁斯大林著作编译局编译. 马克思恩格斯选集（第四卷）[M]. 北京：人民出版社，2012：605.

不大，不需要自己关注太多，这反映出部分大学生缺乏对国家、社会发展的关注。大学生作为新时代建设的接班人，无论何时，都要有一颗同国家、社会发展共命运的决心，只有国家繁荣、社会稳定，我们每一个个体才能过上幸福的生活，国家与社会才会蓬勃发展。

（2）在具体实践中缺少报效国家的实际行动

大学生主流思想积极向上，但是部分大学生在建设国家的实际行动上缺乏勇气。如关于"大学毕业后，你会选择去国家偏远地区进行支教吗？"的数据显示，有26.37%的大学生选择"非常愿意，这是一种奉献社会的行为"；29.85%的大学生选择"比较愿意，可能对以后的发展更有利"；有43.78%的大学生"选择不太愿意，偏远地区条件艰苦"。从数据上可以看出，部分大学生愿意为建设国家去偏远地区支教，但也有43.78%的大学生觉得偏远地区条件艰苦，不愿意去进行支教。国家为了偏远地区能够有更好的教育资源，促进偏远地区的文化发展，出台了相关的鼓励政策，鼓励大学生积极到偏远地区支教。部分大学生有意愿去偏远地区支教，希望能够给偏远地区的孩子带去学习的希望，但是要落实到具体行动上时，考虑到偏远地区艰苦的生活条件与自己独自一人的生活的困境，他们可能会退缩。这也反映出大学生在具体实践中缺少报效国家的实际行动。大学生是高素质人才，应该将自己所学的文化知识利用好，积极投入到国家建设之中，在实际行动中检验自己、鞭策自己。

2. 自身意志力缺乏

自身意志力是指自身为了达到某种目的而产生的心理力量，也可以说是控制自己的注意力、情绪和欲望的能力。拥有饱满坚定的意志力，就能够拥有更强大的信心坚定自己的理想信念。调查中发现部分大学生自身意志力薄弱，不能很好地控制自己的行为。

（1）动力不足，缺乏恒心

部分大学生在人生规划上缺乏长远打算、抱负和理想，因而没有强大的动力去坚持自身的理想和抱负。对于"您对您的理想信念是否有信心实现？"的结果显示，有5.97%的大学生选择了"完全没有信心"；有26.87%的大学生选择了"没有信心实现，但会竭尽所能"；有31.34%的大学生选择了"没有信心实现，走一步看一步"；有35.82%的同学选择了

"有饱满的信心，肯定能实现"。当问到大学生"假如您的理想信念与现实冲突，您会如何做？"时，数据显示有 8.96% 的大学生选择了"放弃理想信念并且现实地过日子"，从以上数据我们可以看出，部分大学生在理想信念的坚持上，缺乏长远的毅力，遇到挫折容易产生心理障碍，容易退缩，缺乏恒久之心。

（2）缺乏人生奋斗目标。人在成长的过程中，需要有明确的目标作为行动指南，拥有奋斗目标是奔向成功的基础。笔者在调查中发现部分正值青春的大学生对人生发展表现出迷茫，没有明确的人生目标。关于"您现在拥有理想信念吗？"的结果显示，有 10.45% 的大学生选择了"没有"；有 56.22% 的大学生选择了"有短期理想信念"；有 33.33% 的大学生选择了"有长期理想信念"。关于"您在大学期间逃过课吗？"的结果显示，有相当一部分大学生都有逃课的经历。从以上数据可以看出，部分大学生没有明确自己的人生目标，没有合理规划人生。新时代大学生应该把握好热血澎湃的青春，担负起自己的责任，朝着自己设定的目标努力前行。

3. 个人物质享受追求倾向明显

每个个体在社会上生存发展，追求物质是正常的意识选择，也符合生存规律。但是过分追求物质享受，会使个体意志消沉，不懂得奉献。新时代大学生是社会发展的新生力量，他们应该在追求物质生活的同时，加强精神价值的培养，不断为社会的发展贡献力量。新时代大学生在追求个人物质时存在的问题如下。

（1）盲目追求物质享受，缺乏精神追求

新时代大学生多数生活在幸福的家庭，他们大多数都没有体验过艰苦的生活条件，也没有为生活烦恼过，久而久之，如此的生活状态造成了一些大学生的享乐主义思想，缺乏对精神价值的追求。

如"您所追求的生活状态是什么样的？（最多选三项）"的回答结果显示，56.22% 的大学生选择了"不断地挑战自我，在忙碌与充实中进步"；有 60.20% 的大学生选择了"舒适安逸，想要买什么就买什么"；有 42.29% 的大学生选择了"为国家做贡献，实现自己的价值"；有 32.84% 的大学生选择了"随遇而安，得过且过"；有 4.98% 的大学生选择了"其他"。对于"如果说你有一笔额外的钱可以消费，一般选择做什么？"，有 16.92% 的大学生选择"吃自己想吃的东西";有 25.37% 的大学生选择"买喜欢的名牌衣服";有 20.90% 的大学生选择了"和朋友一起出去玩";有 17.41% 的大学生选择了"买一些和专业相关的书籍";有 19.40% 的大学生选择了"其他"。从以上两个问题的调查结果可以看出,部分大学生在现实生活中盲目追求物质享受,倾向于安逸,缺乏生活斗志,消费结构不够合理,忽视对内在价值的追求。作为新时代的大学生,应学会合理消费,注重内在精神的培养,提升个人的科学文化素养,避免盲从、虚荣的心态滋生,从而更好地燃起斗志,树立正确的理想信念。

（2）缺乏奉献精神

古有大禹治水三过家门而不入,表现出的是一种为国家建设无私奉献的精神。新时代大学生是时代发展的接班人,他们应该具备奉献精神,但在调查中笔者发现部分大学生缺乏奉献意识。从"您是否经常参加一些志愿实践活动?"的回答结果来看,有 16.92% 的大学生选择了"经常参加,志愿实践活动有利于提升对社会发展的认识";有 53.73% 的大学生选择了"偶尔参加,在符合自己时间安排的前提下";有 22.89% 的大学生选择了"视情况而定,看是否有强制规定的要求";有 6.74% 的大学生选择了"从不参加,志愿实践活动浪费时间,没有什么实际意义"。从数据中我们可以分析出,部分大学生主动参与志愿实践的意愿较薄弱,缺乏对社会的奉献意识,没有正确理解奉献的深层含义。

4. 自我实用主义意识强

在市场经济条件下,我国经济快速发展,人们的生活水平不断提高,逐步奔向美好生活。时代快速发展与节奏不断变快,各行各业的竞争不断加强,大学生应该在国家快速发展建设的浪潮中,勇于拼搏,不断创新,但在调查中笔者发现部分大学生自我实用主义意识强,表现出以下问题。

（1）职业选择趋向于稳定的工作

大学生在经过系统的专业知识学习之后,开启的是人生的另一阶段——寻找一份适合自己的工作。新时代大学生是年轻的一代,他们应该勇于挑战,勇于创新,在职业选择时应该考虑是否符合自己的兴趣以及对社会的贡献有哪些。笔者在调查中发现部分大学生在职业选择上表现出过度务实、稳定的倾向。对于"假设您马上毕业,您的职业选择方向是?"的调查结果显示,有 65.17% 的大学生选择了"考公务员、事业单位";有 24.38% 的大学生选择了"进企业";有 3.48% 的大学生选择了"自主创业";有 6.97% 的大学生选择了"到基层工作"。对于"您的理想信念的类型是什么?"有 59.70% 的大学生选择了"有一个稳定的工作,幸福的家庭,做好本职工作,做个正直的人"。从以上数据我们可以看出,部分大学生没有正确的职业价值观,趋向于寻找"铁饭碗"的工作,在选择工作时很少考虑到为国家、为社会的贡献,而是着重从自身角度出发,满足自身的物质需求,缺乏挑战意识。

（2）个人主义价值取向意识强

社会的发展是需要个人与集体的团结合作、互相配合,只有处理好个人利益与集体利益的关系,懂得取舍,才能达到双赢的结果,但笔者在调查过程中发现部分大学生在成长过程中表现出很强的个人主义价值取向。对于如何看待"现在社会发展迅速,国家人才济济,对我们来说最重要的怎么赚钱,如何过好自己的生活,理想信念只是一个名词"这句话,结果表明,有 5.47% 的大学生选择了"非常同意";有 30.85% 的大学生选择了"比较同意";有 58.71% 的大学生选择了"不同意";有 4.98% 的大学生选择了"其他"。关于"您的理想信念形成的主要范畴为?"的回答统计结果是:有 25.87% 的大学生选择了"个人舒适的物质生活条件"。从数据中我们可以看出,部分大学生在现实生活中强调从个人至上出发,以个人为中心,追求个人利益,强化个人主义价值取向。

三、新时代大学生理想信念教育存在问题的原因

（一）教育对象划分不明确

通常我们所说的关于理想信念教育的对象泛指的是在校大学生,现在高校对于在校大学生所进行的理想信念教育,基本上采用"一致模式",即使用统一的教材、统一的内容、统一的方式,这样虽然能让大多数学生接受到教育,但仍有部分学生迷迷糊糊,导致教育的效果并不理想。这些都是因为没有根据实际情况,对大学生进行有效分类,从而分别教育所导致。尤其是进入新时代,一大批"00"开始迈入大学的校门,刚进入大学校园

的他们，个性还不稳定，还需要很好的引导与教育，对他们进行理想信念教育则更应该小心谨慎。所以说，当今部分高校的理想信念教育效果不理想，就是没有对教育对象进行明确的划分。

首先，对于不同专业不同类别的大学生来讲，我们可以将他们分为以下四类：一是普通的大学生；二是身为党员的大学生；三是哲学、思想政治教育专业类的大学生；四是同时具备这三项条件的大学生。针对这四类不同的教育对象，高校在进行教育工作时应当采取不同的教育方式和教育内容，这样才能保证理想信念的教育效果最大化。一是对于普通大学生来讲，他们都是在高中接受了文理分班的教育模式，从高中开始，他们的思维方式已经有所区别，比如文科生具有一定的文科思维，相比理科生而言，在人文思想的接受方面要更强一些，而理科生长年进行计算思维的训练，导致他们在关于哲学思想理解方面略微逊色，因此对他们进行教育工作时应该采取不同的形式和内容。二是对于大学生党员来说，他们在入党前后已经接受了很大程度上的思想熏陶、系统的学习及严谨的考核，以确保他们能够坚定社会主义信念不动摇，坚持全心全意为人民服务，坚持为共产主义事业奋斗终身，他们已经具备了自我学习的能力，在平时的生活与学习中能够自觉地进行思想学习，具有很强的自觉性，因此，他们的理想信念教育相对而言要更严谨，内容要更丰富，层次要高一点。三是对于哲学、思想政治教育专业的学生，他们哲学思想方面的专业能力较强，平时所涉及的关于理想信念方面的内容也较多，他们在学习方面不能仅仅停留在理论层面，而更应该进入到实践层面，要能够作用所学专业知识对问题进行分析总结，并经常性地参加实践活动，将理论转化为实践，进一步加深理解。四是对于同时具备这三项条件的大学生，他们在接受理想信念教育时，要牢记自己的学生身份、党员身份，积极主动进行理论学习和参加实践活动，对这一类大学生也应该采取更加灵活的教育方式。只有将教育对象划分清楚，才能够像"因材施教"那样"对症下药"，对不同人群进行不同的教育，以期教育效果达到最大化。

其次，根据时间跨度来划分，可将在校大学生划分为"95后"和"00后"两大类，他们身处于不同的时代，从小接受的环境和教育也不尽相同，在思想成熟方面也有很大区别，因此在教育方面也要分开进行。"95后"

大学生出生于 90 年代，他们与"00 后"在成长环境、社会环境及家庭环境方面都有很大不同。第一，他们大多为独生子女，父母关爱，因此遭遇挫折的机会较少，抗打击能力方面就相对较弱；第二，从小的成长环境所致，他们大多以自我为中心，不懂得分享、谦让和合作，合作能力较差；第三，受西方社会思潮的影响，部分"95 后"具有理想功利化、现实化的倾向，享乐主义、实用主义、拜金主义在少部分大学生中占有较大市场[①]。相比于"95 后"成长于网络时代，"00 后"则是成长于信息化快速发展的年代，他们的成长环境更为优越，所接触的信息更为繁杂，视野也更为开阔。而且，"二孩"政策的放开，让他们有了自己的弟弟妹妹，较"95 后"而言，他们在谦让和分享能力方面则显得更为优秀，这也会让他们在团队合作方面更得心应手。同时由于他们接触的思想文化更加多元，他们对新事物的接受能力和创造能力也会更加突出，也更容易接受更新潮的教育方式。

所以说，要根据不同的教育对象，选取不同的教育内容，采用最合适的教育方式，达到事半功倍的效果，同时，还要能够准确把握教育对象的新变化牢牢抓住时代发展对教育对象的影响。准确判断出教育对象的思想发展状况，以便即使调整教育内容，让每一位大学生在接受理想信念教育过程中都能够有所收获，都能够更加坚定自身的社会主义信念。

（二）新时代要求跟进不及时

一个崭新时代的到来，必然会引起整个社会环境的变化。高校作为整个教育体系中最重要的组成部分，不仅是思想文化建设、人才培养的摇篮，也是理想信念教育的前沿阵地，必须坚持以马克思主义为指导，全面增强大学生理想信念教育。[②]新时代的到来，不仅为理想信念教育提供了新的阵地，要求把理想信念教育放在高校思想政治教育的首要地位，同时也为大学生理想信念教育带来了挑战，使其遇到了许多困难。一是新时代提出了新要求。新时代要求大学生理想信念教育必须建立起以习近平中国特色社会主义新思想为核心的教育理念，必须建立起符合新时代的教育模式，必

---

① 梅萍，罗佳."90"后大学生理想信念的特点、困惑与引导 [J]. 学校党建与思想教育，2016（03）：13.

② 周辉，张欣鹏. 新时代背景下大学生理想信念教育的基本对策 [J]. 盐城工学院学报（社会科学版），2018（03）：85.

须紧跟党中央步伐，紧密落实立德树人的教育方针，必须把培养有共产主义远大理想和中国特色社会主义共同理想的合格社会主义建设者和接班人作为教育目标，必须加大理想信念教育的力度，对大学生中理想信念不坚定的现象也要加强管理力度，帮助大学生树立正确"三观"的同时提高大学生的主人翁地位。二是新时代都带来了新冲击。首先是教育内容方面，一方面教育内容未能紧跟时代发展潮流，使大学生未能及时了解国家国际形势；另一方面，各种社会思潮迸发，大学生在学习社会主义信念的同时，如果不能正确对待其他文化的正确观点，只一味地追求自我思想的加固，那早晚会成为跟不上时代步伐的井底之蛙。其次，在教育方式方面，教育新媒体以及手机自媒体的发展，为理想信念教育的方式提供了很多的可能性，但是部分教育者并没有高效率的应用这些工具，与学生们形成了一定的"代沟"，无法交流。三是教育对象自身的发展，为理想信念教育带来了困难。新时代各方面的发展速度都不容小觑，尤其是网络信息方面，大学生可以说是成长在网络信息时代的一代人，通过网络，他们接触了各种各样的信息，养成了更加多样化的个性，这无疑为教育工作带去了更大的难题。只有做好充分准备，采取有效的措施及时应对新时代的挑战，才能够培养出更符合时代主旋律、更有理想、有担当的社会主义接班人。

（三）教育合力发挥不够

新时代提供了新阵地。理想信念教育由传统的学校教育扩展到了社会与家庭，各种自媒体将课堂搬到了学生的家中，不仅加强了教育工作的方式，而且扩展了教育工作的参与者。但是由于社会、学校、家庭和个人发展的不同步性，导致理想信念教育的进展并不是特别顺利，教育效果并不理想。

第一，分不清教育阵地的主次关系。首先我们应该明确的一点是，即使影响教育工作的因素有很多，大学生受教育的阵地有很多，但在其中占据主导地位的仍然是学校教育。高校一直都是大学生接受理想信念教育最完整、最直接的地方。高校的教育目的都是为了培养大学生成长成才，成为为社会主义事业奋斗终生的合格接班人，为此首要的就是对大学生进行思想政治教育，而这其中又以理想信念教育为重点。虽然高校都倡导将家庭教育和社会教育都纳入大学生理想信念教育中，但它们在其中只能起到辅助和补充的作用，不能够越俎代庖，影响学校教育的效果。

第二，各方的教育仍具有一定的缺陷。就社会教育来说，社会环境的复杂是对教育工作最大的影响。新时代经济全球化的趋势愈演愈烈，各种思想文化层出不穷，更有新媒体的出现，使信息的传播变得简单起来。大学生面对复杂的信息文化，缺乏一定的分辨能力，再加上社会对新媒体平台的监管不力，以及各种新媒体平台的娱乐性有余而教育价值不足，这些都容易对那些缺乏理性且辨别能力不足的大学生形成干扰，影响大学生理想信念的形成和巩固。就学校教育来说，各种因素的影响，导致大学生理想信念教育的效果不理想，比如，教师队伍素质有待提高，教育方式有待改进，新媒体平台建设不足，等等，这些都容易对教育效果产生影响。就家庭教育来说，部分家长不能很好地认识到家庭教育的重要性，认为家庭教育对大学生的成长影响不大，学生的成长和学习主要依靠的是学校教育，这种把家庭教育和学校教育相割裂的想法，让理想信念教育无法持续进行。另外，许多家长对学生期望过大，容易让学生承受更多的压力，造成其更重视个人利益，而忽视社会和集体的利益，对理想信念教育而言，弊大于利。最后，从大学生自我教育方面来看，大学生的自控能力不强，面对新事物的诱惑，容易把持不住，沉迷其中；部分大学生的媒介素养不高，虽然对新媒体的接受程度很高，但是他们并没有发挥新媒体的优势，而是利用这些工具散播谣言，危害自身的同时也误导他人。

第三，各方教育的合力尚未形成。社会教育、学校教育和家庭教育之间在大学生理想信念教育的教育体系中，相互衔接、功能互补的合力尚未形成，高校仍在探索建立与大学生家庭和社会相关部门之间相互沟通、相互联系、相互配合的方式方法，以期将理想信念教育的效果达到最大化。

第四，哲学、思想政治理论课未与其他课程未达到功能互补的作用。哲学社会科学课和其他专业课承担着相应的理想信念教育职能，在大学生理想信念教育方面具有重要作用。"积极发展哲学社会科学，这对于坚持马克思主义在我国意识形态领域的指导地位，对于探索有中国特色社会主义的发展规律，增强我们认识世界、改造世界的能力，有着重要意义。"[①]部分高校的思想政治理论课、哲学社会科学课和其他专业课的意识形态教

---

① 江泽民. 江泽民文选（第二卷）[M]. 北京：人民出版社，2006：34.

育功能发挥不足，与其他专业课之间配合不足，导致一些重大的现实问题被回避，意识形态被淡化，对大学生的理想信念造成不良影响。新时代大学生的理想信念教育是一个系统工程，应该在社会、学校和家庭等各方教育力量的相互配合、通力合作、协调作用下才能收到重大实效。

第六章 新时代大学生理想信念教育的
创新方法与有效路径

习近平指出："青年兴则国家兴，青年强则国家强。……关键是要以正确的世界观、人生观、价值观来指导自己的选择。"[①]可见，大学生的成长成才培养，离不开大学生理想信念教育。广大学生只有树立崇高的理想、坚定的信念，才能够确立正确的科学的世界观、人生观和价值观，才能够指导自己做出正确的选择。由此可见，大学生理想信念教育的方法与路径选择是进行大学生理想信念教育的重中之重，是培养新时代社会主义合格建设者和可靠接班人的关键，是一项长期的艰巨而又漫长的任务。新时代，传统的理想信念教育方式和手段，势必跟不上时代发展的步伐，势必会影响教育的实效性。当前，一方面要坚持传统的理想信念教育方式，另一方面还要探索新的更加有效、更加实用的理想信念教育方式，以此来提高理想信念教育的实效性。采取强有力的措施，多途径、多方式推进理想信念教育工作，确保新时代大学生理想信念教育取得预期的成效，为进一步促进中国特色社会主义的发展提供助力。

一、新时代大学生理想信念教育方法与路径的创新原则

大学生理想信念教育要坚持主导性原则和方向性原则及与时俱进的原则，要在坚持马克思主义理论为根本指导思想的前提下进行与时俱进的方法与路径创新，使得大学生理想信念效果符合国家全面发展人才的要求和标准，为实现中华民族伟大复兴中国梦和社会主义现代化提供有力的人才资源。

[①] 习近平. 习近平谈治国理政 [M]. 北京：外文出版社，2014：54.

（一）坚持主导性原则

大学生的远大共产主义理想、中国特色社会主义的共同理想和崇高的社会主义信念主要通过高校思想政治理论课来实现，要在充分发挥以"思想道德与修养"等为基础的高校思想政治理论课堂的主导作用和高校思想政治理论课教师的主导地位基础上来实现大学生理想信念教育的路径创新。

积极发挥高校思想政治理论课堂在大学生理想信念教育中的主导作用。高校思想政治理论课是以马克思主义中国化理论成果为核心内容，推进新时代中国特色社会主义思想进课堂并深入大学生的头脑中的主渠道。通过高校思想政治理论课教学将马克思主义理论和中国特色社会主义理论体系灌输给大学生，让他们了解中国近现代历史状况，认清当前的形势政策，厘清就业形势，从而帮助大学生确立马克思主义的立场和观点，树立起正确的人生目标追求，并针对大学生的个人问题提出切实可行的倾向性教育，帮助大学生提高思想道德修养和认知辨别能力，建立大学生心理健康机制。

积极发挥思想政治理论课教师在大学生理想信念教育中的主导作用。教师的主导性作用主要体现在：教师是教的课堂的主导。教师以书本、课件的形式教知识吸引学生在课堂上的注意力让学生根据自己设置的课堂情节展开学习，获得知识；同时在注重教学质量的基础上经常与学生进行沟通交流，平日里走近学生、走进他们的内心，了解他们的心理发展状况，并以自己的人格魅力帮助改变大学生的世界观、人生观和价值观。教师在进行教学教书的同时要注重依据大学生本身的个人特点引导他们学习，让他们深刻了解马克思主义基本原理和理论并指导他们积极参与社会实践活动，让他们以自己感兴趣的方式践行并坚定信念，扬起人生的帆船。此外，教师要在对学生肯定的基础上引导激励学生学会思考。教师要以正确的积极地理想信念去引导激励大学生学会思考，让他们正确理解中国的国情，确定自己的人生奋斗目标和社会价值。

（二）坚持方向性原则

方向性原则是思想道德教育中具有深刻意义的原则。只有认真坚持好方向原则，思想道德教育才能朝着思想道德建设的总目标、总方向积极发展。而理想信念教育作为高校思想道德教育的核心，必须长期坚持方向性原则。

坚持马克思主义的方向。马克思主义是科学的世界观和方法论长期指导并引领着人们的社会生产生活实践活动。运用马克思主义的观念和方法进行理想信念教育工作,能够帮助大学生树立正确的科学的马克思主义信仰,同时也教会大学生运用马克思主义的观点观察分析问题并解决问题。

坚持新时代中国特色社会主义思想。这一思想是全党全国人民以及全国各族人民唯一的行动指南,特别是要求向大学生灌输新时代中国特色社会主义思想,同时新时代中国特色社会主义思想中提到的"八个明确"和"十四个坚持"等内容全面系统深刻地回答了在新时代要坚持和发展什么样的中国特特色社会主义、如何坚持和发展中国特色社会主义等重大问题,提出的新时代、新思想、新目标、新征程将长期指导我们更好地坚持和发展新时代中国特色社会主义。大学生作为国家的栋梁之材更应该把握好新时代中国特色社会主义的前进方向,并始终朝着这个方向努力奋斗,贡献自己的力量和才智。

（三）坚持与时俱进原则

与时俱进是马克思主义发展的观点,也是党的思想路线的内容,它昭示着要紧跟时代的步伐,始终走在时代的前列。大学生最容易而且是最喜欢新鲜的事物,也更乐于接受,这就要求在进行大学生理想信念教育路径创新时更加注重与时俱进,不断地注入新的活力,以激发新的动力。在大学生理想信念教育路径创新的过程中坚持与时俱进的原则主要是基于以下几个层面的原因分析。

在与时俱进的前提下进行大学生理想信念教育的路径创新。建立在与时俱进基础上的大学生理想信念教育路径创新会取得更好的效果,以期达到教育的目的和效果,完成教育任务。要坚持将新时代、新思想、新目标、新征程积极投入到大学生理想信念教育的路径创新上,运用新媒体和互联网等网络手段进行创新,扩大大学生理想信念教育的主体和形式,特别是校园文化建设的创新以建立强大的马克思主义理论阵地。

大学生理想信念教育的方法创新。伴随着时代的发展,出现了互联网等新媒体的传播方式,要求大学生理想信念教育采取新的方式方法。在传统的课本教学和课件教学的基础上引入"慕课""微课"等新方法,增加发大学生学习的兴趣,从而引导大学生树立正确的、科学的世界观和价值观,实现人生价值、书写精彩人生。

二、新时代大学生理想信念教育的创新方法

（一）理论教学与自我教育相结合

课堂授课是学生受众接受理想信念教育的主要方式，学生对于理想信念相关知识、理论的正确认识与把握依赖于课堂教学中系统的理论灌输。理想信念教育的课堂教学是教育者的理论传授与学生知识内化的协调统一。在理想信念教育过程中，学生不是完全被动地接受教育者对其的理论灌输，他们在接受教育的同时也在持续地进行积极的自我教育。从这个方面来看，理想信念教育对学生的影响只有经过学生的主动内化，才能切实地达到教育目标。因此在大学生理想信念教育的过程中，一方面要强调教育者的主导作用，充分发挥教育者的理论引导作用；另一方面，要注重学生自我内化的影响，着力提升学生自我教育的积极性与主动性。与此同时，在教育过程中还要注意营造良好的教学氛围，鼓励学生努力将自我教育与全体成员间的相互教育相结合，着力提升受教育者的相互教育与自我教育的能力。此外，在教育过程中，教育者在教育学生确立正确的立场、方法与观点的同时，还需注意培育学生进行独立认识问题与分析问题的能力，激励学生在平时的生活实践中时常进行理想信念教育的自我感悟与自我升华，将理想信念教育的课堂内容逐渐内化为自我意识，不断用实际行动来诠释理想信念教育的时代意义与重要价值。

（二）隐性影响与显性教育结合

1. 显性教育

大学生所接受的理想信念教育，从形式上来看，存在显性与隐性之分。显性的理想信念教育，在内容上看往往是有计划的、在步骤上看往往是有序的、在影响上看往往是直观的。显性的理想信念教育最基本的形式主要有课堂教学、专题讲座以及党团活动等等。该教育形式的特点集中表现在以下三个方面。

（1）显性的理想信念教育在教学目标上是明确的

教学目标的明确性，决定了显性的理想信念教育不是盲目的。无论是理论知识的掌握还是行为实践的变化，显性的理想信念教育均有着明确要求。这种目的和目标是教育实践开展的依据，也是教育实践结束时的归宿。

它对于教育者和大学生来说都是公开的、明显的。

（2）显性的理想信念教育在形式上具有规范性

理想信念的显性教育的形式都十分规范，具有明确的时间、地点、场景规定和布置。显性的理想信念教育在形式上所具有的规范性，使得该教育活动的开展对大学生有着不可替代的约束力。

（3）显性的理想信念教育在内容上具有系统性

显性的理想信念教育在内容上所具有的系统性，是由教学目标的明确性与教育形式的规范性所赋予的。要完成既定的教学目标，需要构建循序渐进的教学内容。理想信念教育形式的规范性，决定了相关的教育内容是有规律可循、有步骤可行的。循序渐进、有规律可循、有步骤可行，均是教育内容具有系统性的集中体现。大学生理想信念显性教育的这些特点决定了它是大学生在短时间内接受系统、完整的理想信念理论教育影响的主要方式。

2. 隐性教育

隐性教育是相对于显性教育法而言的，它是利用教育的隐性资源展开的比较隐蔽、含蓄地对大学生施加理想信念影响的教育，主要有环境熏陶、切身体验、榜样激励等方法。大学生理想信念的隐性教育具有如下特点。

（1）教育方式方法具有隐蔽性

对大学生开展理想信念隐性教育，往往是通过间接的方式与手段将教育内容与教育思想渗透到大学生的头脑中，于无形中影响大学生的思想，进而改变其自身的行为。

（2）知识传授上具有开放性

隐性教育具有覆盖面广的特点，大学生日常生活的方方面面均能受到该种教育形式的影响。教育者传授给大学生的知识是非闭锁性的，这一优势是显性的理想信念教育所无法企及的。

（3）教育效果上具有差异性

理想信念的隐性教育是使大学生在一种氛围或情境中自然而然地受到触动，它依靠大学生自我的体验和觉悟。由于个体之间存在差异性，在没有明确规定教育目标的情况下，每个人的体验和体悟程度是不同的。

对大学生开展隐性教育尽管在形式上不容易引起人们的关注，但其所具有的优势同样是明显的。其中最为明显的优势之一，是能够对大学生产生潜移默化的影响。大学生能够通过自身所接触到的环境、情境、氛围接受教育影响，这种非显性的教育方式更加容易使他们在相对放松的氛围中接受教育影响。在开展理想信念教育的过程中，隐性教育可以尽可能地减少大学生的排斥与逆反心理，这种教育形式能够帮助大学生在潜移默化中接受理想信念教育。另外，隐性教育还有助于弥补显性教育的不足。显性的理想信念教育往往集中在课堂教学中，而理想信念教育的有效开展，应涵盖的领域、所涉及的内容是广泛的。隐性教育因渗透在各领域、覆盖内容广泛而使之能够有效弥补显性教育的不足，从而使大学生获得全方位、立体性的理想信念教育影响。但理想信念的隐性教育较之显性教育也有不足之处，它不及显性教育能够在较短时间内形成全面、系统、完整的理论认知，它也不及显性教育的权威性而具有很大的不可控因素存在。所以，在重视显性教育的同时不忽视隐性教育，在开展隐性教育时注重隐性教育环境、情境、氛围等的营造，这样才有助于增强大学生理想信念教育的实效性，且有助于推动该教育活动的良性发展。①

（三）传统教育手段与现代技术手段相结合

随着网络化的快速发展，以数字化、网络化、多媒体等信息技术手段为依托的现代传媒，已经充斥着我们生活的方方面面，从根本上改变了人们的生活方式，对大学生的理想信念教育也必然产生深刻影响。利用好现代技术手段，是大学生理想信念教育实现现代化的根本标志，是顺应科技进步和符合现代教育规律的根本途径。大学生乐于与善于利用网络获取知识与信息。经调查发现，大学生们认为他们的生活离不开新媒体运用，他们经常以网络方式接触社会。在大学生这一特定群体中开展理想信念教育，除重视线下教育以外，还应高度重视线上教育。大学生身处于现实物理空间与网络虚拟空间的双重空间之中，具体表现为线上与线下的不断交替。那么对大学生进行理想信念教育既离不开现实物理空间的教育实践，即线下教育，又离不开网络虚拟空间的教育实践，即线上教育。

具体来说，理想信念的线下教育，主要是指教育者与大学生之间开展

---

① 张蓉. 当代大学生中国梦教育研究 [D]. 成都：电子科技大学，2017.

的面对面的施教与受教活动。如，在课堂上设置专门章节讲授与理想信念有关的知识，也可以通过系列讲座的形式邀请专家为大学生讲授与理想信念有关的理论。这种与教师、专家"亲密接触"的线下形式，更容易让大学生感受到人文关怀，教育者可以随时根据大学生的学习情况反馈来调节自身的施教行为，从而有利于教育过程的有效展开。而线下教育的局限性也是明显的，最为突出的就在于其受到时间与空间上的限制，而且线下教育的重复性低，一节课结束后，大学生无法再次接受相同课程的知识灌输。

在网上开展理想信念教育则较好地利用了互联网这一工具和平台。线下教育存在的诸多局限因互联网技术的发展与使用而得到摆脱。从当下来看，能够被线下教育所使用的互联网资源是丰富的、形式是多样的。网络以其不受时间空间限制、资源的丰富性、表达的立体化等优势成为理想信念教育的重要途径。在 2017 年 2 月 27 日中共中央国务院印发的《关于加强和改进新形势下高校思想政治工作的意见》中就强调："要加强互联网思想政治工作载体建设，……运用大学生喜欢的表达方式开展思想政治教育。"①

线上教育作用的发挥也离不开线下教育实践的推动。首先，线下教育能够提升大学生的网络信息辨别力。由于网络信息具有海量化的特征，面对多种具有不同价值观念的网络信息的影响和刺激，如何从错综复杂、丰富多样的网络信息中获取有益资源，关系到大学生能否形成客观、理性的理想信念教育认知。而这一工作往往是通过线下教育进行的。甚至可以说，理想信念线下教育效果的好坏，与大学生网络信息辨识能力的强弱呈正比例关系。其次，网络的负面影响仍然需要线下教育加以解决。由于网络存在门槛低、信息源广泛且网络监控系统不健全等问题，致使网络实践会给大学生带来某些负面的影响，而这些负面影响需要借助网下的教育实践来解决。最后，理想信念教育理论的系统化掌握还需要借助线下教育平台。线上教育相对于线下教育来说，形式多样化，视觉立体化，更富有吸引力。但线上教育往往依赖于大学生的自觉性和自我约束力，它不具有线下教育这种面对面教育方式的约束力和权威性。

① 中共中央国务院. 关于加强和改进新形势下高校思想政治工作的意见 [N]. 人民日报，2017-02-28.

对于理想信念的理论内核的系统掌握，还是需要有针对性的、系统性的面对面的教育引导。第一，利用网络增强大学生的内在动力。线下教育中存在着一系列较为突出的共性问题，特别注重单向的"灌"，缺少互动的"输"：教师讲得多，与学生互动较少，很少关注学生的感受、体验和需求；在教学当中，平铺直叙多，创设情境少，很少关注学生的兴趣、需要；在调动学生积极性方面，教师随意提问多，激发创新思维问题较少，达不到应有效度；从提问效果来看，互动效率较低，有的课堂表面上师生之间热热闹闹，而真正对学生的心智启发和思想引导功能并未落实；在课堂教学效果的检验方面，仅仅满足于课下作业的布置，忽视作业批改和验收，不能做到及时反馈和纠正；在课型设计方面，注重通过课程考试所达到的教学效果，忽视对教学过程的创新和探索，在课型上缺乏创新意识，无论是知识传授、思想提升，还是实践探索、自主研读，许多教师都愿意把课上成教师主导的"满堂灌"，教学效率低，因此需要我们着重构建以学生为中心的教学模式，着重通过网络将理想信念教育由课堂之上延伸至课余生活的方方面面，将理想信念教育从"边缘化"的位置拉回到"核心区域"，从而实现理想信念教育的优质高效。第二，利用网络强化大学生自我教育。新媒体环境下，大学生已经不再是被动的受教育者，而成为具有自主精神和自主能力的自我教育者。正因为如此，网络的广泛应用给大学生理想信念教育模式革新提供了能够实现自我教育的良好平台。新媒体的便捷性、吸引力和互动性，提高了大学生的参与性，把需要灌输的内容直观、生动地展现给大学生，同时，他们在潜移默化接受影响过程中，自主自发地领会、传播、扩散，实现自我教育的自主化和常态化，这不仅是对马克思列宁主义的"灌输"思想的坚持，而且也是一种积极创新。[①]

三、新时代大学生理想信念教育的有效路径

大学生理想信念的教育与培养不是一蹴而就的工作，它是一个长期并艰巨的任务，它需要全社会各界的共同努力与关注，相互配合，紧密协调，

---

① 原黎黎. 新媒体背景下大学生理想信念教育有效路径研究 [D]. 石家庄：河北师范大学，2015.

才能确保大学生理想信念的正确性与坚定性。首先，社会应重视理想信念的宣传教育，营造良好的社会环境。其次，高校应发挥理想信念教育的主导作用。再次，家庭应注重理想信念教育的指引。最后，大学生应加强自我教育能力的培养。

（一）营造良好的社会环境

大学生理想信念的教育不仅需要高校教育工作者和学生自身的共同努力，同时也需要社会的加入，进而形成一项由诸多要素共同参与、共同作用的系统性工程。理想信念教育受社会环境的影响和制约，大学生的理想信念始终是要在社会环境中去实现的，因此，创造实践及公正评价理想信念的良性社会环境，积极发挥社会的环境渗透作用。社会各界都要对大学生理想信念教育工作给予关心和支持，做好这项工作是全社会共同的责任，要发挥各自的优势，加强与教育部门和学校的联系，形成合力，共同营造有利于大学生健康成长的良好社会环境。

1. 发挥社会主义核心价值观的导向作用

习近平指出："核心价值观是一个民族赖以维系的精神纽带，是一个国家共同的思想道德基础。"① 社会主义核心价值观是社会发展的主流趋势，它分别从国家、社会、个人三个层面来阐述社会发展的方向。每一个层面的实现都需要全体公民的共同努力，从而加强全社会的凝聚力，加强与社会共同发展的决心。

新时代的建设与发展离不开大学生这个新生力量群体，大学生的思想、精神、行动关系着社会主义现代化建设事业的顺利实现。因此，我们要充分把握好大学生的思想意识与精神倾向。马克思指出："统治阶级的思想在每一个时代都是占统治地位的思想。"② 一方面各级政府组织应加强导向作用。各级政府要起到带头作用，深入学习和践行社会主义核心价值观，将相关内容普及给人民群众，坚决抵制各种社会思潮的错误影响。建设风清气正的政治生态环境，抵制各种不正之风。政府工作人员也应当起到带

---

① 习近平. 在文艺工作座谈会上的讲话（2014 年 10 月 15 日）[M]. 北京：人民出版社，2015：22.

② 中共中央马克思恩格斯列宁斯大林著作编译局编译. 马克思恩格斯选集（第一卷）[M]. 北京：人民出版社，2012：178.

头作用，让自己的权力在阳光下运行，减少腐败现象的发生，在人民群众的监督下认真工作，更好地为人民群众解决困难。另一方面，新闻媒体要善于沟通，善于疏导。街头巷尾中人们热议的话题，往往都是热点问题，也就是一些社会思潮的早期萌芽。

2. 加强对理想信念教育平台的监管

预防新闻传播失范，不仅靠伦理从内部进行约束，而且要靠制度从外部进行约束。信息传播的即时性增加了对新媒体平台管控的难度，容易发生延迟管控。同时，随着5G网络全面覆盖，视频直播、语音直播、微电影、短视频成为新媒体更具特点的传播手段，它更具交互性、实时性，浸入感也更强。与传统的电视、电影、电视剧有相对成熟的监管体系不同，新媒体平台监管体系还在探索中并不完善，因此新媒体传播内容泥沙俱下，对网络安全文明环境造成了巨大危害。政府需要加强对新媒体的监管，规范理想信念教育平台。

第一，过滤新媒体信息。加强对平台的监管，必须从信息源头对新媒体所传播的信息进行过滤，为大学生的理想信念教育提供良好的环境，从而最大程度地抑制新媒体传播信息的不良影响。对新媒体的监督，不仅是政府相关部门的责任，也是我们每一个公民应尽的责任。对于发现的恶意利用新媒体传播不实信息、不良思想、制造恐慌等行为，我们应当向有关部门积极举报，共同维护新媒体环境的健康和稳定。

第二，健全法律法规。已有相关法律法规对媒体和传媒人行为作出了规范，例如《出版管理条例》和《广播电视管理条例》等，但这些法律法规的部分条款只是泛泛而谈，缺乏针对性、强制性和可操作性，因此，有关部门应当根据当前新媒体时代出现的新情况、新问题，有针对性地进一步完善媒体监管体系，健全相关法律法规，例如严禁新媒体平台播出庸俗化的节目和不良广告，倡导播放主旋律的电视节目、优质的公益广告；严禁自媒体推送暗示或含有不良内容的视频直播或语音直播等，使新媒体能够更好地发挥舆论引导作用，为青年大学生树立远大的理想信念打造良性的信息源。

第三，狠抓举措，创新管理。加强新媒体审查备案，对新媒体进行审核登记备案，了解相关资料；开展新媒体管理人员培训，强化法律意识和管理意识；加强宣传教育，充分利用各种渠道对新媒体的相关法律进行宣传和报道，提高安全意识，提高引导水平。

3. 构建和谐的实践环境

和谐的社会环境可以促进理想信念的实践，良性社会环境的形成需要全社会人的共同努力。

第一，营造良好的文化氛围。社会文化具有熏陶、教化等功能，在大学生理想信念内化过程中具有不可替代的作用，良好的社会文化氛围能有效抵制外界不良思想的侵袭。现阶段，国际国内意识形态领域的斗争仍然复杂，马克思主义与非马克思主义思潮、先进思想与落后思想的矛盾时有发生，因而影响大学生理想信念形成和发展的方向。因此，要创造良好的社会文化环境，使党的先进理论成果在高校真正做到进课堂、进学生大脑。

第二，构建公平正义的人文环境。公平正义是人类社会的基本价值，社会主义社会应该是一个公平正义的和谐社会。现阶段，我国处于改革攻坚期，现在的中国正处于经济飞速发展、政治稳定的宝贵时期，但在部分地区依然存在贿选现象，在部分党员干部身上出现官僚腐败现象，在边疆地区出现的少数反动分子对社会主义的破坏活动、国外敌对势力热衷的"颜色革命"等，在一定程度上都成为影响社会政治环境的杂音，而这些杂音不同程度地在大学生理想信念理论内化过程中产生着消极影响。要想实现大学生理想信念教育的顺利进行，应该加大力度，完善构建公平正义的人文环境，政府部门有责任、有义务推动公平正义的和谐社会早日实现。

总之，如果教育内容与现实环境发生冲突，大学生会感到无所适从，并最终有可能产生错误的认知，那就谈不上所谓的认同和同化。

4. 创造公正的舆论环境

舆论是指"公众关于现实社会以及社会中的各种现象、问题所表达的信念态度、意见和情绪表现的总和，具有相对的一致性、强烈程度和持续性，对社会发展及有关事态进程产生影响，其中混杂着理智和非理智的成分"[①]。

青年大学生的理想信念易受外在舆论环境的影响，因而社会在舆论环境的营造方面需要特别关注。首先，积极大力宣传，在宣传主流价值观的

---

① 孙正聿. 理想信念的理论支撑 [M]. 长春：吉林人民出版社，2014：104-105.

同时，允许其他信仰的存在，不排斥但要注意引导；其次，发挥主流媒体的舆论导向作用，特别是传统媒体的发声，姜还是老的辣，尤其是信息泛滥的今天，需要传统媒体、政府主流媒体的发声，为一些流言正声，纠正一些不实言论；最后，吸收大学生群体参与舆论，发展大学生作为通讯员，培养他们的责任感。推动传统媒体和新兴媒体融合发展，坚持传统媒体和新兴媒体优势互补、一体发展，坚持先进技术为支撑、内容建设为根本，推动传统媒体和新兴媒体在内容、渠道、平台、经营、管理等方面的深度融合。

（二）高校应发挥理想信念教育的主导作用

高校是培养大学生理想信念教育和思想政治教育的主要场所，高校思想政治理论课是大学生理想信念教育的主渠道。加强大学生理想信念教育要在发挥主渠道作用的基础上，不断开发多种形式的教育，丰富教育的内容，拓展教育的渠道，发挥教育的积极作用，利用好环境影响教育的作用，切实优化高校校园文化和校园舆论环境的建设，充分体现理想信念教育的实效性，提高理想信念教育效能。

1. 稳定教育内容，坚持马克思主义指导地位

（1）加强马克思主义理论教育

当前，我国正在以积极的态度应对和参与经济全球化，"习近平正带领中国以更主动的姿态参与世界"[①]。一方面我国国门开放的程度越来越大，另一方面我国要适应走出去的战略，因此，在思想政治教育领域，特别是对大学生的理想信念教育必须及时跟上。大学生作为未来中国特色社会主义事业建设者和接班人必须在全球化进程中坚定中国特色社会主义的共同理想信念。

①加强对大学生的马克思主义理论教育才能提升主流意识形态的影响力。结合大学生关注的社会热点和焦点问题，进一步丰富马克思主义教育的相关读物和教材并形成体系。马克思主义哲学是科学的世界观和方法论：用马克思主义哲学的基本原理去解读大学生关注的社会热点和焦点问题，在吸引大学生关注的同时引导大学生掌握辩证唯物主义和历史唯物主义，

---

① 罗伯特·劳伦斯·库恩. 习近平的新外交观 [N]. 中国日报，2015-01-12.

学会用马克思主义哲学去解读世界、分析事件；用马克思政治经济学基本原理审视金融危机的爆发、解读资本主义的基本矛盾；用科学社会主义理论解读中国特色社会主义制度的本质属性。根据不同的群体，进一步丰富教材的层次体系，既要有普及型的，也要有专业型的，还要有对经典著作解读型的，以根据受众的不同基础进行选择。

②加强马克思主义理论与非主流意识形态的比较教育。如前所述，在我国深度参与全球化的阶段，非主流意识形态的传播对主流意识形态形成了一定的冲击。在大学生的理想信念教育中我们不能回避矛盾，掩耳盗铃，必须正视非主流意识形态的影响，提前对马克思主义理论与各种非主流意识形态进行比较教育，能够引导大学生正视我国的国情与马克思主义意识形态的契合性，认识到非主流意识形态的弊端，提升主流意识形态的影响力。开展比较教育必须在主阵地和主课堂的渠道进行，把握住教育的方向。

③细化受众、拓展形式，提高马克思主义教育的实效性。根据专业的不同、对马克思主义理论掌握程度的不同进一步细化受众。在大学生中，因为专业的不同，掌握的社科知识也不相同，由此接受的马克思主义理论也不同，特别是高考改革后，理工科学生在大学以前接受的马克思主义基本原理的知识更多来自个人兴趣，因此在大学期间要通过丰富的读物和教材进一步加强对他们的教育和引导。社科类专业的学生，人文社科知识相对丰富，一般对马克思主义理论有一定的了解，对他们的教育要更深入，引导他们理解和掌握马克思主义的精髓，结合经济全球化的形势，进一步坚定共产主义信仰。在不同专业中还要进一步根据对马克思主义掌握的不同进行不同深度的教育，同时按照不同群体采取灵活多样的教育方式。

④引导大学生认识坚持中国特色的社会主义道路历史必然性。当前我们坚持中国特色的社会主义道路，既体现科学社会主义的基本原则，同时也根据时代条件赋予了鲜明的中国特色。通过中国近代历史教育，使得大学生认识到走中国特色社会主义道路的历史必然，以及今后必须坚定不移走这条道路、与时俱进拓展这条道路的历史责任感。

⑤引导大学生加强对马克思主义理论和中国特色社会主义理论的学习。首先加强对包括马列主义、毛泽东思想等经典著作的学习，使其成为认识和改造世纪的强大思想武器。其次加强中国特色社会主义科学理论的学习。

加强提高政治思想理论课任课教师的授课水平和业务素质，把理论教育和社会现实结合起来，与大学生关注的社会热点问题，与大学生自身利益密切相关的问题结合起来，同时在理论教育的同时参加社会实践活动，切实提高高校思想政治理论课的实效性。通过高校思想政治理论课这一主渠道，使大学生掌握和领会马克思主义理论的精髓，深入认识和理解中国特色社会主义的理论内涵，同时为大学生理想信念的形成打下坚实的理论基础，增强他们的对社会主义建设理论自信。

（2）加强社会主义核心价值观教育

社会主义核心价值体系教育对大学生理想信念教育起着重要的促进作用，二者有着内在一致的价值契合。

一个社会和一个国家必须以依靠某种社会成员共同认同的价值体系来维系，社会主义核心价值观是民族、国家的精神支柱，对国家发展和社会稳定起着重要作用。社会主义核心价值体系是与中国特色社会主义建设相配套的主导价值体系，它与全体社会成员生活息息相关，体现在人们日常生活中。建设社会主义核心价值体系，就是要将社会主义核心价值体系转化为全国人民的价值取向、愿望要求和自觉行为，进一步在全社会形成统一的指导思想、共同的理想信念、强大的精神支柱和基本的道德规范。大学生理想信念教育实质上是"培养什么人、如何培养人"的问题。首先，加强大学生理想信念教育，与我国社会主义制度发展紧密相关，要教育引导大学生认同社会主义核心价值体系，增强走中国特色社会主义道路的信心，进而确立起共产主义信仰。其次，加强大学生理想信念教育，应切实培养大学生爱党爱国的精神品格，帮助大学生确立健康向上的个人理想信念，并引导大学生将个人理想信念与国家社会理想信念统一起来，将个人价值实现与国家发展统一起来，既要强调共同理想，又要尊重大学生的个人理想差异，充分发挥大学自主能动性，鼓励大学生实现个人职业理想和家庭理想。大学生应努力学习、立志成才，弘扬爱国主义精神，弘扬改革创新的时代精神，培养求真务实、大胆创新的品质，为今后个人发展提供思想保证；同时深入践行社会主义荣辱观，将中华民族的传统美德和时代精神结合起来。需要引导大学生树立明确的价值目标、实现有效的价值认同、进行正确的价值选择，帮助大学生把握科学的价值评价标准，把自身价值

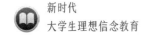

需要、价值创造和价值实现统一到中国特色社会主义建设上来。

加强大学生社会主义核心价值观教育必须与大学生的日常生活实际相联系，促进大学生理想信念内化于心、外化于行。

①以校园文化及大学精神传承为载体，推进社会主义核心价值观形象化、具体化。社会主义核心价值观内容丰富，覆盖面广，具有高度的概括性、指导性和抽象性。由于大学生的知识结构、认知能力的制约，无论是对其进行理论阐释、逻辑论证还是思想引导、行为示范，都难达到理想的教育效果，教育的结果往往是，要么社会主义核心价值观高高在上，要么大学生对社会主义核心价值观的认识和接受限于粗浅、表面，流于形式，社会主义核心价值观难以真正内化为大学生自觉的思想认识，外化为积极的行为方式。高校推进社会主义核心价值观形象化、具体化，实际上就是校园化。高校的校园文化和精神传承作为社会主义文化的重要组成部分，必须始终贯穿、体现社会主义核心价值观，与社会主义核心价值观具有内在的契合性。校园文化和精神传承是高校自身存在和发展的历史过程中形成的、由师生员工共同创造的、具有独特气质的精神文化成果的积淀，是大学精神风貌、价值传统、人文环境与育人功效的集中反映。与社会主义核心价值观的高度理性抽象相比，大学精神较为感性具体，且与大学生的日常生活、学习密切联系，如影相随，无处不在，最贴近大学生的思想实际和认知水平，是大学生的基本生活方式和思想依归，以校园文化和精神传承为载体能使大学生在认同校园文化的同时接受社会主义核心价值观。

②找准切入点，使社会主义核心价值观教育不失时机，不走弯路。好的教育方法需要好的"抓手"，对大学生进行社会主义核心价值观教育同样如此，教育成效的好坏关系到一代甚至几代大学生的成长成才，关系到国家的前途、民族的命运，因此不能乱选滥用，不能不管什么场合、什么事情，都拿社会主义核心价值观往上套，这样势必会弄巧成拙，到头来使社会主义核心价值观成为空的口号。要使大学生认同和接受社会主义核心价值观，我们的切入点就是充分了解学生的思想现状和实际需要，知道他们在关注什么，迫切需要的是什么。对大学生进行社会主义核心价值观教育必须要贴近大学生的现实要求，将对学生的思想教育与解决学生的实际问题紧密地结合在一起，这样才能够真正使社会主义核心价值观具有现实

说服力，也更能够使大学生从内心接受社会主义核心价值体系包含的基本价值。如当前在校大学生面临的经济压力、学业压力、就业压力等问题，就是大学生所普遍关注的焦点，高校如何在力所能及的情况下为学生解决这些现实问题，其解决效果的好坏从一定程度上接影响到大学生对社会主义核心价值观的认同和接受程度。此外，高校还可以结合实际，以重大节日、重要活动、主题纪念日为切入点，组织开展丰富多彩的文体活动，进而加强对社会主义核心价值观的宣传，以引导他们自觉践行社会主义核心价值观。

③唱响主旋律，加大社会主义核心价值观的正面宣传力度，使其成为当代大学生的主导意识。在对大学生进行价值观教育的过程中，既要肯定进行社会主义核心价值观一元主导的统领和主旋律地位，又要兼顾当今社会转型期价值观多样化的客观性；既尊重差异、包容多样价值观，又要有力抵制各种错误、腐朽思想和价值观念的影响，因此，新闻宣传、文艺活动、出版等方面要坚持弘扬主旋律，为培育大学生核心价值观营造良好的氛围。要牢牢把握正确的价值导向，深入发掘传统文化的优秀资源和现代社会的先进资源，使校园内积极向上的因素始终占据主导地位，同时加强大学生的精神滋养和文化浸润；既要把校外专家"请进来"，又要充分发挥大学生自己身边可亲、可敬、可学的典型示范作用。

（3）加强意识形态安全教育

当前形势下，必须加强大学生意识形态安全教育，使他们清醒认识意识形态斗争的严峻形势，同时根据大学生思想活动的独立性、选择性、多变性和差异性等特点，采用丰富生动的宣传方式，拓展新媒体等信息宣传手段，加强校园文化建设，构筑抵御于西方意识形态渗透的人文环境。

①引导大学生认识到意识形态之争的长期性和必然性，使大学生认识到，在世界多极化发展过程中，因为社会性质不同，我国与西方国家之间面临不可避免的意识形态之争。"敌对势力要搞乱一个社会、颠覆一个政权，往往先从意识形态领域打开突破口，先从搞乱人们的思想下手。"①

②引导大学生识别西方敌对势力进行意识形态传播的方式。全球化进程中的意识形态之争具有长期性，还具有隐蔽性。要教育引导大学生识别

---

① 中共中央文献研究室编. 十六大以来重要文献选编（下）[M]. 北京：中央文献出版社，2008：399.

西方敌对势力进行意识形态传播的方式，促进大学生时刻保持警惕。当前西方敌对势力进行隐蔽的意识形态传播的方式主要有：通过国际合作的渠道设立基金会，名义上是加强科研技术合作实则支持个别人或团体宣扬西方价值观甚至搞分裂活动；通过派遣专家学者访问的机会进行传教活动；利用接受我国专家学者和留学生到发达国家进行访问学习的机会，对这些专家学者和学生进行西方民主、自由和人权思想熏陶；以影视文化为载体，向社会主义国家大众进行西方价值观的渗透；借助网络新媒体等传播手段，肆意歪曲事实，迷惑国人，特别是大学生的正确认知等。

③引导大学生对意识形态之争时刻保持警惕。意识形态之争，往往以思想文化传播为幌子，利用一切机会影响大学生思想认识。随着改革开放和我国市场经济体制的建立、政治体制改革的推进，美化和鼓吹西方政治经济制度为普世价值，从而影响着大学生对我国根本政治制度的认同；宣扬主张私有化、市场化、自由化的新自由主义，影响大学生对我国公有制为主体的基本经济制度的认同；宣扬历史虚无主义、民族虚无主义，引诱大学生重视个人欲望和利益的满足，重视当前，消减大学生对民族国家利益的维护、对民族优秀传统文化的认同；将"依宪治国""依宪执政"，解读为实行西方宪政，'引发"党大"还是"法大"的争论，混淆大学生的视听。必须教育大学生时刻对意识形态之争保持警惕，对思想文化领域传播的思潮加以鉴别，批判地接收。

2. 拓展教育内容，丰富理想信念教育的文化内涵

（1）加强历史和国情教育

加强新时代大学生理想信念教育，必须增强大学生对国家和民族的认同感，就是将历史与现实结合，尤其是加强中国近现代史和党史的教育，使得大学生对中国历史和社会发展中的重大问题有进一步认识，增强对国家和民族的认同感和归属感。

①加强中国近现代史和党史教育。加强中国近现代史和党史教育能够帮助大学生认清中华民族选择社会主义道路、选择中国共产党领导的历史必然和社会主义建设的来之不易，有助于大学生继承和发扬党的历史上形成的红色精神，坚定中国特色社会主义共同理想。

第一，加强近现代史教育。近代中国因为封建、落后而长期遭受外敌

欺侮，饱经沧桑，在中国共产党的领导下，建立了新中国，才使中华民族重新站立起来，四十多年的改革开放使得中华民族走上了复兴道路。我们国家每一步发展和进步都经过了长期而艰苦的奋斗，只有认知历史才能不断增强凝聚力和战斗力，才能稳定发展。

随着全球化的日益深入，多元的思想文化相互激荡，各种社会思潮的传播，西方意识形态的渗透，对近现代史教育提出了新的更高的要求。在教育内容上，根据新时代大学生更加相信历史事实、对直接的主观的结论有一定抵触心理的认知特点，将丰富完善的、最新的近现代史资料史实补充到大学生教材中来，以史实说话，将历史学研究中近现代部分的最新进展，包括解密的档案资料都及时补充到大学生正规的教育途径中，不要给不良社会力量和渠道提供可乘之机。在教育方式上要与新时代大学生思想特点、生活方式和接收信息的模式接轨，创新教育的方式方法。利用好社会资源，进行全力教育，如组织大学生参观历史博物馆，组织大学生中对历史感兴趣的同学成立相关社团，共同探索和研究历史、在同学中宣讲历史知识，将媒体制作的历史教育作品下载播放，建立相关微信公众号或引导大学生关注社会反响好的微信公众号，丰富各种出版物，除教育教学的出版物，像人物传记、某阶段历史、某事件历史等都能使大学生从中学习和感知历史。

第二，加强党史特别是红色精神教育。加强对新时代大学生的党史教育有助于大学生深入理解中国特色社会主义道路是历史和人民的选择，加强党史中的红色精神教育，有助于大学生养成坚忍不拔的意志品质。

加强党史教育，有助于大学生了解党的奋斗历程，认清中国共产党的领导是历史的选择和社会发展的必然，引导和教育大学生深刻理解党在现阶段的路线、方针和政策，树立正确的社会主义政治理想。通过党史教育，让大学生认识到中国共产党领导中国革命和建设的历史是马克思主义理论不断与中国实际情况相结合的历史，从而坚定走中国特色社会主义道路的信心。大学生要实现自己的远大抱负和人生价值，就必须投身到党的事业中去。只有了解党的历史，才能懂得党的奋斗历程，才能体会到如今美好生活的来之不易，才能更好地融入党的事业，也才能更好地为党和人民的事业做出更大的贡献。

红色精神是中国共产党在带领中国人民探索社会主义道路的实践中所

积累的宝贵精神财富。中国人民探索社会主义道路的实践形成了三种精神：即革命精神、建设精神和改革精神，这三种精神一脉相承，不断丰富、升华，既有共性，也有个性，统称为红色精神。红色精神教育与加强新时代大学生理想信念教育具有内在一致性，是加强新时代大学生理想信念教育的宝贵资源。红色精神教育是增强新时代大学生对不良社会影响的抵抗能力的必然要求。新时代大学生思想政治教育将红色精神教育拓展为创新内容，是符合时代特点的。红色精神教育能够鼓舞人心，帮助大学生树立艰苦奋斗的精神，培养坚忍不拔的意志品质，筑牢思想长城，提高对西方意识形态渗透、不良思潮侵蚀的抵抗力。新时代大学生是未来中国特色社会主义事业的中坚力量，肩负着中华民族伟大复兴的历史使命，按照红色精神的方向指引，大学生要努力钻研和掌握现代科学技术，并积极投身于社会实践，深入了解国情民意，培养勇于奉献的高尚情操和不畏艰难的坚强意志，响应党和国家的号召到人民最需要的地方去建功立业，自觉地推动社会主义现代化建设事业不断前进。

②加强国情教育。党和国家制定的方针、政策、制度和措施都是基于一定的国情和社会发展的需要，大学生没有对国情的基本认知就不会理解党和国家制定的方针、政策、制度和措施。

当前我国国内总体形势是好的，但是，经济存在一定下行压力，社会也面临一些问题。大学生面对学业压力大、就业难等实际问题，思想上容易产生困惑和迷茫，对一些社会问题容易产生不满情绪。大学生是社会舆论产生和传播的重要群体，也是容易受社会不良舆论影响的群体。因此必须引导和教育大学生正确看待目前国家在教育、医疗、就业、住房、社会保障、环境保护和收入分配等方面存在的问题，给予恰当的人文关怀和心理疏导，使他们能够正确看待社会问题，培养自尊、自信、理性、平和的健康心态。在对大学生进行国情教育时，要引导大学生认清我国当前的国情和当前国家所处的历史发展阶段，激发大学生的历史责任感和实现国家民族梦想的情怀。

③旗帜鲜明地反对历史虚无主义。龚自珍曾说："欲知大道，必先为

史""灭人之国，必先去其史"①，对国家和民族自身历史的认可是形成对国家和民族认同感的重要基础。作为一种社会思潮，历史虚无主义对一个国家和民族的危害极其严重，对青年人特别是大学生的毒害至深，坚定新时代大学生理想信念必须反对历史虚无主义。

当前，历史虚无主义思潮主要表现为歪曲中国共产党的历史，歪曲中华人民共和国历史，否定中国共产党的领袖人物，否定中华民族选择社会主义道路的历史必然性，贬低人民群众在近现代史中的作用。高校在加强历史知识正面教育的同时，在思想政治教育过程中，要积极关注历史虚无主义思潮的动态，主动反击历史虚无主义思潮提出的具体观点，对其歪曲历史事实的行为，要及时据实反击。要针对历史虚无主义所提出的具体观点，在通过史实反驳其虚伪性的同时，指出其歪曲历史事实、否定党的领导人的真实用意和目的，要让大学生认清，中华民族选择了社会主义道路、选择了中国共产党的领导不仅是历史的必然，而且是适合中国国情的，直接带来了中国的高速发展，从而使大学生增强民族认同感，国家归属感，坚定社会主义理想信念。

（2）加强传统文化教育

习近平指出，要"坚定道路自信、理论自信、制度自信、文化自信""文化自信，是更基础、更广泛、更深厚的自信"②。中华优秀传统文化源远流长，博大精深，熔铸了中华民族文化的根基和血脉。从儒家经典中我们学到忠孝仁义，从唐诗宋词元曲中我们学到了精忠报国，这些都是理想信念教育的文化素材。传承中华文明、传播优秀传统文化、以文载道、以文化人，是新时代高校的责任和使命。

①加强传统文化教育有助于强化大学生的文化认同感。人作为自然界的产物，是自然界的一部分，既有自然属性，又有社会属性，既是自然存在物，也是社会存在物。在社会生活中，个体通过浸染其中的文化，以文化人逐步成为民族一员，成为民族文化的符号和载体。文化认同就是个体对群体长期共同生活中所形成文化的肯定，文化认同的核心是个体对群体价值标准的认可和接受。文化认同实际上解决的是自己的文化身份归属问

---

① 龚自珍全集（上册）[M]. 北京：中华书局，1959：22.

② 习近平. 在庆祝中国共产党成立 95 周年大会上的讲话 [N]. 人民日报，2016-07-02.

题，文化认同上出现了问题，就会导致个体发展上的迷茫、价值判断上的困惑。文化认同会衍生出民族认同和国家认同，进而成为凝聚民族和国家人民共识、增强凝聚力的内在动力。因此，美国学者亨廷顿强调："文化认同对于大多数人来说是较有意义的东西。"[①] 随着改革开放的不断深化和市场经济的快速发展，在全球一体化的影响下，互联网快速普及，网络新媒体迅速崛起，传统文化与现代文化、中国文化与西方文化、精英文化与大众文化及网络文化发生了前所未有的交流和碰撞。在多元文化的交融和冲突中，一些大学生对中国传统文化产生怀疑，把西方文化等同于现代化。虽然随着"国学热"的兴起，一些大学生对中国传统文化表现出浓厚的兴趣，但这并不意味着大学生对传统文化的了解有了根本好转，因此，对于多元文化引起的文化认同危机，高校要大力开展中华优秀传统文化教育，让大学生深刻懂得中华优秀传统文化是文化建设的重要资源和宝贵财富，是文化自信的精神支柱。

②加强传统文化教育有助于培育大学生的民族精神。民族精神是一个民族在漫长的生活和实践中形成的，为大多数成员所认同的价值取向、思维方式、道德规范和精神气质，是民族生存、发展的巨大精神力量。中华民族依靠勤劳和智慧创造了举世瞩目的华夏文明，五千年的优秀文化源远流长，锤炼出独特的中华民族精神，这种独特的民族精神代代相传，已经深深地根植于中华民族传统文化中，内化为各族人民稳定的精神品格和心理特征，成为中华民族屹立于世界民族之林的强大精神支柱。这种精神是中华民族在几千年发展中历经磨难却生生不息、昂扬前进的精神法宝。高校要借助优秀传统文化的资源和力量，在思想政治教育工作中，在大学生中开展中国优秀传统文化教育，培育和弘扬以爱国主义为核心的民族精神，激励新时代大学生树立报效国家、服务人民的责任感和使命感。

③加强传统文化教育有助于提高大学生的道德素养。中华传统文化始终以伦理道德作为价值取向的核心，德育至上是其显著特征之一，这在中国古代的重要典籍中多有记载，尤其体现在儒家经典中。"志于道，据于德，依于仁，游于艺"（《论语·述而篇》）"德之不修，学之不讲，闻义不能徙，

---

① 塞缪尔·亨廷顿. 文明的冲突与世界秩序的重建 [M]. 周琪，译. 北京：新华出版社，1999：4.

不善不能改"（《论语·述而篇》）等相关言论谈及道德修养的重要性和必要性。孟子发展了孔子的德育思想，孟子曰："人之有道也，饱食、暖衣、逸居而无教，则近于禽兽。圣人有忧之，使契为司徒，教以人伦：父子有亲，君臣有义，夫妇有别，长幼有序，朋友有信。"（《滕文公章句》）可见，孟子将具有五伦道德精神作为区分人与禽兽，也就是人之所以为人的标志。同时，在中国传统文化中，人与自然的关系被称为"天人关系"。"天人合一"是中国传统文化所追求的自然观，它强调人与自然的和谐发展，即人不应该违背自然规律改造自然和征服自然，甚至破坏自然，而应该在了解自然的基础上顺应自然规律，合理开发、利用和保护自然，促进自然万物和谐共生，达到人与自然的相通相合。

这些思想在今天仍然散发着思想之光，具有深刻的现实意义。新时代大学生是一个特殊群体，他们知识面宽、好奇心强、思想开放、个性张扬，但由于自身心理不成熟和外界各种因素的作用，其身上也存在不少问题，如部分大学生受拜金主义、个人主义、享乐主义、极端利己主义的影响，不思进取，盲目攀比，追求享乐；以自我为中心，人际关系淡漠，人际交往困难；诚信危机严重，责任意识淡薄，集体观念差，勤俭节约意识不强等。开展传统文化教育，可以深入发掘中国传统文化中蕴藏的丰富而优秀的道德思想，发挥传统文化的育人功能，陶冶大学生的道德情操，提升思想道德修养。

④在大学生思想政治教育课程中开设中华传统文化的相关课程和讲座，将传统文化融入科研和教学中。一方面，科学研究是高校的重要职能之一，也是高校进行传统文化教育的重要依据。以高水平的科学研究引领传统文化教育向科学化、专业化、纵深化和现代化发展，以求进一步探究并激发传统文化产生现代价值，使高等教育常有新内容、新亮点和新动力；以先进的科学理论成果为引领，保障传统文化教育的政治方向和意识形态的正确性，是切实加强传统文化教育的关键所在。高水平的科学研究成果需要高水平的研究团队，注重培育高水平创新型研究团队，特别是与传统文化教育相关的科研团队，对传统文化资源进行发掘、充分阐释和深入研究，强化传统文化教育的学理深度，引领传统文化教育可持续发展。只有高水平的科研团队研究和创新传统文化教育教学内容和方式，才能在传统文化

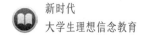
教育中收到实效。

另一方面，课程教学是高校进行传统文化教育的最重要、最基本的途径。高校应不断完善传统文化课程的教育过程，构建科学合理的传统文化的课程教育体系。例如，有的高校开设了中国优秀传统文化系列公选课程，内容涵盖文学、历史、艺术、哲学、体育、政治等多个学科，尽量满足各专业学生的需求；有的高校在政治学、新闻学、社会学、历史学、法学、文学等专业中开设中华传统文化必修课，如"经典诵读""孟子的文化精神"等国家精品课程，以更为系统、细致的专业教学增强大学生的文化认同感，加深大学生传统文化的修养；有的高校探索将传统文化教育与各门专业课程教学有机结合，形成融合渗透，使传统文化教育更广泛、更深入地贯穿于学科教学的各个环节之中，并依托思想政治理论课的教学平台，在课堂教学中，融入传统文化的精髓，对大学生进行富有中国特色文化内涵的价值观教育、革命传统教育、理想信念教育等，以达到协同教育的效果；还有的高校利用网络新媒体积极开发网络教育平台，录制传统文化网络课程，并将相关资料、音频和视频等上传到网络，进一步促进大学生的独立学习和自主教育。

⑤将传统文化融入校园文化建设。文化是大学的灵魂，具有对大学生进行价值观、人生观、世界观教育和培养大学生道德情操、文化素养的隐性德育功能。将传统文化教育融入校园文化建设，充分发挥其隐性渗透作用，有利于增强大学生对中华传统文化的认同感，从而真正接受和热爱传统文化，使传统文化在大学生中真正内化于心，外化于行。

在校园文化建设中，注重汲取传统文化的精髓，拓展其外延，使其与现代文化相结合，焕发现代魅力。一方面可以致力于打造具有汉风特色的校园文化品牌，如创办汉乐团、汉舞团等汉风社团，让大学生在传承创新的校园文化实践中体会中华文化的博大精深。另一方面通过不同的文化载体，不断创新传统文化教育形式，古为今用，实现内容与形式的完美统一。

3. 积极开展实践教育，开发好大学生理想信念教育的第二课堂

理想源于现实实践又超越于现实实践，只有通过实践检验的理想才经得起实践的考验，才应该被长期坚持。要积极开发好大学生理想信念教育的第二课堂，即实践教育，帮助大学生在实践中树立远大的理想和坚定的

信念，通过实践教育帮助大学生树立正确的世界观、人生观和价值观，通过实践活动实现自己的人生理想和追求。

（1）建立健全实践体系，促进大学生与社会的融合

伴随着人民生活水平的提高和社会的发展，大学生接触社会的机会越来越少，从事社会实践的机会更是少之甚少，大学生走进人民群众、到群众中去体验生活更是特别少，这样就不利于大学生理想信念的塑造和培养。此外有些家长自认为社会实践活动浪费大学生的学习时间，会影响大学生的学习成绩，特别是不利于大学生的成长成才。倘若不从根本上去解决这个问题，那么这个问题将会影响大学生社会实践活动，特别是使大学生的社会活动成为一种命令式的任务。所以，高校应该把大学生实践活动作为一门必修课纳入大学生的教学计划和考核范围，同时建立健全符合大学生发展并且能够激励大学生积极参加社会实践活动的考核评价机制。高校还应该不断为大学生打造更多的社会实践平台和渠道，争取为每一位大学生提供参加社会实践活动的机会，促进大学生与社会的接触与融合，让大学生走进社会、走进人民群众，使得大学生确立正确、科学的理想信念。

（2）广泛开展实践教育，提升大学生的实践能力

社会实践活动是高校进行大学生理想信念教育的又一重要途径，也是大学生理想信念教育形成的重要基础。坚持从社会实践做起，用实践检验真理，对大学生理想信念教育进行加强，筑牢大学生理想信念之基。要积极开展大学生走基层调研活动：带领大学生走基层农村，领会农村的风情意蕴，体味农村的艰苦生活，让大学生充分感受农村的气息，真切体会农村生活，感受近年来农村社会生活的巨大变化，回味农村社会发展的进程。通过活动，培养出具有艰苦奋斗精神和吃苦耐劳优良品质的新时代大学生；同时要坚定中国特色社会主义的理论自信和中国特色社会主义道路的信心及中国特色社会主义制度的信念，坚持为中国特色社会主义事业奋斗终生的决心。要广泛开展大学生志愿服务活动。要在校园内开展大学生志愿服务活动，使大学生在校园内感受到理想信念教育的重要性和关键性，增强大学生理想信念意识。要在全社会开展大学生志愿服务活动，在社会志愿活动中陶冶大学生的情操，增强大学生的主人翁地位意识和为人民服务的意识，让大学生与人民群众紧密接触和融合，帮助大学生亲身体验自己在

社会中的自我价值和社会价值，从而树立坚定的人生观。

4. 加强大学生理想信念教育的师资队伍建设

习近平指出："教师是人类灵魂的工程师，承担着神圣使命。传道者自己首先要明道、信道。高校教师要坚持教育者先受教育，努力成为先进思想文化的传播者，党执政的坚定支持者，更好担起学生健康成长的指导者和引路人的责任。要加强师德师风建设，坚持教书和育人相统一，坚持言传和身教相统一，坚持潜心问道和关注社会相统一，坚持学术自由和学术规范相统一，引导广大教师以德立身、以德立学、以德施教。"[①]在高校思想政治教育工作中拥有一批高水平高质量的教师队伍是势在必行的选择，对高校教师提出了更高的要求以满足教育和社会的需要。高校教师要在以德立身的基础上以德立学，并在施教的过程中以德施教，使教育效果最大化。

（1）注重强化教师自身理想信念，提高影响效力

教师是教育的主体在整个教育过程中发挥着主导性作用。要积极强化教师加强自身理想信念教育的提高，积极发挥教师在教育中潜移默化的影响作用。教师自身的理想信念一旦变得坚定，自然而然培育出来的大学生就具有坚定的远理想和崇高信念。

教师用行动带动大学生理想信念教育。教师自身理想信念坚定，就会在实践教学活动或者大学生的生活中起着潜移默化的影响大学生朝着老师的行动看齐，用老师的标准严格要求自己，同时将老师确立为自己的榜样并向老师学习，努力成为自己想要成为的那个人，最终成为有理想、有抱负、信念坚定的大学生。

（2）加强教师的专业知识的培育，提高教师素养

教师的自身能力水平是高质量教学的保障。过硬的专业知识是每一位教师必备的技能。在高校思想政治理论课教学中，应注重教师的素养选择。选择高素养的、具备专业知识技能的思想政治理论课教师是保证高校思想政治理论课高质量开展的前提。高专业知识素养的思想政治理论课教师能够帮助大学生树立正确的世界观、人生观、价值观，能够使大学生认识自我，发展自我，激扬自我，实现自我，超越自我。

---

① 习近平. 习近平谈治国理政（第二卷）[M]. 北京：外文出版社，2017：379.

高校思想政治理论课教师应进行专业知识技能的培训和讲课能力的提升，要制定合理的可靠的评价标准和相对应的培训计划，从而提高专业知识，促进讲课技能的提升和工作的积极性、主动性，增强教师与学生之间的交流与沟通，提高教学质量。同时还应该开展教师职业技能的比拼，让每一位教师参与其中，在参与中实现自身的价值，也能够在参与中认识到自己的不足之处，弥补自身的缺点，能够同优秀的教师交流学习经验，获得自身的发展。

（3）扩大教师的吸纳，增强教育力量

在条件允许的情况下，应适当提高思想政治教育理论教师的薪资待遇和休假制度，住房待遇及其基本的医疗和养老服务，放宽思想政治教育理论课教师的评奖评优，鼓励思想政治理论课教师的继续教育学习，防止优秀教师人才的流失。高校还应该加大优秀人才的引进力度，积极引进优秀的人才，随时对教师资源进行补充，增强教育力量。要在扩大教师吸纳的同时注重教师自身的专业知识能力高低和思想道德素养高低，要积极地吸纳有能力、有理想、有抱负的新青年教师以增加教育的力量，达到教育的目的和效果。

大学生理想信念教育的内容、方式、方法应是常变常新、与时俱进的。高校教师必须紧密结合时代发展，不断丰富自身的知识储备，勇于创新大学生理想信念教育的内容，研究出更具吸引力的教学手段和更具感染力的教学方法，进而有效推动理想信念教育在大学生群体中的渗透。

（三）家庭应注重理想信念教育的指引

家庭是孩子的人生第一课堂，父母是孩子的第一任老师，一个孩子的道德品行要从小培养，而家庭就是最基础的"土壤"。父母应从重视理想信念的教育、转变固有的教育理念、营造积极向上的家庭氛围等三个方面来完成家庭理想信念教育的指引。

1. 父母应重视理想信念的教育

"家庭教育很重要，是基础教育的基础。"[①]孩子从呱呱坠地开始，最先接触的是自己的父母，父母的言谈举止、为人处世的态度时刻影响着孩

---

① 顾明远. 新时代教育发展的指导思想——学习习近平总书记在全国教育大会上的讲话[J]. 北京师范大学学报（社会科学版），2019（01）：8.

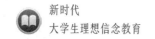
子的成长，是孩子成长时期模仿的主要对象。在儿童可塑性最强的时期，父母应扮演好第一任老师的角色，注重培养孩子的道德品行与行为举止，使其具有持久性的意志品质。

一方面，父母应该进行自我理想信念教育。父母的理想信念、思想水平、行为处事的方法，以及对社会发展的态度等都会无意识地传递给子女，子女也会无意中在自己的理想信念形成过程中留下痕迹。父母应不断进行自我理想信念的教育，培养高尚的道德品质，对待不良社会现象给出积极正确的价值引导，严格规范自身行为，做到言行一致，用实际的行动做最有效的教育。父母也应积极与学校沟通交流，开办家长学习会。通过学校给出的建议，家长能够发现自己在孩子教育上的不足；与家长之间互相交流，各自说出自己的教育方式与教育困惑，与孩子之间存在的相处问题，相互学习，找出自身存在的问题，及时地进行自我教育与自我改正，从而做好孩子的启蒙人。

另一方面，父母应该重视对孩子理想信念的教育。父母应采用科学有效的方法，加强与子女之间的沟通，用平等、平和的心态与子女共同探讨学习中的问题、生活中的疑惑以及对社会发展过程中某些现象的看法。在沟通过程中，可以像朋友之间聊天一样，用轻松、愉悦的语气教育子女应该加强道德修养，与人为善，鼓励孩子将个人成长与国家发展、民族繁荣相结合。父母只有重视对子女理想信念的教育，才能够引导孩子树立正确的理想信念，促使孩子成为有理想、有道德、有文化的新时代社会主义事业接班人。

2. 父母应转变固有的教育理念

父母应该转变"孩子只要学习就可以，其他的事情都不用做"的错误观念。新时代大学生大多是"00后"，多数是家里的独生子女，父母为了让孩子有更多的时间学习，包办一切，造成孩子独立生活能力差、抗压能力弱。父母应该锻炼孩子独立生活的能力，引导孩子懂得力所能及的事情要自己完成，减少对父母的依赖感，培养孩子成为德智体美劳全面发展的人。父母也应该杜绝溺爱心理，对孩子的关爱要有一定的限度。独生子女大多在宠爱下长大，以自我为中心的意识强。父母应该给予其正确的引导，教育孩子学会尊重他人、友善对待他人，引导孩子学会节俭，不要仅仅追求物质享受。父母还应当注重孩子成长过程中的心理教育与精神追求，帮助孩子认清个人理想与社会理想相结合发展的重要性，从而用更加坚定的心态树立正确的理想信念，抵制各种错误思潮的侵蚀。

3. 父母应营造积极向上的家庭氛围

作为每个个体成长的第一环境，家庭是孩子成长过程中的重要基础，也是新时代大学生树立正确理想信念的有力保证。父母的道德素养、文化素质、家庭氛围对大学生理想信念的教育有着直接的影响。因此，改善家庭氛围对大学生树立正确的理想信念至关重要。

一方面，父母应提高自身的道德品质。在实际生活中，父母的一言一行就是孩子的榜样，父母认真对待事情，孩子也会认真完成自己的任务，父母信守承诺，孩子也会养成诚实守信的品质。因此，父母应该身教重于言教，首先规范自己的行为，培养自己的道德品质，成为一个有理想、有追求、有信念的人。在生活中，父母应努力奋斗，追求更高品质的生活，与邻为善，妥善处理人与人之间的关系；在工作中，爱岗敬业，认真负责，遵守职业道德；在社会中，爱国守法，乐于助人，积极奉献。只有让孩子在父母的实际行动下耳濡目染，才能自觉地将父母的言行转化为自己的行动指南，才能增强树立理想信念的信心。

另一方面，父母应注重家庭氛围的渲染。家庭氛围好，孩子易于养成乐观向上的心态，家庭氛围不好，孩子容易变得自卑或是叛逆。父母应该努力营造一个积极向上、充满温暖、互相信任以及拥有共同奋斗目标的家庭氛围。在和谐家庭氛围下长大的孩子，对待成长路上的困难与挫折，心态会更加乐观，信心十足，不会轻易被失败和诱惑打败。无论是夫妻之间，还是父母与孩子之间遇到问题时，不要争吵或是武力来解决问题，父母应该耐心劝导，双方互相理解，以道理服人。父母要引导孩子，教会孩子如何处理成长过程中出现的挫折，鼓励孩子培养坚韧的品格与战胜困难的决心。因此，父母应营造积极向上的家庭氛围，为孩子树立正确的理想信念提供保障。

（四）大学生应加强自我教育能力的培养

大学生理想信念的教育是一个需要打持久战的工程，它的教育需要政府、学校、家庭等各方面的合力作用，但最重要的是大学生要提高自我教育的能力。大学生想要坚定理想信念，就必须提升自我教育意识，用自我教育能力提高、完善其他能力。大学生理想信念的树立，关键在于大学生自我思考、自我坚持与自我追求。大学生自我定位能力、独立辨别能力、主动实践能力的提高是大学生理想信念形成的内因。

1. 大学生要提高自我定位的能力

自我定位就是在自我分析、自我思考之后找到自己的价值，明确自己的位置。新时代大学生朝气蓬勃，富有活力，想要树立自己的理想信念，首先便要找准自己的位置。大学生只有自我定位清楚，明确自己的奋斗的目标，找到自己的价值追求，才能够拥有正确的理想信念方向。

一个人有了正确的自我定位，就会有正确的行动方向。新时代大学生想要自我定位准确，就要理清自己的职责。例如，作为国家的公民，大学生应该具有奉献祖国、报效国家的决心；作为一个社会的个体，大学生应该做好成为社会主义事业建设者与接班人的准备；作为父母的子女，大学生应该努力奋斗，以此报答父母的养育之恩；作为学生，大学生应该刻苦钻研，认真学习科学文化知识，提高自身的整体素质。因此，大学生应理清自己的职责，担负起每一个角色的责任，在成长道路上少走弯路。新时代大学生也应该不断反思自己，认识自己，不断地与他人沟通，得到来自他人对自己客观、正确的评价，发现自身存在的问题，找到自我定位上的不足，从而不断改正自己，完善自己，规范自己的行为，坚定自己的理想信念。

2. 大学生要提高独立辨别的能力

独立辨别就是在各种社会环境下，经过自己独立思考、独立分析形成的一种能力。随着经济全球化的不断发展，科学技术的迅猛进步，各国之间的经济文化交流越来越频繁。快速发展的科学技术水平使我们的生活越来越便捷，越来越丰富，但随之而来的还有各种挑战与诱惑。因此，作为新时代的大学生，要减少对父母的依赖，提高独立辨别的能力，这对其成长成才起着关键的作用。

一方面，大学生要努力学习思想政治理论课知识。知识的力量是无穷的，作为大学生，首要任务是学习，要用丰富的知识充实自己。习近平指出："马克思主义思想理论博大精深、常学常新"，"马克思主义是中国共产党人理想信念的灵魂。"①马克思主义理论是中国共产党的指导理论，是伟大中国梦实现的理论基础，给共产党人以精神力量。作为新时代的大学生，要加强马克思主义理论的学习，用马克思主义理论武装头脑，坚守自身的意识形态。只有不断学习马克思主义，努力懂得马克思主义，学会运用马克思主义，才能练就"金刚不坏之身"，使大学生面对各种错误思潮与观点时，能够勇于面对，以深厚的理论知识坚守自己的理想信念。

另一方面，大学生要有持久的意志力与奋斗目标。贫不足羞，可羞是贫而无志。一个人可以物质上不富有，但精神上与意志上不可以贫瘠。大学生作为国家发展的后备力量，是国家未来发展不可或缺的人才。大学生如果没有理想、没有目标，没有坚持奋斗的意志品质，是最为可耻的，也是最为脆弱的。正如习近平总书记所说："信仰认定了就要信上一辈子，否则就会出大问题。"②大学生应当树立积极向上的人生奋斗目标，在实现的过程中锻炼"水滴石穿"的意志品质，在实际的生活中给自己规划一个实现方案，按计划完成每一个小的目标，用一点一滴的努力实现人生目标，培养持之以恒的意志。

3. 大学生要提高主动实践的能力

马克思在《哥达纲领批判》一文中指出："一步实际行动比一打纲领更重要。"③主动实践是大学生从主观意愿出发，自愿参与到社会实践活动的社会行为。主动实践能力的养成，可以帮助大学生积极参与社会实践活动，乐于奉献社会，乐于接触社会。主动实践能力的养成对大学生理想信念的教育起着推动作用。

大学生要养成良好的心态，主动参加到社会实践活动之中。无论是社会，还是高校，都会提供很多实践机会，大学生应从锻炼自身出发，积极参加到社会实践活动之中。在社会实践过程中，不断充实自己，检验自己，达到思想上的坚定，心灵上的启迪。在主动实践的过程中，大学生可以适当做一些兼职，发现自己的兴趣与爱好，在实践的过程中找到适合自己发

① 习近平. 在纪念马克思诞辰 200 周年大会上的讲话 [N]. 人民日报，2018-0-5.

② 习近平. 习近平谈治国理政（第三卷）[M]. 北京：外文出版社，2020：519.

③ 中共中央马克思恩格斯列宁斯大林著作编译局编译. 马克思恩格斯选集（第三卷）[M]. 北京：人民出版社，2012：355.

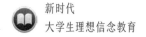
展的方向，确定自己的人生目标。大学生可以选择参加一些社会志愿活动，如去偏远地区支教、慰问养老院，在实际接触中，大学生能够全面地认识社会，有效地参与社会建设，提升与人沟通交往的能力，维系良好的人际关系，从而提高自身对社会的积极影响。大学生也能够在主动实践的过程中了解到社会发展需要每一个个体都贡献自己的力量，每一个个体都要将自己的发展与社会发展相联系，才能在实践的过程中坚定建设国家的决心，从而促进大学生自身的健康成长与全面发展。

参 考 文 献

[1] [英]罗素. 人类的知识[M]. 北京：商务印书馆，1983.

[2] [匈]卢卡奇. 历史与阶级意识——关于马克思主义辩证法的研究[M]. 杜智章，任立，燕宏远，译. 北京：商务印书馆，1992.

[3] [美]赫舍尔. 人是谁[M]. 隗仁莲，译. 贵阳：贵州人民出版社，1994.

[4] 高清海. 高清海文存·哲学的奥秘[M]. 长春：吉林人民出版社，1997.

[5] [美]塞缪尔·亨廷顿. 文明的冲突与世界秩序的重建[M]，周琪，译. 北京：新华出版社，1998.

[6] 何东昌. 中华人民共和国重要教育文献（2003—2008）[M]. 海口：海南出版社，1998.

[7] 王玉樑. 理想·信念·信仰与价值观[M]. 西安：陕西人民出版社. 2001.

[8] 刘建军. 共产主义理想追求的新阐释[J]. 教学与研究，2002（04）.

[9] "两课"教育教学调研工作领导小组. 普通高等学校思想政治教育课程文献汇编（1949—2003）[M]. 北京：中国人民大学出版社，2003.

[10] 陈万柏，张耀灿. 思想政治教育学原理（第二版）[M]. 北京：高等教育出版社，2007

[11] 郑承军. 理想信念的引领与建构——当代大学生的社会主义核心价值观研究[M]. 北京：清华大学出版社，2010.

[12] 周为民. 马克思主义关于人的学说[M]. 北京：人民出版社，2011.

[13] 谭虎娃、陈少威. 马克思主义经典作家社会主义与资本主义关系思想研究[J]. 陕西社会主义学院学报，2011（03）.

[14] 吴潜涛. 正确理解理想信念的科学含义[J]. 教学与研究，2011（04）.

[15] 王一博. 胡锦涛理想信念教育思想研究[D]. 保定：河北大学，2012.

[16] 刘建军. 信仰书简——与当代大学生谈理想信念[M]. 北京：中国青年

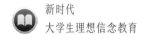
出版社，2012.

[17] 李辉. 当代大学生理想信念形成的特点及机制研究[M]. 北京：中国书籍出版社. 2013.

[18] 蒋建国. 凝聚在共同理想和信念的旗帜下[M]. 北京：人民出版社，2013.

[19] 孙正聿. 理想信念的理论支撑[M]. 长春：吉林人民出版社，2014.

[20] 高丽静. 高校青年教师思想状况调查分析[J]. 学校党建与思想教育，2014（04）.

[21] 教育部思想政治工作司组编. 加强和改进大学生思想政治教育重要文献选编（1978—2014）[M]. 北京：知识产权出版社，2015.

[22] 原黎黎. 新媒体背景下大学生理想信念教育有效路径研究[D]. 石家庄：河北师范大学，2015.

[23] 郑冬芳. 大学生马克思主义理想信仰研究[M]. 北京：中国社会科学出版社，2015.

[24] 梅萍，罗佳. "90"后大学生理想信念的特点、困惑与引导[J]. 学校党建与思想教育，2016（03）.

[25] 林玲. 新世纪大学生社会主义意识形态教育研究[D]. 成都：电子科技大学，2017.

[26] 张蓉. 当代大学生中国梦教育研究[D]. 成都：电子科技大学，2017.

[27] 佘明薇. 马克思主义理想观研究[D]. 苏州：苏州大学，2018.

[28] 李少军. 新担当新作为：做新时代好干部[M]. 北京：人民出版社. 2018.

[29] 程婧. 改革开放以来大学生思想政治教育研究[M]. 北京：中国法制出版社，2018.

[30] 游苏宁. 经典伴书香[M]. 北京：人民出版社，2018.

[31] 周辉，张欣鹏. 新时代背景下大学生理想信念教育的基本对策[J]. 盐城工学院学报（社会科学版），2018（03）.

[32] 谢卓芝. 改革开放以来不同年代大学生理想信念教育比较探析[J]. 山西高等学校社会科学学报，2018（06）.

[33] 陈文旭. "时代新人"的培养和使命[J]. 石河子大学学报，2018

（06）.

[34] 王朝庆，王刚. 问题与思路：社会主要矛盾变化下思想政治教育的新
路向[J]. 学校党建与思想教育，2018（13）.

[35]刘从德. 因时循势：多维视域中的思想政治工作[M]. 北京：人民出版
社，2019.

[36] 蔡中宏，麻艳香. 高校思想政治理论课教师专业化发展研究[M]. 北
京：人民出版社，2019.

[37] 顾明远. 新时代教育发展的指导思想——学习习近平总书记在全国教育
大会上的讲话[J]. 北京师范大学学报（社会科学版），2019（01）.

[38] 朱大卫，马强强. 新时代大学生应坚守什么样的理想信念[J]. 人民论
坛，2019（03）.

[39] 徐向阳，黄清燕. 新时代加强大学生理想信念教育的必要性研究[J].
黑龙江教育学院学报，2019（09）.